한국 경제의 새로운 지향과 개혁 과제

이 도서의 국립중앙도서관 출판예정도서목록(CIP)은 서지정보유통지원시스템 홈페이지(http://seoji.nl.go.kr)와 국가
자료공동목록시스템(http://www.nl.go.kr/kolisnet)에서 이용하실 수 있습니다. (CIP제어번호: CIP2015032431)

한국 경제의 새로운 지향과 개혁 과제

서울사회경제연구소 엮음

홍장표·주상영·조영탁·이 근·지만수·김석진·박순일·홍성하 지음

한울
아카데미

머리말

2000년대 말 글로벌 금융위기를 겪은 이후 세계적으로 소수만을 위한 자본주의에 대한 반성이 높아지고, 성장을 위해 분배를 희생하자는 트리클다운(trickle down) 이론도 힘을 잃어가고 있다. 자본주의의 새로운 길 또는 자본주의가 아닌 새로운 경제체제를 모색하려는 움직임이 커지고 있다.

그럼에도 한국 사회에서는 일자리를 늘린다는 미명하에 여전히 분배를 도외시한 채 성장률을 높이는 데 집중하는 경제정책을 사용하고 있다. 시장을 만능으로 여기는 생각, 성장을 우선시하는 생각이 우리 사회에 여전하고, 변화와 개혁의 모습은 찾기 어렵다. 이 때문에 인간다운 생활이 어려워 세상을 등지는 사람이 늘고 있고, 소위 '갑(甲)질'과 특권의 횡포가 횡행하고 있다.

성장뿐 아니라 삶의 질까지 위협하고, 많은 약자들이 고통받고 있는 한국 경제에 대해 어떤 처방을 내려야 할까? 답은 쉽지 않지만 단기적 경기 대응 차원으로 성장률을 끌어올리는 데 급급해서는 안 될 것이고, 한국 경제가 어떠한 경제로 나아가야 할지, 이를 위해서는 무엇을 해야 할지, 긴 호흡으로 깊이 고민해야 할 것이다. 적어도 한국 경제는 사회 구성원이 풍요롭고 행복한 삶을 유지할 수 있는 지속가능한 발전(sustainable development)을 지향해야 할 것이다. 경제성장도 중요하지만, 일한 자들이 자신의 대가를 충분히 획득

해야 하고, 쾌적한 환경 속에서 삶을 영위하도록 해야 할 것이다.

서울사회경제연구소에서는 이러한 시각을 가지고, 향후 30~40년을 준비하는 마음으로 한국 경제가 나아가야 할 바를 모색하는 심포지엄(한국경제의 새로운 지향과 발전 전략)을 2015년 3월 13일 개최했다. 여기서 발표된 논문과 몇 개의 논문을 합하여 '한국경제의 새로운 지향과 개혁 과제'라는 제목으로 출판하게 되었다.

이 책은 크게 2부로 구성되어 있다. 제1부 '새로운 경제 패러다임'에서는 한국 경제가 나아가야 할 기본 방향을 모색하고 있다. 중소기업이 제 역할을 다하고 소득주도의 안정적 성장이 이뤄지는 경제, 사회의 구성원이 일한 만큼 제 몫을 챙길 수 있는 경제, 저탄소화를 통해 지속가능한 성장이 가능한 경제를 지향하고 있다.

제2부 '경제 개혁과 정책 선택'에서는 이러한 경제를 달성하기 위한 개혁 과제와 그 실현을 위한 정책 선택의 문제를 다루고 있다. 영미식 자본주의의 도입으로 한계에 부딪힌 한국 경제가 향후 어떠한 정책 선택을 해야 할 것인가, 중국 경제의 변화에 대해 한국 경제는 어떤 식의 대응을 해야 할 것인가, 남북 간 경제관계를 어떠한 접근으로 풀어나가야 하는가, 공적연금제도의 기본 개혁 방향은 어떠해야 하는가 등의 문제에 대해서 살펴본다. 이 책에 실린 글의 내용을 간단히 소개하면 다음과 같다.

제1부 중 제1장 홍장표의 글('소득주도 성장과 중소기업의 역할')에서는 한국 경제의 새로운 성장전략으로서 소득주도 성장이 필요함을 역설하고 있다. 그는 저성장과 양극화의 문제를 겪고 있는 한국 경제는 더 이상 신자유주의 성장모델로는 해결이 어려우며, 그 대안적 성장모델로서 고용주도, 임금주도, 소득주도 성장을 제시하고 있다. 특히 소득주도 성장의 주된 동력으로서 중소기업의 역할을 강조하고 있다. 이는 중소기업의 혁신 역량 강화 없이는 소

득주도 성장이 지속될 수 없다는 것을 역설한다. 그는 한국 경제에 중소기업의 구조 혁신을 제약하는 산업생태계가 존재함을 지적하고 이를 개선할 것을 주장한다.

제2장 주상영의 글('피케티 이론으로 본 한국의 분배 문제')은 자본주의 경제에서 소득분배의 악화 경향이 존재함을 설파한 토마 피케티(Thomas Piketty)의 방법을 차용해 한국의 분배 상황을 분석하고, 이로부터 한국 분배 문제 해결의 함의를 찾고 있다. 그는 한국의 자본/소득 분배 비율이 국부 기준으로 선진국보다 높은 수준이며, 자본수익률이 소득증가율을 초과하는 것으로 나타나 소득 및 부의 불평등이 심화되고 있음을 밝히고 있다. 그는 한국 사회에서 더 이상 성장으로 분배를 해결할 수 있는 시기는 지났다고 진단한다. 한국 사회에서 능력주의가 관철될 수 있기 위해서는 부의 집중에 제동을 걸어야 함을 강조한다. 증세를 할 때는 소득세의 누진성을 강화하고, 노동소득보다는 자본소득에 대해 과세하고, 자산보유 과세를 강화하는 것이 필요하다고 지적한다.

제3장 조영탁의 글('한국 경제의 저탄소화와 재정정책의 역할: 에너지세제와 전력요금을 중심으로')은 한국 경제가 온실가스를 줄이면서도 경제성장을 이루고 양극화 문제를 해결하기 위해서는 새로운 패러다임인 지속가능한 발전의 길로 들어서야 한다는 관점을 취하고 있다. 그는 한국에서 지속가능한 발전의 길을 저해하는 핵심 요인으로 에너지다소비 산업구조와 에너지 소비를 조장하는 에너지 관련 세제 및 가격의 문제를 들고 있다. 이들 문제를 해결하기 위해서는 정상적인 원전 및 석탄에 대한 과세와 전력요금 정상화로 전력소비를 줄이도록 유도하고(환경＝저탄소화), 이를 통해 확보한 세수를 국내 산업의 고부가가치화(에너지 생산성 및 경쟁력 제고)와 고용 촉진 및 복지 확대(분배문제 해소와 양극화 축소)에 활용하게 하는 재정정책 전략이 필요함을 강조한다.

제2부 중 제4장 이근의 글('한국 자본주의의 과거, 현재, 미래 그리고 정책 선택')에서는 한국 자본주의가 '이해관계형 자본주의'로 나아가야 함을 주장하고 있다. 그는 한국 자본주의가 과거 '추격형 동아시아 자본주의'에서 1997년 외환위기 이후에는 '추격 정체형 동아시아식과 영미식이 혼합된 자본주의'로 이행한 것으로 보고 있다. 이러한 변화로 기업들이 고투자-고성장-저배당보다는 저투자-고이윤-저배당을 추구하게 되었고, 그 결과 한국 사회에서 저성장과 분배 악화, 복지 취약화의 문제가 나타났다고 진단한다. 한국 자본주의는 바람직하지 않은 본격적인 영미식 자본주의와 바람직한 '이해관계형 자본주의'의 갈림길에 있는데, 후자로 가기 위해서는 과도한 주주자본주의를 견제해야 하며, 자가공장형 해외생산이 유지되고 중소-대기업 동반 국제화가 이루어져야 한다고 주장한다.

제5장 지만수의 글('중국형[中國特色] 발전전략의 등장과 그 의미')은 중국 경제의 정책 방향 변화를 살피고 있다. 이 글은 중국공산당 18기 3중전회(2013년 11월)의 '개혁의 전면적 심화를 위한 몇 가지 중대한 문제에 대한 결정'의 발표를 계기로 중국형 발전전략이 등장했음을 주장하고 있다. 중국은 '중국 특색 사회주의의 제도화'라는 개념을 통해 계획경제에서 시장경제로 가는 과도기가 아니라 중국 실정에 맞는 시장경제체제의 구축을 지향하고 나섰으며, '성장전략의 전환'을 강조해 수출과 투자 중심의 고도성장을 포기하는 대신, 이른바 소득주도 성장을 통해 지속가능한 성장의 기반을 구축하기로 한 것이라고 그는 평가한다. 지만수는 이것이 중국의 장기적 정책 방향이 제시된 것인 만큼 한국 경제도 그 변화에 주목해야 하며, 또 그에 걸맞은 적절한 대응이 필요함을 지적한다.

제6장 김석진의 글('남북관계의 미래와 남북경협 추진 방향')은 남북관계에서 장밋빛 전망과 원대한 비전을 내세우기보다는 현실적인 경제협력 방안을 추

진하는 것이 바람직하다고 주장한다. 그는 남북경협은 남북한 모두에게 큰 이익을 가져다줄 수 있는 잠재력이 있음을 전제하면서, 관광, 지하자원, 물류 분야보다는 제조업 분야에서 훨씬 잠재력이 크며, 그중 가장 유망한 경제협력 방안은 남북협력지구(남과 북이 공동 개발, 공동 운영하는 경제특구)에서 노동집약 제조업을 발전시키는 것이라고 본다. 개성공단 사업의 정상화와 확대 발전, 장기적으로는 제2개성공단 사업이 필요함을 주장한다. 이와 함께 비상업적 협력의 중요성, 특히 보건의료와 교육 협력 등이 중요성을 강조한다.

제7장 박순일·홍성하의 글('한국 공적연금제도의 평가와 개편 방안')은 한국 공적연금제도의 근본적 개편이 필요함을 강조하고 있다. 한국 공적연금제도는 재정적 지급 능력이 부족할 뿐 아니라 퇴직 후 생활 안정을 보장하지도 못하고 있다. 따라서 빈곤 해소, 생애소득의 안정화 및 재정 안정이라는 목표를 달성하기 위해서는 공적연금제도의 근본적 개혁이 필요하다. 개혁의 원칙으로 다음을 주장한다. 첫째, 세대 내 수익비를 1로 맞추어 수지 균등을 이루어야 한다. 둘째, 빈곤 완화를 위해 연금급여 구조에 세대 내 재분배장치를 도입해야 한다. 셋째, 형평성 문제, 즉 급여 및 수익비에서 국민연금 가입자와 차이가 나는 문제를 해결해야 한다.

이 책이 한국 경제의 지속적인 성장과 경제 개혁에 관심 있는 독자들에게 많은 정보와 화두를 제공하고, 정책 담당자에게는 바람직한 정책 설계에 보탬이 되는 아이디어를 제공할 수 있기를 바란다. 이를 통해 한국 경제가 쾌적한 환경 아래서 사회 구성원이 풍요롭고 행복한 삶을 유지할 수 있는 방향으로 조금씩 발전해가기를 희망한다.

2015년 11월
서울사회경제연구소장
정일용

차례

제2부 경제 개혁과 정책 선택

제1부 새로운 경제 패러다임

제1장

소득주도 성장과 중소기업의 역할

홍장표 | 부경대학교 경제학부 교수

1. 머리말

1997년 외환금융위기 이후 한국 경제는 급격한 구조변동을 겪었다. 위기 이후 노동자들의 실질임금 증가는 둔화되고 국민소득 대비 가계소득이 차지하는 비중은 급속하게 감소한 반면, 기업의 이윤 몫은 지속적으로 증가했다. 가계소득의 위축으로 소비 여력이 약화되었고 부채를 통해 생계를 유지하는 가계가 늘어났다. 반면, 기업들은 투자를 기피하고 막대한 사내유보금을 쌓아두고 있다. 2008년 글로벌 금융위기로 인해 한국 경제의 불안정성은 더 심화되었다. 외환위기 이후 소비 감소와 투자 부진 속에서도 한국 경제를 이끌어왔던 수출마저 최근에는 글로벌 경기침체로 급감하고 있다. 한국 경제는 대외적으로 세계 경제의 불안정성에 노출되어 있고, 대내적으로 저성장과 소득불평등 심화로 이중고를 겪고 있는 상황이다.

성장률이 둔화되고 소득불평등이 심화되는 가운데 한국 사회에서는 복지에 대한 사회적인 요구가 증가하고 있으며, 새로운 성장모델의 필요성에 대한 인식이 점차 확산되고 있다. 복지 수요의 증대는 가계의 위기를 반영한다. 경제위기 이후 불안정한 일자리 확대와 노동소득 정체는 가계 적자를 확대시켰으며, 사회적 불평등을 심화시켰다. 소득과 부의 집중과 경제적 양극화가 진행되는 상황에 대한 사회적 불만이 복지에 대한 광범위한 요구로 나타나고 있다.

최근 학계에는 노동소득이나 가계소득 증대가 내수를 증진시킬 뿐 아니라 새로운 경제성장의 동력이 될 수 있다는 연구들이 제출되고 있다. 케인스주의자들은 노동의 실질임금 증대가 총수요를 증대시킴으로써 투자와 고용을 늘리고 경제성장을 촉진한다고 보고 있다. 국제노동기구(ILO, 2011)나 유엔무역개발회의(UNCTAD, 2010)와 같은 국제기구에서도 새로운 성장모델로 임금주도 성장(wage-led growth)을 모색할 것을 권고하고 있다. 노동의 실질임금 상승과 가계소득 증가는 총수요를 확대하고 투자를 촉진하며, 노동생산성을 증가시킴으로써 경제에 긍정적으로 기여할 수 있다는 것이다. 이와 같은 임금주도 성장론의 영향력이 세계적으로 높아지고 있다. 버락 오바마(Barack Obama) 미국 대통령은 신년 국정연설의 키워드로 '최저임금 인상'을 내세웠고 일본과 독일도 성장 패러다임이 한계에 부딪혔다고 보고 최저임금 인상 등을 통한 '임금주도 성장'으로 정책기조를 전환하는 분위기다. 임금주도 성장모델은 한국 취업자 가운데 자영업자의 비중이 높은 현실 여건과, 소득분배의 형평성 제고로 경제성장을 이룩한다는 본래의 취지를 살린다는 의미에서 소득주도 성장(income-led growth)모델로 소개되고 있다.

한국 경제는 오랫동안 대기업 중심의 수출주도 성장(export-led growth)에 의존해왔다. 대기업의 수출 증대와 투자 확대가 새로운 일자리를 창출하고 가계소득을 증가시켜 내수 증진 또한 도모한다는 것이다. 낙수효과(trickle-down-effect)가 이러한 논리를 압축적으로 표현한다. 과거 이명박 정부는 대기업의 수출을 증가시키고 투자를 촉진하기 위해 규제를 완화하고 법인세를 인하했다. 기업들은 노동자들의 임금 상승을 억제함으로써 수출 상품의 가격 경쟁력을 유지하려 했으며, 정부는 이와 같은 관행을 다양한 정책 수단을 동원해 지원했다. 그러나 기업들은 이러한 기대와 달리 사내유보금을 쌓아둔 채 투자를 회피했고, 해외의 값싼 노동력을 활용하기 위해 글로벌 아웃소싱에 주력했다. 국내에서 기업들은 활용하기 쉬운 비정규직 고용을 확대했으며 정규직 고용은 최소화했다. 그 결과 고용 증가율은 둔화되고 실질임금 상승률이 하락했으며, 불안정 고용이 확대되었다.

문제는 수출주도 성장전략이 2000년대 이후 뚜렷한 성과를 내지 못하고 있다는 점이다. 낙수효과가 계속 줄고 있다. 2008년 글로벌 금융위기는 그와 같은 경향을 심화시켰다. 위기 이후 경기침체로 인해 세계 수요는 급속하게 감소했으며, 한국 기업들의 수출 증가를 둔화시키는 직접적인 요인이 되었다. 2008년 글로벌 경제위기 이후 한국의 경제 현실은 수출 대기업 중심의 성장이 대외적인 경기변동에 얼마나 취약한가를 보여주고 있다.

수출주도 성장은 가계 적자를 심화시키는 부채주도 성장(debt-led growth)과도 연결된다. 부채주도 성장은 가계소득의 정체와 소비 위축을 가계대출에 의한 소비지출로 만회하는 것이다. 은행들은 기업을 대상으로 한 생산자금융보다는 가계를 대상으로 한 소비자금융에 집중하고 있다. 빚을 통해 소비를 유지하고 있으며 내수가 부채로 지탱되고 있다. 미국, 그리스, 아일랜드, 스페인 등 2008년 이후 경제위기를 경험한 국가들이 동일한 상황에 있었다는 점은 부채주도 성장의 위험성을 경고하고 있다.

수출주도 성장과 부채주도 성장은 신자유주의시대 이윤주도 성장(profit-led growth)의 쌍생아다. 이윤주도 성장의 핵심 논리는 기업들의 투자 여건을 개선시킴으로써 경제성장을 촉진하고 일자리도 창출된다는 것이다. 시장주의적 접근에서는 경쟁적 노동시장이 성장을 촉진시키며 노동시장 유연성을 불황 극복의 해법으로 본다. 시장주의적 접근에서는 재정정책, 화폐정책과 같은 정부의 경기부양 정책은 장기적으로 물가 인상만 낳을 뿐 실질적인 산출 증가를 이룰 수 없다고 한다. 그리고 이윤주도 성장으로 기업의 투자 여건을 개선하는 것만이 경제성장의 기반을 조성할 수 있다는 것이다. 이런 가운데 노동자의 권익을 보호하는 다양한 노동보호 제도가 축소되고, 노동조합의 협상력을 약화시키는 분권적·개별적 임금 협상이 확대되는 한편, 임금 상승을 억제하는 정책들이 권장되었다.

그런데 이와 같은 이윤주도 성장에는 함정이 있다. 실질임금의 둔화와 가계소득의 정체가 내수를 침체시키는 것이다. 그리고 가계 적자 누적과 부채 증가가 금융위기를 유발할 가능성이 높아진다. 이런 이윤주도 성장의 대안으로 소득주도 성장(income-led growth)이 제시되고 있다. 소득주도 성장을 옹호하는 사람들은 노동의 실질임금 상승은 유효수요를 늘려 산출을 증가시킬 뿐만 아니라 노동생산성을 향상시킴으로써 산업 경쟁력을 강화시킬 수 있다고 본다. 가계소득 증가와 소득불평등의 감소는 사회적 협력을 강화키시고 노동의 참가를 확대함으로서 한국 경제가 건강한 토대 위에 성장하도록 한다는 것이다.

국내에서는 소득주도 성장론을 둘러싸고 논란이 벌어지고 있다. 2014년 7월 최경환 경제부총리가 기업의 소득을 가계로 환류시키는 가계소득 증대 세제, 최저임금 인상률 7%대로 확대, 공기업 임금 인상률 3.8%로 확대 등 소득 증대정책을 내놓았다. 그 후 정부는 소득 증대보다는 기업 투자 촉진을 통한 경제활성화에 더 많은 비중을 두었다가, 최근 재계에 임금 인상을 다시 촉구하기도 했다.

전경련을 비롯한 재계에서는 소득주도 성장론에 부정적이다. 소득주도 성장론의 핵심 정책 수단인 임금 인상이 수출 경쟁력을 약화시킬 것이라고 비판한다. 전경련에서는 한국과 같이 수출에 크게 의존하는 소국개방경제에서는 국제 경쟁력 하락으로 수출에 부정적인 영향을 미친다는 입장이다. 또 임금이 상승하면 기업의 수익성 악화로 투자 유인이 위축될 것이라고 한다. 임금 상승은 기업들이 일자리를 줄이게 만드는 부작용을 낳는다는 지적도 있다. 중소기업과 자영업자의 고용 비중이 높은 현실 여건 속에서 급격한 임금 인상은 이들의 경영을 압박하고 일자리를 줄이는 부작용을 낳는다는 것이다.

소득주도 성장론은 이와 같은 의문점에 대해 답할 수 있어야 설득력을 얻을 것이다. 이 글에서는 소득주도 성장론을 둘러싼 의문점에 대한 답을 선행 실증연구를 토대로 찾아보고, 소득주도 성장동력으로서 중소기업의 역할을 조명해보고자 한다. 이를 위해 소득분배 개선이 한국 경제의 총수요과 총공급 두 측면에서 어떤 역할을 하는지 검토하고, 이를 토대로 소득분배와 성장의 선순환을 위한 정책과제를 제시해보도록 한다.

2. 저성장과 양극화 속의 한국 경제

1) 성장 둔화와 분배 악화

(1) 성장 둔화

1997년 이전 한국 경제는 고속성장을 지속해왔다. 1981년 이후 1997년까지 한국의 GDP 성장률은 평균 9%에 가까웠다. 그러다가 1997년 IMF 경제위기 이후 10년간 성장률은 평균 5.7%로 하락했으며, 2008년 글로벌 금융위기 이후에는 2.9%대로 크게 하락했다. <표 1-1>에서 보듯이 성장률이

<표 1-1> 주요 거시경제지표 추이

(단위: %)

구분	기호	1981~1986년	1987~1997년	1999~2007년	2008~2013년
GDP 증가율	$\hat{y}$	9.6	8.4	5.8	2.9
소비 증가율	$\hat{c}$	7.6	8.1	5.6	2.0
투자 증가율	$\hat{i}$	9.0	11.8	4.9	0.7
수출 증가율	$\hat{x}$	12.9	12.7	11.9	6.3
(세계 수입 증가율)	$\hat{z}$	5.4	7.8	7.7	2.5
수입 증가율	$\hat{m}$	7.9	14.1	12.4	4.3
고용 증가율	$\hat{l_1}$	4.5	4.3	3.0	2.1
	$\hat{l_2}$	3.1	3.5	2.3	1.3

주: l_1은 임금근로자, l_2는 취업자 수(＝임금근로자 수＋자영업자 수).
자료: 홍장표(2014b).

하락한 것은 소비 증가율이 2.0%로, 투자 증가율이 0.7%로 대폭 하락했기 때문이다. 외환위기 전후 투자 증가율이 평균 11.8%에서 4.9%로 하락했는데, 글로벌 금융위기 이후에는 투자 증가율이 1% 이하로 떨어지면서 총수요를 더욱 위축시키고 있다. 투자 증가율이 이렇게 낮아진 것은 기업들이 향후 경기 전망을 매우 부정적으로 보고 있음을 시사한다.

<표 1-1>은 2008년 글로벌 경제위기 이후 수출 증가세가 크게 둔화되었음을 보여준다. 1997년 IMF 위기 이후 한국 경제의 버팀목이 된 것이 수출이었다. 수출이 지속적으로 증가하면서 그나마 총수요 증가율을 유지할 수 있었다. 그런데 2008년 이후 수출 증가율마저 평균 11.9%에서 6.3%대로 5%p 하락함으로써 어두운 그림자를 드리우고 있다.

1997년 외환위기 이후 한국 경제는 대기업 중심의 수출 경제로 지탱해왔다. <표 1-2>에서 보듯이 2000년 이후 총수요에서 수출이 차지하는 비중은

<표 1-2> 최종수요 항목별 구성비 추이

(단위: %)

연도	민간소비	정부소비	투자	수출
1990	41.0	7.7	28.9	22.5
1995	40.3	7.5	29.6	22.6
2000	42.0	7.3	22.4	28.2
2005	39.3	10.1	21.6	29.0
2010	35.0	10.1	19.7	35.1
2012	32.2	10.0	19.5	38.3
일본(2005)	50.1	16.2	20.5	13.2

자료: 한국은행, 산업연관표.

증가했지만 민간소비 비중은 지속적으로 감소했다. 급기야 2010년부터는 수출이 민간소비를 앞지르는 상황이 벌어졌다. 가계소득 감소로 내수는 지속적으로 침체된 반면 대기업의 수출이 확대된 결과이다. 2000년대 이후 수출 대기업은 꾸준히 성장했지만 가계소득 증가가 둔화되어 GDP에서 수출이 차지하는 비중이 과도하게 커진 것이다. 이는 일본의 경우 총수요에서 내수가 50.1%를 차지하는 반면, 수출이 13.2% 정도밖에 차지하지 않는 것과 크게 대조된다. 이는 한국 경제의 수출 의존도가 지나치게 높다는 것을 의미한다.

이런 상황에서 2008년 글로벌 금융위기는 한국 경제에 큰 부담으로 작용했다. 세계 수요의 감소로 인한 수출의 급감은 한국 경제의 성장률을 낮추었다. 경제의 수출 의존도가 높을수록 대외 불확실성에 더 크게 노출된다. 경제의 대외 의존성 증가는 경제정책의 자율성을 떨어뜨리고, 세계시장에서 비용 경쟁력을 유지하도록 실질임금의 상승을 억제하는 압력이 커진다. 그리고 이는 가계소득 증가를 제약하고 가계부채가 늘어나는 요인으로 작용해 결국 국내 시장을 위축시킨다.

(2) 분배 악화

IMF 이후 한국의 노동소득분배율은 지속적으로 하락했다. 물론 한국은행에서 발표하는 추계에서는 1997년 외환위기를 겪은 이후 2000년대 들어와서도 그다지 하락하지 않았다고 한다(한국은행, 2012a). 하지만 이는 자영업 부문의 특성을 감안한 소득분배 변화를 제대로 반영하지 못한 데 따른 것이다(주상영, 2013). 한은의 노동소득분배율 추계 방식에서는 영업잉여가 모두 자본소득으로 간주되는데, 영업잉여에는 자영업자의 소득이 포함되어 있다. 그런데 자영업자의 소득은 자본소득과 노동소득이 혼합된 소득이기 때문에 한은 방식은 노동소득은 과소 추계되고, 자본소득은 과대 추계되는 문제점을 안고 있다. IMF 이후 일자리를 잃은 노동자들이나 일자리를 찾지 못한 이들이 자영업으로 생계를 유지하고 있다. 이로 인해 자영업 부문은 지속적으로 확장되었으며, 이 가구들의 가계소득은 감소해왔다. 이런 점에서 자영업 가구들은 근로 가구에 가깝지만 법적으로는 개인 사업자로 분류되고 있다.

자영업자를 개인 사업자로 간주하고 이들의 소득을 자본소득으로 추계할 것이 아니라 자영업자의 소득을 노동소득과 자본소득으로 분할하여 추계할 필요가 있다. OECD 노동소득분배율 추계는 이를 반영한다. 한국은행의 경우 고정자본소모(감가상각비)를 자본소득에서 제외했을 뿐만 아니라 자영업자의 소득을 자본소득에 포함시켰는데, OECD는 자영업자 소득을 자본소득과 노동소득으로 분할하고 고정자본소모를 자본소득에 포함시켜 추계했다. 그리고 자영업자의 노동소득은 임금근로자의 소득과 같다고 보고, 노동소득을 임금근로자 1인당 피용자보수와 취업자 수의 곱으로 측정했다.

$$\text{노동소득분배율} = \frac{\text{임금근로자 1인당 피용자 보수} \times \text{취업자 수}}{\text{GDP} - \text{순생산물세}} \qquad (1)$$

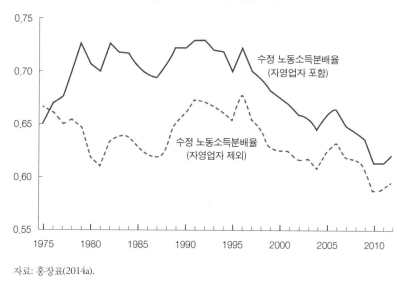

〈그림 1-1〉 노동소득분배율 추이

자료: 홍장표(2014a).

그런데 OECD의 노동소득분배율 측정 방법은 한국의 현실을 감안할 때 일부 수정될 필요가 있다. 한국 자영업자들의 소득이 피용자보수보다 평균적으로 더 낮다는 점을 감안해야 한다. 이를 고려할 때 자영업자들의 총소득에서 고정자본 소비액을 제외한 순소득이 노동소득보다 작을 경우는 노동소득으로 포함시키고, 노동소득을 초과할 경우 노동소득을 뺀 부분만을 자본소득으로 추계해야 할 것이다.

<그림 1-1>은 이와 같은 방법으로 한국의 노동소득분배율을 추계한 것이다. 그림에서 보듯이 한국의 노동소득분배율은 IMF 외환위기 이후 급속하게 하락했다. 노동소득분배율이 하락한 주된 원인은 1997년 외환위기 이후 노동자들의 실질임금 증가율이 실질노동생산성 증가율에 뒤처진 데 있다. 노동소득분배율 증가율은 실질임금 증가율에서 노동생산성 증가율을 뺀 값이기 때문에 노동생산성이 증가하는 만큼 실질임금이 증가하지 않으면 노동소

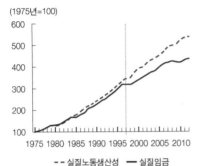

〈그림 1-2〉 노동생산성과 실질임금

(1975년=100)

- - 실질노동생산성 — 실질임금

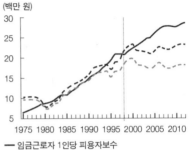

〈그림 1-3〉 임금근로자와 자영업자 1인당 소득

(백만 원)

— 임금근로자 1인당 피용자보수
- - 자영업자 1인당 총소득 - - 자영업자 1인당 순소득

주: 1) 임금근로자 1인당 피용자보수＝피용자보수/임금근로자 수.
    2) 자영업자 1인당 총소득＝(가계부문 영업잉여＋가계부문 고정자본소모)/자영업자 수.
    3) 자영업자 1인당 순소득＝(가계부문 영업잉여)/자영업자 수.
자료: 홍장표(2014a).

득분배율은 감소한다.

<그림 1-2>에서 보듯이 1997년 이전 한국의 실질임금은 생산성 향상에 준하여 증가했다. 실질임금 증가율이 노동생산성 증가율을 하회하기 시작한 것은 외환위기 이후이다. <그림 1-3>은 1997년 이전 자영업자 1인당 소득이 임금근로자의 평균임금보다 높았음을 보여준다. 그런데 1997년 이후에는 임금노동자의 실질임금 증가율이 노동생산성 증가율을 따라가지 못했을 뿐만 아니라 자영업자의 실질소득도 정체되었다. 자영업자의 소득이 정체됨에 따라 임금근로자 1인당 보수와 자영업자 1인당 소득 사이의 차이도 확대되었다. IMF 이후 자영업자 1인당 순소득이 증가하지 않았는데, <그림 1-1>에서 자영업자의 노동소득을 포함해 측정한 노동소득분배율이 더 빠르게 하락한 것으로 나타난다.

노동소득분배율의 하락은 외환위기 이후 한국 경제의 구조조정을 반영한다. 1987년 이후 대기업들은 노동자들의 임금 인상 요구에 직면하여 고용을

줄이고 설비투자를 늘리는 방식으로 대응했다. 그리고 직접 고용은 줄이고 외주를 늘림으로써 인건비 부담을 줄인 것이다. 외환위기 이후에는 노동시장의 유연화가 진행되면서 정규직-비정규직 노동자, 대기업-중소기업 노동자 간 임금 격차가 확대되었고 노동의 분배 몫도 계속 감소한 것이다. 대기업들은 임금이 상승하자 기계로 노동을 대체하여 노동에 배분되는 몫이 줄었고, 중소기업에서는 지불 능력이 취약해 실질임금을 높이기 어려웠다. 고용 증가율 둔화와 영세 자영업자 수의 증가는 자영업 부문에서 과잉 경쟁을 초래했으며, 이는 자영업자 1인당 소득 증가를 억제하는 방향으로 영향을 끼쳤다.

2) 대기업 위주 수출주도 성장의 문제점

(1) 한국 경제성장전략의 특징

그동안 한국의 성장전략은 대기업 위주의 수출주도 성장전략이었다. 과거 고도성장 시대 한국의 수출주도 성장은 선진국가를 따라잡기 위한 전략으로 긍정적인 역할을 해온 것은 부정할 수 없다. 한국 기업들은 가격 경쟁력을 앞세워 미국을 비롯한 세계시장 점유율을 늘림으로써 급속한 경제성장을 이룰 수 있었다. 이 때문에 한국은 신흥공업국들 가운데 산업화의 모범 사례로 자주 인용된 바 있다. 비록 장시간 노동시간과 높은 산업재해율과 같이 노동자들이 수출주도 성장의 비용을 치른 면도 없지 않았지만, <그림 1-2>에서 보듯이 노동생산성이 증가하는 만큼 실질임금도 증가해 노동소득분배율이 일정하게 유지되었고, 생활조건도 크게 개선되었다.

그런데 1997년 외환위기 이후 수출주도 성장은 대기업은 비대하고 중소기업과 가계부문은 취약한 경제를 주조해냈다. 수출 대기업들은 괄목할 만한 경제적 성과를 올렸지만 중소기업들은 그에 준하는 성과를 거둘 수 없었고 노동자들의 실질임금도 충분히 증가하지 못했다. 이와 같은 불균형 성장은 신자유주의적 이윤주도 성장의 한국판이라 할 수 있다. 이윤주도 성장에서는 기업 규제를 완화하고, 법인세를 낮춤으로써 기업 투자를 촉진한다. 또한 노동시장을 유연화함으로써 노동비용을 최대한 줄여 수출 증대를 도모한다. 고용보호를 줄이고, 단체협약을 산업 수준의 교섭보다는 기업별·공장별로 개별화하며, 최저임금 증가를 최소화한다. 이와 같은 자본친화적 분배정책을 통해, 대기업은 노동비용을 절약하며 세계시장에서 제품 경쟁력과 가격 경쟁력을 지속할 수 있는 것이다.

수출주도 성장은 그 혜택을 누릴 수 있는 대기업에게는 유리한 기회를 제공하지만, 국민경제에는 어두운 그림자를 드리운다. 대기업의 이윤은 늘어났지만 투자는 보수적이 되고, 2008년 글로벌 경제위기 이후 성장률은 크게 하락했다. 대기업들은 많은 이윤을 사내유보금으로 보유하고 투자를 기피하고 있다. 기업 성과가 투자를 낳고 투자가 다시 새로운 일자리를 창출할 것이라는 기대는 더 이상 어렵게 되었다. 이런 가운데 수출주도 성장정책을 지속한 결과 노동자들의 실질임금은 정체하고, 가계는 빚에 허덕이고 있다. 가계는 부족한 생활비를 은행 대출로 충당하거나 주택 매입을 위해 대출을 함으로써 가계 빚이 급속하게 늘어났다. 현재 가계부채는 1000조 원을 넘어선 반면 10대 그룹 상장사 사내유보금은 516조 원에 이르고 있다. <그림 1-4>에서 국민소득에서 차지하는 기업소득 비중과 가계소득 비중 추이는 수출주도 경제성장 체제의 모순을 그대로 보여준다. 1997년 경제위기 이후 가계소득 비중은 줄어든 반면 기업소득의 비중은 큰 폭으로 상승한 것이다.

수출주도 성장과 부채주도 성장 과정에서 드러난 한국 경제의 문제점들은 이윤주도 성장에서 흔히 나타나는 현상이다. 이윤주도 성장은 한편으로는 수출주도 성장, 다른 한편으로는 부채주도 성장으로 나타난다. 이윤주도 성장

〈그림 1-4〉 가계소득과 기업소득 비중 추이

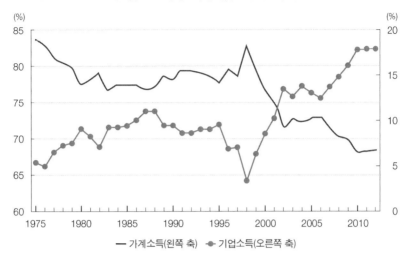

주: 1) 기업소득＝일반기업 소득＋금융기업 소득.
　　2) 가계소득＝피용자보수＋가계부문 영업잉여＋재산소득.
자료: 한국은행.

은 기업의 수출 경력을 높이기 위해 노동소득과 가계소득을 위축시키는 모델
이다. 이는 수출을 위해 노동의 실질임금의 증가를 억제하는 정책을 수반하
며, 가계소득의 감소로 인한 내수 부족을 수출로 해소하고자 한다.

(2) 약화된 수출 대기업의 낙수효과

대기업 위주의 수출주도 성장을 지속해야 한다고 주장하는 사람들이 자주
동원하는 논리가 낙수효과다. 수출이 잘되면 기업은 투자를 늘리고 일자리도
창출되고, 중소기업의 일감이 늘어나기 때문에 경제가 순조롭게 성장한다는
것이다. 그런데 대기업 중심의 수출 성장이 과연 얼마나 낙수효과를 창출하
는가에 대해서는 의문이 제기되어왔다. 대기업들은 임금비용을 줄이기 위해
노동 절약적 기술진보를 지속시켰을 뿐만 아니라 이로 인해 중소기업과의 격

〈그림 1-5〉 대기업-중소기업 간 노동생산성 격차와 임금 격차

자료: 홍장표(2012).

차도 커졌다. 대기업들은 자본집약적 생산방식으로 전환해 직접 고용을 줄이고 외주를 늘림으로써 외부의 저임금 노동력 활용도를 높였다. 대기업은 고기술 자본집약적 고부가가치 부문, 중소기업은 저기술 노동집약적 저부가가치산업으로 전문화되고 대기업은 이를 수직적 하도급관계를 통해 관리했다. 그 결과 수출주도 성장의 결실은 대부분 대기업들에게 귀속되었다. 대기업 중심의 성장정책으로 수출주도 대기업의 기술력과 노동생산성이 크게 높아진 것은 사실이지만 중소기업의 노동생산성도 함께 높아진 것은 아니기 때문에 기업 간 격차는 더욱 벌어졌다.

<그림 1-5>에서 보듯이 1988년 이후 대기업과 중소기업의 노동생산성 격차는 더 벌어졌으며, 대기업 노동자와 중소기업 노동자의 임금 격차는 크게 확대되었다. 그림에서 보듯이 한국의 대중소기업의 격차는 일본의 그것보다 격차가 훨씬 크다. 이와 같은 결과는 1990년대 이후 경제성장의 결실이 대부분 수출 대기업에 돌아갔고 중소기업의 질적 성장으로 확대되지 못했음

업종	대기업명	매출액 (십억 원)	수출 비중 (%)	부가가치 (십억 원)	부가가치율 (%)	(지분 보유) 자회사 수		
						국내	해외	합계
전자	삼성전자	120,816	84.2	13,120	10.9	64	75	139
	LG전자	28,097	85.6	1,470	5.2	23	77	100
	SK하이닉스	10,188	96.0	748	7.3	8	15	23
자동차	현대자동차	42,774	61.0	6,614	15.5	40	33	73
	기아자동차	27,742	60.5	3,221	11.6	19	27	46
	한국GM	15,068	63.0	2,014	13.4			
조선	현대중공업	25,020	62.5	2,905	11.6	62	29	91
	삼성중공업	13,359	86.1	1,272	9.5	14	7	21
	대우조선해양	12,258	98.2	1,082	8.8	3	18	21
합계		295,322	77.5	32,446	10.4	233	281	514

자료: KED(주), 2011년도 DB.

을 보여준다. 대기업은 자본집약도를 증가시키면서 비약적으로 노동생산성을 향상시킨 반면 중소기업들은 저임금 노동력을 활용하는 비용 경쟁력을 추구함으로써 노동시장이 분단되고 대기업 중소기업간 격차가 고착되었다.

수출 대기업의 낙수효과와 관련하여 수출 제조업 3개 업종 상위 3사의 기업 간 거래연관표를 이용한 <표 1-3>의 분석 결과는 많은 시사점을 준다. 한국의 대표적인 수출 제조업인 전자, 자동차, 조선 3대 업종의 상위 3사, 총 9개 대기업이 한국 제조업 전체 매출액의 19.8%를 차지하며 제조업 전체 부가가치의 6.8%를 차지하고 있다. 이들 9개 대기업이 보유하고 있는 국내외 자회사는 모두 514개 사이다.

총 5만 4296개 사에 이르는 기업 간 거래 네트워크 분석에 따르면, <표 1-4>에서 보듯이 9대 대기업의 매입 거래에 관련된 국내 기업 수는 총 1만

<표 1-4> 9대 대기업의 직간접 매입 거래 기업 수

(단위: 개 사)

| 업종 | 대기업 | 매입 거래 기업 수 | | | | | | 합계 |
| | | 거래 단계별 | | | | 계열별 | | |
		1차	2차	3차	4차 이상	계열사	비계열사	
전자	삼성전자	815	2,050	1,881	2,784	23	7,507	7,530
	LG전자	520	1,309	1,182	1,354	22	4,343	4,365
	SK하이닉스	336	251	65	6	3	655	658
자동차	현대자동차	489	1,674	1,544	1,484	20	5,171	5,191
	기아자동차	233	645	281	74	19	1,214	1,233
	한국GM	239	848	698	780	0	2,565	2,565
조선	현대중공업	1,251	1,721	750	2,558	6	6,274	6,280
	삼성중공업	428	940	542	742	0	2,652	2,652
	대우조선해양	293	351	61	8	7	706	713
합계		4,604	9,789	7,004	9,790	100	31,087	31,187
실 기업 수(중복 제거)		3,806	6,146	2,881	1,580	81	14,332	14,413
표본기업 내 비중(%)		7.0	11.3	5.3	2.9	0.1	26.5	26.6

자료: KED(주), 2011년도 DB.

4413개 사이다. 표본 기업 내에서 차지하는 비중은 26.6%이다. 이 숫자는 1차 협력업체, 2차·3차·4차 이하 협력업체 수를 모두 합친 것에서 중복 업체를 제외한 것이다. 5만여 개 기업 중 1만 4000여 개 기업이 수출 대기업에 제품을 직간접적으로 납품한다는 것은 수출 대기업의 비중이 한국 경제에서 차지하는 비중이 매우 크다는 것을 보여준다. 삼성전자의 경우 7530개 사가 직간접적으로 거래하고 있으며, 현대자동차는 5191개 사가 거래하고 있다.

그런데 <표 1-5>와 <표 1-6>에 제시된 '기업 간 거래연관표'를 통한 대기업의 생산 유발 효과와 고용 유발 효과 측정 결과는 대기업의 낙수효과가 기대에 미치지 못한다는 것을 보여준다. 삼성전자를 예로 들어보자. 삼성

<표 1-5> 대기업의 최종수요 1단위당 생산 유발 효과

업종	기업명	대기업 (A)	거래 차수별 협력기업 (B)				계열별 협력기업		총생산 유발계수	
			1차	2차	3차	4차 이상	계열사	비계열사	기업연관표(A+B)	산업연관표*
전자	삼성전자	1.000	0.267	0.020	0.002	0.000	0.141	0.148	1.289	
	LG전자	1.000	0.266	0.026	0.002	0.000	0.120	0.174	1.294	1.712
	SK하이닉스	1.000	0.231	0.009	0.000	0.000	0.020	0.220	1.240	
자동차	현대자동차	1.000	0.423	0.056	0.003	0.000	0.242	0.240	1.482	
	기아자동차	1.000	0.436	0.028	0.001	0.000	0.289	0.176	1.465	2.293
	한국GM	1.000	0.410	0.049	0.003	0.000		0.462	1.462	
조선	현대중공업	1.000	0.329	0.025	0.004	0.000	0.034	0.324	1.358	
	삼성중공업	1.000	0.161	0.023	0.001	0.000		0.185	1.185	1.810
	대우조선해양	1.000	0.196	0.010	0.000	0.000	0.051	0.155	1.206	

주: 1) 회색 부분은 업종 내 계수 값이 가장 큰 경우를 표시.
2) *는 한국은행, 산업연관표(2011)에 나타난 해당 업종의 제조업 부문 생산 유발계수.
자료: KED(주), 2011년도 DB.

전자 최종수요 1단위당 생산 유발 효과가 1.289이다. 그중 계열사 유발 효과가 0.141인 반면 비계열사 생산 유발계수는 0.148이다. LG전자나 SK하이닉스도 큰 차이를 보여주지 못하고 있다. 반면 한국은행의 산업연관표에 나타난 전자업종의 제조업 부문 생산 유발계수는 1.712이다. 이에 비추어볼 때, 수출 대기업의 생산 유발 효과가 전체 기업의 평균 생산 유발 효과보다 크게 낮다는 것을 알 수 있다. 수출 대기업이 유발하는 생산 유발계수는 동일 업종의 다른 기업들의 생산 유발 효과보다 낮으며, 그것도 계열사를 제외한 비계열사에 미치는 영향은 0.148에 지나지 않는다.

한국은행 산업연관표에 나타난 제조업에 대한 업종별 생산 유발계수는 해당 업종의 평균값이며 여기에는 수출 제조업 9개 사가 포함된 값이다. 따라

〈표 1-6〉 대기업의 최종수요 10억 원당 고용 유발 효과

업종	기업명	대기업(A)	거래차수별 협력기업(B)				계열별 협력기업		총고용 유발계수	
			1차	2차	3차	4차 이상	계열사	비계열사	기업연관표(A+B)	산업연관표*
전자	삼성전자	0.844	0.451	0.040	0.003	0.000	0.216	0.278	1.339	3.9
	LG전자	1.256	0.487	0.053	0.003	0.000	0.185	0.358	1.800	
	SK하이닉스	1.924	0.530	0.023	0.001	0.000	0.064	0.490	2.000	
자동차	현대자동차	1.333	0.448	0.084	0.006	0.000	0.125	0.413	1.871	6.6
	기아자동차	1.168	0.333	0.059	0.002	0.000	0.115	0.279	1.562	
	한국GM	1.138	0.777	0.082	0.005	0.000		0.864	2.001	
조선	현대중공업	1.049	0.592	0.042	0.003	0.000	0.033	0.604	1.687	5.6
	삼성중공업	0.987	0.321	0.040	0.002	0.000		0.363	1.351	
	대우조선해양	0.987	0.401	0.023	0.000	0.000	0.098	0.326	1.411	

주: 1) 회색 부분은 업종 내 계수 값이 가장 큰 경우를 표시.
　　2) *는 한국은행, 산업연관표(2011)에 나타난 해당 업종의 고용 유발계수.
자료: KED(주), 2011년도 DB.

서 이들 대기업을 제외한 생산 유발계수는 훨씬 높다고 볼 수 있다. 그만큼 수출 대기업의 생산 기여보다 여타 기업들의 생산 기여도가 크다는 것을 알 수 있다. <표 1-5>와 <표 1-6>은, 수출 대기업보다 중소기업이 더 큰 국내 생산 유발 효과와 고용 유발 효과를 갖는다는 것을 시사한다.

수출 대기업의 낙수효과는 왜 이렇게 낮은가? 그 이유는 <그림 1-6>에 제시된 막대그래프를 통해 알 수 있다. 삼성전자의 경우 전체 매입액 가운데 국내외 계열사 납품 비중이 78.9%이다. 삼성전자는 대부분의 납품을 계열사가 맡고 있는데, 그것도 해외 계열사 납품 비중이 55.1%이다. 현대자동차를 보면, 해외 계열사 납품 비중은 낮지만 국내 계열사의 납품 비중은 38.4%이다. 조선업종 대기업들만 자회사 납품 비중이 작게 나타난다. 주요 수출 대기

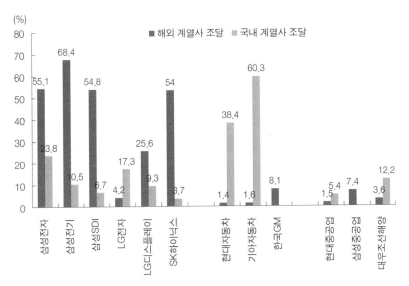

〈그림 1-6〉 대기업별 국내외 계열사 조달 비중

(%)
80
70   68.4
              60.3
60
55.1   54.8   54
50
              38.4
40
              25.6
30
23.8   17.3
20   12.2
10 10.5 6.7 9.3   8.1 7.4
      4.2 3.7 1.4 1.6   1.5 5.4 3.6
0

■ 해외 계열사 조달   ■ 국내 계열사 조달

삼성전자 삼성전기 삼성SDI LG전자 LG디스플레이 SK하이닉스 현대자동차 기아자동차 한국GM 현대중공업 삼성중공업 대우조선해양

자료: KED(주), 2011년도 DB.

업들이 세계화와 함께 해외 계열사로부터의 수주를 확대하고 있고, 국내에서
도 계열사 위주로 납품을 받고 있는 것이다.

수출 대기업의 매출 증가가 여타 기업들의 산출을 증가시키는 데는 한계
가 있다. 수출 대기업의 매출액 증가는 국민경제 전체로 확산되지 못하고 국
내외 자회사들의 매출 확대로 이어지기 때문에 일반 중소기업들의 생산 증가
를 유발하는 데 한계가 있다.

3. 대안적 성장모델

1) 케인스주의적 수요주도 성장모델

앞에서 살펴보았듯이, 신자유주의 성장모델은 임금 억제와 노동소득분배율의 하락을 초래하는 이윤주도 성장모델이다. 이윤주도 성장모델은 노동시장을 유연화하고, 자본의 이동성을 높임으로써 기업 투자를 유인한다는 경제성장 모델이다. 이와 같은 성장전략은 노동자의 집단적 힘을 약화시키고 최저임금의 인상을 억제하며 고용보호 제도를 완화시켜 실질임금 증가를 둔화시키는 자본친화적 소득분배정책을 지향한다.

그런데 수출 대기업의 이익을 극대화함으로써 경제성장을 도모하는 이윤주도 성장모델은 글로벌 경제위기와 글로벌 불균형을 낳았다. 탈규제로 인해 금융의 자율성이 높아지면서 기업들은 금융부문 투자와 실물투자를 자유롭게 선택함에 따라 실물투자는 점차 위축되는 경향을 보이고 있다. 새롭게 떠오른 금융부문은 혁신을 통해 새로운 경제성장의 동력이 될 것으로 기대되었지만, 현실은 그렇지 않았다. 글로벌 금융기업들은 파생금융상품과 같은 위험한 금융상품을 통해 이윤을 축적했지만 경제의 불안정성을 크게 증폭시키는 대가를 지불했다. 금융부문은 투기적 속성으로 경기 변동폭을 크게 만들었으며 급기야 글로벌 금융위기를 초래했던 것이다. 자본시장 자유화는 세계경제의 상호의존성을 심화시켰고 한 지역에서의 경제위기가 급속하게 세계로 확산될 수 있는 구조를 만들었다. 금융이 주도하는 경제체제가 경제의 불안정성을 심화시키고 금융위기를 세계에 확산시키는 불씨를 지핀 것이다.

금융주도 경제체제에서 이윤주도 성장모델은 노동소득분배율을 하락시키고 가계소득 증가를 제약함으로써 소득불평등을 심화시킨다. 소득이 줄어든 가계들은 소비지출을 줄였고 이로 인해 내수시장도 위축되었다. 기업들은 실물투자 부문보다 금융부문에서 더 큰 이윤 획득 기회를 갖게 되었기 때문에 실물투자를 억제했으며 이는 다시 일자리 부족을 낳았다. 기업들은 투자를 하지 않고 가계는 소비 여력이 줄어들면서 저축이 감소했다. 성장 정체는 정부 세수의 감소, 신규 투자의 부재, 가계부채의 증가를 지속시키면서, 이윤주도 성장체제의 한계가 뚜렷하게 나타났다.

케인스주의 경제학자들이 신자유주의적 이윤주도 성장모델의 대안으로 제시하는 임금주도 성장모델은 노동소득분배율의 상승으로 인한 노동자계층의 소비 증가가 총산출을 증가시킨다는 점에 초점을 맞추고 있다(Bhadur and Marglin, 1990; Blecker, 1989). 그리고 임금소득의 증가는 총산출 증가와 함께 투자를 유발함으로써 생산성을 증가시키는 효과가 있다. 전자는 수요체제, 후자는 생산성체제를 중심으로 논의되고 있다.

(1) 수요체제(demand regime)

거시경제에서 총수요(Y)는 정부부문을 제외하면 가계부문의 소비(C), 민간부문의 투자(I)와 순수출(NX)로 구성된다. 일반적으로 임금소득계층은 자본소득계층보다 소비성향이 높다. 전체 인구 가운데 자본소득이 노동소득을 초과하는 계층은 상위 1%의 계층이며, 이 계층의 가구들은 이미 충분히 소비하고 있기 때문에 추가 소득이 있어도 소비로 잘 이어지지 않는다. 증가된 소득은 저축이나 자산투자로 흘러들어 간다. 현재와 같은 경제 불황기에는 배당되지 않는 이윤(사내유보금) 역시 투자로 이어지지 않는다. 경기예측이 불확실할 때 기업의 투자는 보수적이다. 반면, 임금소득계층으로 부가 이전되면 소비가 활발하게 이루어진다. 특히 실질임금 상승이 정체되고 가계부문의 처분 가능 소득 중 부채 상환 부담이 있어 소비를 줄이고 있는 계층은 한계소비성향이 매우 높게 나타난다. 이 계층들의 경우 소득 증가는 소비 증가를 낳고, 소비 증가가 총수요를 증가시킴으로써 경제성장을 유발할 수 있다는 것이다.

그런데 노동소득분배율(v) 상승이 반드시 총수요를 증가시킨다는 보장은 없다. 왜냐하면 앞서 식 (1)에서도 보듯이 노동소득분배율 상승은 소비를 증가시키지만 투자와 순수출을 감소시킬 수도 있기 때문이다. 노동소득분배율이 상승하면 이윤이 감소하기 때문에 기업이 신규 투자를 줄이고자 하는 유인이 있다. 신규 투자나 노동의 자발적인 참여에 의해 임금 상승보다 더 높은 노동생산성 향상이 이루어질 경우 기업들은 투자를 확대하지만, 임금 상승이 비용 인상만 초래할 경우 기업들은 투자를 유보하기 때문이다. 노동소득분배율이 수출에 부정적인 영향을 미칠 수 있다. 수출이 비용 경쟁력에 크게 의존할 경우 노동비용 상승은 세계 시장에서의 국제 경쟁력을 약화시켜 시장점유율을 낮출 수 있다. 노동소득분배율 상승이 투자에 대해 부정적인 영향을 미치거나 수출 증가에 음의 효과를 낳게 된다면 총산출이 감소하게 된다.

노동소득분배율 상승으로 소비는 증가($C\uparrow$)하지만 투자($I\downarrow$)와 순수출($NX\downarrow$)이 감소할 수 있다(Onaran and Stockhammer, 2005). 노동소득분배율 상승에 따른 소비 증가분이 투자와 순수출 감소분보다 크거나 아니면 노동소득분배율 상승이 투자나 수출에 영향을 주지 않을 경우, 총수요가 증가한다. 그렇지 않은 경우 노동소득분배율 상승 시 총수요는 감소한다. 따라서 현실 경제에서는 임금주도 수요체제와 이윤주도 수요체제의 두 체제가 나타난다. 임금주도 수요체제와 이윤주도 수요체제는 다음과 같이 식으로 표현할 수 있다.

임금주도 수요체제: $\dfrac{\partial Y}{\partial v} = \dfrac{\partial C}{\partial v} + \dfrac{\partial I}{\partial v} + \dfrac{\partial NX}{\partial v} > 0$ \hfill (2)

<표 1-7> 자본 몫 1%p 증가가 총수요에 미치는 효과

국가	C/Y (A)	I/Y (B)	NX/Y (C)	(C+I+NX)/Y (D=A+B+C)	수요 체제
미국	-0.426	0.000	0.037	-0.388	임금주도
터키	-0.491	0.000	0.283	-0.208	
이탈리아	-0.356	0.130	0.126	-0.100	
한국	-0.422	0.000	0.359	-0.063	
독일	-0.501	0.376	0.096	-0.029	
영국	-0.303	0.120	0.158	-0.025	
프랑스	-0.305	0.088	0.196	-0.021	
일본	-0.353	0.284	0.055	-0.014	
인도	-0.291	0.000	0.310	0.018	이윤주도
아르헨티나	-0.153	0.015	0.192	0.054	
멕시코	-0.438	0.153	0.381	0.096	
캐나다	-0.326	0.182	0.266	0.122	
호주	-0.256	0.174	0.272	0.190	
남아공	-0.145	0.129	0.506	0.490	
중국	-0.412	0.000	1.986	1.574	

자료: Onaran and Galanis(2012).

$$\text{이윤주도 수요체제: } \frac{\partial Y}{\partial v} = \frac{\partial C}{\partial v} + \frac{\partial I}{\partial v} + \frac{\partial NX}{\partial v} < 0 \tag{3}$$

임금주도 수요체제에서는 노동소득분배율 상승이 궁극적으로 총수요를 증가시키고, 이윤주도 수요체제는 총수요를 감소시킨다. 임금주도 성장체제인가 이윤주도 수요체제인가는 국가에 따라 다르다. 슈토름과 나스테파드(Storm and Naastepad, 2011)의 연구결과에 따르면, 강한 임금주도 수요체제를 가진 국가는 북유럽 국가들이다. 북유럽 국가들의 경우 1%p 실질임금이 증

〈표 1-8〉 수요체제와 분배정책과 관련된 실제 성장전략

구분		분배정책	
		노동친화적	자본친화적
수요 체제	임금주도	임금주도 성장 사회적 케인스주의 전후 황금시대	침체(불안정한 성장) 실제적 신자유주의 (부채주도 성장/수출주도 성장)
	이윤주도	침체(불안정한 성장) 불운한 사회개혁(TINA)	이윤주도 성장 이론적 신자유주의/낙수효과

자료: Hein and Mundt(2012).

가하면 총수요가 0.8%p 증가한다. 또 북유럽 국가들의 경우 노동소득분배율 상승이 이윤율을 반드시 감소시키는 것도 아니다. 한편 프랑스, 이탈리아, 네덜란드 등의 국가들은 노동소득분배율이 1%p 증가하면 총수요가 0.25%p 증가하는 것으로 나타난다. 북유럽 국가들이 강한 임금주도 수요체제라면, 프랑스 등 대륙 국가들은 약한 수요주도 성장체제에 해당된다.

<표 1-7>은 자본 몫 1%p 증가가 총수요에 미치는 영향을 국가별로 추정한 결과인데 한국의 경우 자본 몫의 증가가 총수요를 감소시키는 것으로 나온다(Onaran and Galinas, 2012). 이 결과는, 자본 몫의 증가가 총수요는 부의 상관관계를 보여준다. 따라서 한국에서는 노동 몫의 증가가 총수요와 정의 상관관계에 있다는 점에서 약한 임금주도 수요체제라 할 수 있다. 반면 중국, 남아공, 호주 등은 이윤주도 수요체제임을 보여준다.

(2) 생산성체제(productivity regime)

임금주도 수요체제는 주어진 총공급량하에서 노동의 소득분배율 상승 시 총수요가 증가하는 체제임을 뜻한다. 수요체제에서는 공급 조건을 주어진 것으로 전제한다. 그런데 수요체제 분석은 임금 상승이 성장에 미치는 수요 측

면만 고려하고 생산성 등 공급 측면에 미치는 영향은 고려하지 않는다는 단점이 있다. 소득분배 변화가 경제성장에 미치는 영향을 알아보기 위해서는 공급 조건에 어떤 변화를 초래하는지 검토할 필요가 있다.

케인스주의 경제학자들은 임금의 상승이 공급 조건을 악화시키는 것이 아니라 오히려 공급 조건을 개선할 수 있다고 본다(Storm and Naastepad, 2009; Hein and Tarassow, 2010). 총수요가 강한 임금주도적인 성격을 지니고 있을 때 가속도 원리에 따라 수요 증가가 투자 증가를 촉진시킨다. 임금 상승의 소비 증가 효과가 투자 감소 효과보다 크다면 총수요가 증가하고, 이것이 다시 투자를 유인함으로써 경제가 성장한다는 것이다. 그뿐만 아니라 임금 상승이 노동을 대체하는 설비투자를 유인함으로써 노동생산성을 증가시키는 효과가 있다(Kaldor effect). 또 고임금으로 인한 수요 증가는 설비가동률을 높여 규모의 경제를 창출하고(Verdoon's law), 노동 절약적인 기술진보를 유발하여 노동생산성을 높이는 임금주도 기술진보효과(wage-led technological progress)도 나타난다. 그밖에 고임금이 근로 의욕을 높이고 협력적 노사관계를 촉진시킴으로써 노동생산성을 높일 수 있다.

2) 대안적 성장모델: 고용주도, 임금주도, 소득주도 성장

ILO나 UNCTAD 등 국제기구들은 세계적인 불황을 극복하기 위해 신자유주의적인 이윤주도 성장체제에 대한 대안으로 고용주도(employ-led), 임금주도(wage-led), 소득주도(income-led) 성장을 제시하고 있다. 신자유주의적 공급주도 경제성장모델이 노동소득분배율 하락과 기업 투자 증가를 통해 경제성장을 도모하는 것이라면, 대안적 성장모델은 노동소득분배율, 가계의 소득과 소비 역량을 높여 경제성장을 도모하는 것이다. 대안적 성장모델은 노동

<표 1-9> 고용주도 성장, 임금주도 성장, 소득주도 성장

구분	고용주도 성장 (1)	임금주도 성장 (2)	소득주도 성장 (3)=(2)+(A)
기본 방향	- 고용률 증가	- 노동소득 증대 → 노동분배율 개선	- 노동소득과 자영업소득 증대 → 노동분배율 개선
주요 정책	- 일자리 창출 - 고용의 질 개선	- 최저임금제 강화 - 생산성임금협약(생산성과 임금 상승의 연계)	- 최저임금제 강화 - 생산성임금협약(생산성과 임 금 상승의 연계) (A) - 자영업자 소득 안정 - 근로빈곤층 생활소득 보장 등 사회보장제도
수요	- 내수 증가(소비 증가) - 수출 증가	- 내수 증가(소비 증가)	- 내수 증가(소비 증가) - 수출 증가
공급	- 노동 투입 증가에 따른 생산성 향상 - 투자 증가에 따른 생산 성 향상	- 임금 상승의 생산성 향상 효과 - 고부가가치 부문으로의 산업구조 개선 효과	- 노동 투입 증가에 따른 생산 성 향상 - 투자 증가에 따른 생산성 향상
비고	- 실업률이 높고 고용률이 낮은 국가	- 중앙집중적 노사단체교 섭제도가 발달된 국가	- 자영업 등 비공식 부문 취업 자 비중이 큰 국가

자료: UNCTAD(2010), Stockhammer and Onaran(2012).

소득과 가계소득을 증대시킴으로써 분배와 성장의 선순환을 지향한다.

<표 1-9>는 대안적 모델의 성장전략을 고용주도, 임금주도, 소득주도 성장의 세 유형으로 구분한 것이다. 세 유형의 성장전략은 모두 노동소득분배율의 개선을 통해 내수를 증진시킨다는 점에서 공통점이 있다. 그런데 세 유형의 전략은 노동소득분배율을 어떻게 높일 것인가에서 대해 일정한 차이가 있다.

고용주도 성장전략은 실업률이 높고 고용률이 낮은 국가에 적용할 수 있다. 일자리를 확대함으로써 국민소득에서 차지하는 노동의 몫을 증가시키고 이를 통해 내수를 확장하는 전략이다. 고용주도 성장전략은 실업자나 비경제

활동인구를 경제활동에 참여시킴으로써 국민경제의 잠재성장률을 높인다.

임금주도 성장전략에서는 피고용자들의 임금 상승을 통해 노동소득분배율을 개선시킨다. 임금 상승을 통해 노동소득분배율을 높이려면 노동조합의 대표성이 높아야 한다. 노동조합의 임금 협상이 다수의 노동자들의 임금에 영향을 미쳐 국민소득에서 노동이 차지하는 몫을 증가시킨다. 이 때문에 임금주도 성장전략은 중앙집권화된 노사단체교섭이 제도화된 국가들에 적합하다.

임금주도 성장전략은 중앙교섭의 영향력이 약한 국가에서 적용하기가 곤란하다. 조직된 노동자들의 임금이 상승한다 해도 미조직된 노동자들이 광범위하게 존재하거나 자영업자들이 차지하는 비중이 상대적으로 큰 경제에서는 임금 상승의 파급효과가 제한적일 수밖에 없다. 소득주도 성장전략은 중앙교섭이 취약하고 자영업자 등 비공식 부문 취업자가 상대적으로 많은 국가들에서 채택할 수 있는 전략이다. 임금 인상 이외에 소득재분배정책을 통해 근로빈곤층, 영세 자영업자의 생활보장에 초점을 맞춘다.

고용주도 성장은 일자리 창출을 정책 목표로 한다는 점에서 공급주도 성장모델과 친화성이 있다. 이에 비해 임금주도 성장과 고용주도 성장은 총수요 증가를 통해 투자 증가를 유발하고 이것이 노동생산성을 증가시킴으로써 경제성장을 도모한다는 점에 수요주도 성장모델에 속한다. 다음에서는 임금주도 성장전략을 확장시킨 소득주도 성장과 고용주도 성장전략을 비교해보기로 한다.

(1) 소득주도 성장(income-led growth)

임금주도 성장전략은 모든 국가에서 통용될 수 있는 것은 아니다. 중앙교섭이 제도화되어 있지 않거나 노조의 협상력이 개별 기업이나 특정 산업에만 영향력이 있어 협상으로 인한 임금 인상이 임금노동자 계층 전체의 소비를 증가시키는 데 한계가 있는 국가들의 경우 임금주도 성장을 적용하기 어렵다. 특히 저발전 국가들에서처럼 경제에서 비공식 부문이 차지하는 비중이 크고 자영업자들이 전체 고용에서 차지하는 비중이 높은 국가들에서 임금주도 성장정책은 뚜렷한 한계를 지닐 수밖에 없다. 피고용자들의 임금 인상이 노동소득계층 전체에 영향을 주는 것이 아니라 고용된 노동자들에게만 영향을 주기 때문이다.

전체 경제에서 임금소득자 비중이 상대적으로 낮거나 중앙집권화된 산별교섭이 취약한 경우 임금주도 성장의 대안으로 소득주도 성장을 검토할 수 있다. 소득주도 성장이란 임금노동자 가구만이 아니라 자영업자, 비공식부문 취업자 등 모든 근로계층의 소득을 증진시킴으로써 총수요 증가를 촉진시키는 성장전략이다. 소득주도 성장은 노동자의 실질임금을 상승시키는 정책과 병행하여 사회복지 정책을 통해 근로빈곤층에 대한 지원을 확대하는 것이다. 비공식부문에 종사하는 근로가구들의 신용 접근성을 높이고, 교육 및 건강에 대한 접근성을 높여주는 복지 정책은 근로빈곤층 가구의 소득을 확대시켜 총수요를 증가시킬 수 있다. 복지 확대는 임금 인상이 갖는 제한된 파급효과를 극복할 수 있는 수단이기 때문이다.

소득주도 성장은 유효수요 증진을 통한 내수시장 확대를 지향한다는 점에서 임금주도 성장과 다르지 않으며 소득주도 성장 역시 임금주도 성장의 제약 요인을 안고 있다. 피용자의 임금을 상승하는 정책은 고용주들의 반발을 야기할 것이며 빈곤계층의 복지를 확대하기 위한 정책 역시 누군가는 그 비용을 부담해야 한다. 임금주도 성장이든 소득주도 성장이든 기업, 고소득계층으로부터 임금노동자, 저소득계층으로의 부의 이전을 초래할 수 있기 때문이다. 이와 같은 소득재분배 문제는 언제나 정치적 쟁점이 될 수 있다.

(2) 고용주도 성장(employment-led growth)

노동소득분배율의 증가는 임금 상승뿐만 아니라 임금노동자 수의 증가를 통해서도 가능하다. 고용률 증대를 통해 노동소득분배율을 개선할 수 있다. 불황기에 노동자들의 일자리 나누기, 새로운 일자리 창출은 고용률을 향상시키고 노동소득분배율을 높인다. ILO는 정부나 공공기관이 주도하는 사회 인프라 투자에서 자본집약적인 기술보다 노동집약적인 기술을 선택함으로써 노동소득분배율을 개선할 수 있다고 주장한다. 공공투자를 발주할 때 고용량을 고려하는 업체 선정 등을 통해 새로운 일자리를 창출할 수 있다는 것이다.

고용주도 성장전략은 다음과 같은 장점이 있다. 임금주도 성장에서는 임금 상승으로 인한 소비지출 증대 효과가 투자 감소나 수출 감소에 의해 상쇄될 수 있지만 고용률 증가는 소비지출 증대만이 아니라 투자 증가, 수출 증가를 초래한다. 고용 증가는 임금 상승으로 인한 부담을 유발하지 않으면서 총수요를 확장시킬 수 있다. 또 임금주도 성장은 노동소득분배율 상승 효과가 불확실하지만 고용주도 성장은 노동소득분배율 상승 효과가 뚜렷하다는 장점도 있다. 임금주도 성장은 기업의 자본 증진적인 기술진보를 초래하여 고용량을 줄일 수 있으며 이 경우 노동소득분배율은 감소할 수도 있다. 반면 고용주도 성장은 고용량 증가와 투자 증가를 유발할 수 있으므로 노동소득분배율이 뚜렷하게 개선된다.

고용주도 성장은 실업률이 높거나 공식부문의 고용률이 낮은 국가에서 채택할 수 있는 성장전략이다. 비공식 부문의 일자리를 공식부문 일자리 창출로 대체되고, 새로운 고용이 창출됨으로써 유효수요를 확장한다. 하지만 고용주도 성장으로는 국민경제나 세계 경제 차원에서 지속적인 유효수요 창출이 어렵다는 단점이 있다. 게다가 고용률이 일정한 수준에 이른 국가들에서는 이와 같은 정책을 지속하는 것도 쉽지 않다. 그러므로 고용주도 성장은 유효수요를 창출하는 다른 성장정책과 결합할 필요가 있다.

4. 한국 경제의 신성장전략: 소득주도 성장의 유효성

한국에서 임금주도 성장, 소득주도 성장의 적용 가능성은 구체적인 실증분석을 통해 검토될 필요가 있다. 한국 경제에서 케인스주의적 수요주도 성장전략이 적용 가능한지 여부는 한국 경제가 임금주도 수요체제인가 그렇지 않은가, 그리고 소득분배가 생산성에 미치는 영향에 좌우된다. 다음과 같은 질문에 답해보자.

· 노동소득분배율이 상승하면 소비가 얼마나 늘어나는가?
· 기업의 수익성이 좋아지면 투자가 과연 늘어나는가?
· 노동소득분배율이 상승하면 수출 경쟁력을 약화시키는가?
· 임금 상승이 노동생산성을 높이는가?
· 임금 상승이 고용을 줄이는가?

1970년부터 2000년까지 노동소득분배율 변화가 경제성장과 투자, 고용에 어떤 영향을 끼쳤는지를 보여주는 국제 비교연구에서, 한국의 경우 노동소득분배율의 상승이 경제성장을 촉진시켰다고 한다(Onaran and Stockhammer, 2005). 노동소득분배율 개선이 고투자, 고생산성, 고성장을 가져왔다는 것이다. 또 다른 연구에서는 한국에서 이윤 몫 1%의 상승이 최종 민간수요를 −0.063%p 감소시켜 총수요를 낮추었다는 결과를 보여주었다. 이들 연구에 따르면 자본소득분배율의 증가는 소비 증가율은 −0.442%p 감소시키지만 순수출은 0.359%p 증가시킴으로써 총수요를 −0.063%p 감소시켰다는 것이다(Onaran and Galanis, 2012).

그런데 이들 연구는 연 단위 자료를 사용했기 때문에 1997년 IMF 외환위기 이전과 이후의 한국 경제의 구조변화를 고려할 수 없었다. 1997년 IMF 외환위기 이후 한국 경제에서 최종수요에서 수출이 차지하는 비중은 뚜렷한 증가 추세, 민간소비는 감소 추세로 전환되었다. 그뿐만 아니라 외환위기 이후 한국 경제에서 노동소득분배율은 지속적으로 감소했고, 이것이 경제성장률을 둔화시켰을 가능성이 있다.

한국 경제에서는 자영업자 비중이 높다. 한국 피고용자 중 자영업자와 영세 소기업 종사자가 800만여 명에 이르고 전체 피고용자 가운데 57%를 차지한다. 그러므로 노동소득분배율을 측정하는 방식에서도 자영업자를 포함시킬 것인가 그렇지 않은가에 따라 결과가 다를 수 있다. 수요주도 성장모델의 적용 가능성을 분석하는 데 자영업자를 제외한 임금근로자 부문의 노동소득분배율을 사용한 분석모형과 자영업 부문이 포함된 노동소득분배율을 사용한 분석모형이 필요하다. 수요주도 성장모델의 유효성을 검토하기 위해서는 수요체제만이 아니라 생산성체제도 함께 분석할 필요가 있다. 임금 상승이 총수요에 어떤 영향을 미치는지, 그리고 생산성에는 어떤 영향을 주는가를 분석하는 것도 중요한 과제이다.

수요주도 성장모형에서는 다음과 같은 가정을 포함한다. 첫째, 소득분배는 노사협상과 제도적 요인에 의해 결정된다. 둘째, 소득분배가 총수요에 영향을 미친다. 노동소득분배가 총수요와 정의 상관관계가 있으면 임금주도 수요체제, 부의 상관관계가 있으면 이윤주도 수요체제이다. 셋째, 기술진보는 외생적으로 주어지는 것이 아니라 성장 과정에서 내생적으로 결정된다. 기술진보의 내생성을 도입함으로써 경제 성과와 기술의 관계를 고려하는 것이다.

수요주도 성장모형에서 총소득(Y)은 노동소득(W)과 자본소득(Π)으로 나뉜다($Y = W + \Pi$). 노동생산성이 λ이고, 실질임금이 w일 때, 노동 몫(v)은 $v = W/Y = (W/L)/(Y/L) = w/\lambda$이다. 실질임금 증가율이 $\hat{w}$, 생산성 증가율이 $\hat{\lambda}$일 때, 노동 몫 증가율($\hat{v}$)은 $\hat{v} = \hat{w} - \hat{\lambda}$이다. 홍장표(2014b)는 나스테파드와 슈토름(Naastepad, 2006; Storm and Naastepad, 2011)의 수요주도 성장모형을 이용하여 한국 경제에서 기능적 소득분배와 경제성장의 관계를 분석했는데, 주요 실증결과를 소개하면 다음과 같다.

1) 한국의 수요체제

개방경제에서 정부부문을 제외한 총산출(Y)은 식 (3)과 같이 소비(C), 투자(I), 순수출($X - M$)로 구성되는 총수요에 의존한다. 소비함수는 식 (4)와 같다. 소비(C)는 노동소득(W)과 자본소득(Π)의 함수이고 노동소득의 저축성향($1 - c_W$)은 자본소득의 저축성향($1 - c_\Pi$)보다 작다($0 \leq c_\Pi \leq c_W \leq 1$). 수입($M$)은 식 (5)와 같은 산출량의 선형함수이며, ζ는 수입성향이다.

$$Y = C + I + X - M \tag{4}$$

$$C = c_W W + c_\Pi \Pi = [c_W v + c_\Pi (1 - v)] Y \tag{5}$$

$$M = \zeta Y \tag{6}$$

식 (5)와 (6)을 식 (4)에 대입하여 정리하면 식 (7)과 같다. 여기서 $\mu = [1 - c_W v - c_\Pi (1 - v) + \zeta]$이고, $(1/\mu)$은 케인스 승수이다. 식 (7)을 전미분하면 식 (8)을 얻는다. 여기서 $\psi_i [= (I/Y)/\mu]$와 $\psi_x [= (X/Y)/\mu]$는 각각 승수로 조정된 투자와 수출의 GDP 비중을 나타낸다.

$$Y = \frac{I+X}{\mu} \tag{7}$$

$$\hat{y} = -\hat{\mu} + \frac{(I/Y)}{\mu}\hat{i} + \frac{(X/Y)}{\mu}\hat{x} = -\hat{\mu} + \psi_i\hat{i} + \psi_x\hat{x} \tag{8}$$

다음으로 식 (9)에서 투자 증가율($\hat{i}$)은 자본 몫 증가율($\hat{\pi}$)과 산출 증가율 ($\hat{y}$)의 함수이고, i_π는 투자의 자본 몫 탄력성, i_y는 투자의 산출 탄력성을 나타낸다. 식 (10)에서 수출 증가율($\hat{x}$)은 명목환율 증가율($\hat{e}$)과 세계 수요 증가 율($\hat{z}$)의 증가함수, 실질단위노동비용 증가율($\hat{v}$)의 감소함수이고, x_v는 수출 의 실질단위 노동비용 탄력성이다.

$$\hat{i} = i_\pi\hat{\pi} + i_y\hat{y} \tag{9}$$

$$\hat{x} = \chi_e\hat{e} + \chi_z\hat{z} - \chi_v\hat{v} \tag{10}$$

식 (11)은 수요체제 방정식이며, 식 (12)는 실질임금 증가율 변동이 총수요 증가율에 미치는 영향을 나타낸다.

$$\hat{y} = \frac{\psi_x(x_e\hat{e} + x_z\hat{z})}{1 - \psi_i i_y} + \frac{[\xi(c_W - c_\Pi) - \psi_x x_v - \psi_i i_\pi\theta]}{1 - \psi_i i_y}[\hat{w} - \hat{\lambda}] \tag{11}$$

$$D = \frac{\partial\hat{y}}{\partial\hat{v}} = \frac{\partial\hat{y}}{\partial\hat{w}} = \frac{[\xi(c_W - c_\Pi) - \psi_x\chi_v - \psi_i\phi_\pi\theta]}{1 - \psi_i\phi_y} \tag{12}$$

식 (12)에서 $\partial\hat{y}/\partial\hat{w} \equiv D$는 수요체제의 특성을 나타낸다. $D > 0$이면 주어 진 노동생산성 증가율하에서 실질임금 증가율이 상승할 때 총수요 증가율이 상승하는 임금주도 수요체제, $D < 0$이면 실질임금 증가율이 상승할 때 총수

〈표 1-10〉 수요체제 분석 결과

구분	기호	1981~1997년		1999~2012년	
		v_1 모형	v_2 모형	v_1 모형	v_2 모형
소비의 노동소득 탄력성	c_W	0.35***	0.36***	0.84***	0.94***
소비의 자본소득 탄력성	c_Π	0.07*	0.07*	0.32***	0.23***
투자의 산출 탄력성	i_y	1.96***	1.98***	1.69***	1.65***
투자의 자본 몫 탄력성	i_π	-0.73	-0.27	-0.48	-0.45
수출의 실질단위노동비용 탄력성	x_v	-1.22**	-0.33	0.50	0.46
수요체제의 특성	D	-0.05	0.65	1.24	2.19

주: 1) ***는 1%, **는 5%, *는 10% 유의수준.
    2) v_1 모형은 자영업 부문이 제외된 노동소득분배율, v_2 모형은 자영업 부문이 포함된 노동소득분배율.
자료: 홍장표(2014b).

요 증가율이 감소하는 이윤주도 수요체제이다(홍장표, 2014b).

수요체제는 외환위기 이후 한국 경제의 구조변동을 고려하여 1981~1997년, 1999~2012년으로 나누어 실시했다. <표 1-10>에 나타나 있듯이 외환위기 이후 한국 경제는 $D > 0$로 나타나 임금주도 수요체제임을 보여준다.

1997년 외환위기 이후 노동소득의 소비 탄력성 증가로 노동소득분배율이 1%p 증가 시 민간소비($c_W - c_\Pi$)는 0.52~0.71%p 증가한다. v_2모형에서 더 큰 값을 갖는 이유는 자영업자를 포함시킬 경우 소비 증가율은 더 크게 나타나기 때문이다. 이는 다수의 자영업자들이 피고용자의 평균임금에도 미치지 못하는 상태이기 때문에 자영업자들의 가구소득이 증가하면 그만큼 소비 증가가 높게 나타난다는 것을 보여준다. 총수요 증가율이 1%p 상승할 때 투자 증가율은 1.65~1.69%p 상승한다. 그리고 자본소득분배율 증가율이 1%p 상승할 때 투자 증가율은 상승하지 않는다. 여기서 투자의 자본 몫 탄력성이 음의 값을 나타내는 것에 주목할 필요가 있다.

수출의 노동비용 탄력성도 주목된다. 1997년 이전 수출의 노동비용 탄력성은 음의 값을 가졌지만 1999년 이후 노동비용의 상승은 수출을 감소시키지 않은 것으로 나타났다. 이는 임금 상승으로 한국의 수출상품의 비용 경쟁력 약화로 수출에 부정적인 영향을 미친다는 통상적인 견해와는 상반되는 결과라 할 수 있다. 노동소득분배율의 상승이 수출을 저해하지 않는 이유는 다양하다. 과거에는 수출이 비용 경쟁력에 크게 의존했지만, 외환위기 이후에는 수출의 품질, 디자인, 브랜드 등 비가격 경쟁력이 중요해지며, 수출의 노동소비 탄력성이 달라졌음을 시사한다(홍장표, 2014a).

<표 1-10>에서 보듯이, 외환위기 이후 한국의 수요체제(D)는 1%p 노동소득 증가율의 상승은 총수요 증가율을 1.24~2.19%p 높이는 강한 임금주도 수요체제임을 알 수 있다. 슈토름과 나스테파드(Storm and Naastepad, 2009a)는 북유럽국가가 강한 임금주도 수요체제라는 결과를 제시했는데, 북유럽 국가들의 경우 1%p 노동소득 증가가 총수요를 0.8%p 증가시켰다. 반면 이 연구에서는 프랑스, 이탈리아, 스페인 등의 국가를 약한 임금주도 수요체제라고 했는데, 이 국가들은 1%p 노동소득 증가가 0.25%p 총수요를 증가시킨다는 결과를 보여주었다. <표 1-9>는 노동소득분배율이 상승하면 총수요가 증가한다는 것을 보여준다.

2) 한국의 생산성체제

임금 상승으로 인한 노동소득분배율 증가가 총수요에만 영향을 미치는 것이 아니라 생산성에도 긍정적인 영향을 미칠 수 있다. 수요주도 성장모형에 따르면 노동생산성 증가율은 실질 산출량 증가율과 실질임금 증가율의 증가함수이다(Hein and Tarassow, 2010). 총수요의 증가는 설비가동률을 증가시키며, 가동률 증가는 신규 투자를 유인한다. 그런데 신규 투자로 인해 도입되는 최신 생산설비는 신기술을 체화하고 있기 때문에 생산성을 향상시킨다. 그뿐만 아니라 설비가동률의 증가만으로도 규모의 경제를 실현할 수 있기 때문에 노동생산성을 향상시킬 수 있다. 나아가 실질임금의 증가는 자본에 대한 노동의 상대가격을 증가시키며, 이윤 극대화를 추구하는 기업은 자본이 노동을 대체하도록 하는 기술을 채택함으로써 노동생산성을 증가시킬 수 있다. 노동의 협상력이 증가해도 자본은 자본 몫의 감소를 막기 위해 노동 절약적 기술진보가 축적되어 노동생산성을 증가시킨다. 임금 인상은 총수요만 증가시키는 것이 아니라 노동생산성의 증가를 촉진한다.

슈토름과 나스테파드(Storm and Naastepad, 2011)의 모형을 토대로 1981년 이후 한국의 생산성체제를 분석해보았다. 식 (13)은 이 모형의 방정식이며, <표 1-11>은 이 식을 추정한 결과를 요약한 것이다.

$$\hat{\lambda} = \beta_0 + \beta_1 \hat{y} + \beta_2 \hat{w}, \quad \beta_0, \beta_2 > 0; 0 < \beta_1 < 1 \tag{13}$$

$\hat{\lambda}$: 노동생산성 증가율.
β_1: 산출 증가가 노동생산성 증가에 미치는 칼도-버둔(Kaldor-verdoon)계수.
β_2: 실질임금 증가가 노동생산성 증가에 미치는 효과를 나타내는 계수.

<표 1-11>에서 보듯이, 한국의 노동생산성의 산출 탄력성(β_1)은 외환위기 이전보다 외환위기 이후에 더 크게 나타나고 있다. 자영업자를 제외한 노동소득분배율(v_1)을 토대로 한 노동생산성의 산출 탄력성은 0.67이며, 자영업자를 노동소득에 포함시킨 노동소득분배율(v_2)에서도 0.46으로 나타난다. 이는 한국에서 총산출 증가율 1%p 상승 시 노동생산성 증가율이 작게는 0.46%p에서 많게는 0.67%p 상승함을 의미한다. 노동생산성의 임금 탄력성

<표 1-11> 생산성체제 분석 결과

구분	기호	1981~1997년		1999~2012년	
		v_1 모형	v_2 모형	v_1 모형	v_2 모형
노동생산성의 산출 탄력성	β_1	0.32**	0.44***	0.67***	0.46***
노동생산성의 임금 탄력성	β_2	0.35***	0.23**	0.06	0.11

주: ***는 1%, **는 5%, *는 10% 유의수준.
자료: 홍장표(2014b).

에도 주목할 필요가 있다. 외환위기 이전 한국 경제에서는 임금 증가가 노동 생산성을 높인다는 것을 보여준다. 외환위기 이후에도 그 값은 작아지고 유의수준을 벗어나기는 하지만 임금 상승이 노동생산성 증가를 촉진할 수 있음을 시사한다. 외환위기 이후 노동생산성의 임금 탄력성이 낮아지고 유의성이 사라진 것은 노동의 실질임금 상승이 둔화됨으로써 기업의 투자 동기가 약화된 것으로 추론된다. 이는 실질임금 상승의 둔화와 자본의 투자회피가 동시에 나타나는 상황으로도 볼 수 있다. 노동의 실질임금 상승과 총산출 증가가 노동생산성 증가를 유발한다는 수요주도 성장모형이 한국에서도 적용될 수 있음을 나타낸다. 소득분배 개선이 총수요뿐 아니라 생산성에도 긍정적인 영향을 줄 수 있음을 보여준다.

3) 소득분배 변동이 경제성장과 생산성에 미치는 영향

이제 수요체제와 생산성체제의 상호작용을 살펴보자. 두 체제의 상호작용 결과 최종적으로 노동소득분배율이 산출 증가율($\hat{y}$)과 노동생산성 증가율($\hat{\lambda}$)에 어떤 영향을 미치는지 살펴보자. 수요체제와 생산성체제를 축약형으로 나타내면, 식 (14)와 (15)와 같다.

$$\hat{y}_{DR} = D(\hat{w} - \hat{\lambda}) + E, \ E \equiv \frac{\psi_x(x_e\hat{e} + x_z\hat{z})}{1 - \psi_i i_y} \tag{14}$$

$$\hat{y}_{PR} = \left(\frac{1}{\beta_1}\right)(-\beta_0 - \beta_2\hat{w} + \hat{\lambda}), \ \ \beta_0, \beta_2 > 0; 0 < \beta_1 < 1 \tag{15}$$

이 두 식으로부터 균형 산출량 증가율($\hat{y}^*$)과 균형 노동생산성 증가율($\hat{\lambda}^*$)을 구하면 다음과 같다.

$$\hat{y}^* = -\frac{\beta_0 D}{1 + \beta_1 D} + \frac{\beta_1 E}{1 + \beta_1 D} + \left[\frac{(1 - \beta_2)D}{1 + \beta_1 D}\right]\hat{w} \tag{16}$$

$$\hat{\lambda}^* = \frac{\beta_0}{1 + \beta_1 D} + \frac{\beta_1 E}{1 + \beta_1 D} + \left[\frac{\beta_2 + \beta_1 D}{1 + \beta_1 D}\right]\hat{w} \tag{17}$$

식 (16)과 식 (17)에서 소득분배 변화가 균형 산출 증가율($\hat{y}^*$)과 소득분배 변동이 균형 노동생산성 증가율($\hat{\lambda}^*$)에 미치는 효과를 구하면 다음과 같다.

$$\frac{\partial \hat{y}^*}{\partial \hat{w}} = \frac{(1 - \beta_2)D}{1 + \beta_1 D} \tag{18}$$

$$\frac{\partial \hat{\lambda}^*}{\partial \hat{w}} = \frac{\beta_2 + \beta_1 D}{1 + \beta_1 D} \tag{19}$$

식 (18)과 (19)에서 보듯이, 임금 상승이 산출 증가에 미치는 영향이나 노동생산성 증가에 미치는 영향은 수요체제(D)에 의해서만 결정되는 것이 아니라 생산성체제(β_1과 β_2)와 결합되어 나타난다. 실질임금 상승이 균형 산출

〈표 1-12〉 소득분배가 경제성장에 미치는 효과

구분	계산식	1981~1997년		1999~2012년	
		v_1 모형	v_2 모형	v_1 모형	v_2 모형
산출량 효과	$\dfrac{\partial \hat{y}^*}{\partial \hat{w}} = \dfrac{(1-\beta_2)D}{1+\beta_1 D}$	-0.04	0.39	0.68	1.09
노동생산성 효과	$\dfrac{\partial \hat{\lambda}^*}{\partial \hat{w}} = \dfrac{\beta_2 + \beta_1 D}{1 + \beta_1 D}$	0.34	0.40	0.45	0.50
고용 효과	$\dfrac{\partial \hat{l}^*}{\partial \hat{w}} = \dfrac{\partial \hat{y}^*}{\partial \hat{w}} - \dfrac{\partial \hat{\lambda}^*}{\partial \hat{w}}$	-0.37	-0.01	0.22	0.58

자료: 홍장표(2014b).

량에 미치는 효과는 수요체제의 특성에만 좌우되지 않는 것이다. 임금 인상
이 산출 증가에 미치는 영향은 β_1과 β_2의 각각의 부호, 크기에 따라 좌우된
다. 이상의 식을 토대로 소득분배가 경제성장에 미치는 결과를 얻을 수 있다.
<표 1-12>는 한국에서 실질임금 상승, 소득분배가 산출과 생산성에 미치는
효과를 보여준다.

<표 1-12>에서 보듯이, 한국의 경우 노동소득 증가율 1%p 상승 시
GDP(총산출) 증가율은 0.68~1.09%p 상승한다. 노동소득 증가율 1%p 상승
시 실질노동생산성 증가율 역시 0.45~0.50%p 상승한다. 실질임금 증가는
고용 증가를 유발한다. 경제성장률은 고용 증가율과 노동생산성 증가율의 합
이기 때문에 경제성장률에서 노동생산성 증가율을 제하면 고용 증가율을 구
할 수 있다. 표에서 보듯이 노동소득이 고용에 미치는 장기효과는 긍정적인
것으로 나타나고 있다. 노동소득 증가율이 1%p 상승하면, 장기적으로 고용
증가율은 0.22~0.58%p 상승함을 알 수 있다.

이상의 결과를 정리하면 다음과 같다. 첫째, 한국 경제에서 총투자는 기업
의 수익성에 거의 반응하지 않으며, 총수요로부터 크게 영향을 받는다는 점

이다. <표 1-10>에서 보았듯이, 자본 몫 증가율이 상승해도 투자 증가율은 상승하지 않는다. 반면 총산출 증가율이 상승하면 투자 증가율은 크게 상승한다. 이로부터 한국 경제에서는 실질임금 증가가 투자를 억제할 것이라는 우려가 타당하지 않다는 것을 알 수 있다. 실질임금 상승, 노동소득분배율의 향상은 내수시장을 회복시키고, 설비가동률을 증가시키며, 노동생산성의 증가로 투자가 촉진된다.

둘째, 소득분배 개선이 수출 경쟁력을 약화시키지 않는다. 노동소득이 증가하면 단기적으로 노동비용이 상승해 수출 경쟁력이 약화될 수 있다. 하지만 장기적으로 한국 경제에서는 노동소득의 상승에 따른 노동생산성 증가로 인해 수출 경쟁력이 회복된다는 결과를 보여준다. 이는 한국의 수출 경쟁력이 가격 경쟁력에만 의존하지 않는다는 최근의 여러 연구 결과와 유사한 모습이다. 한국의 수출 대기업들은 제품개발과 품질관리를 통해 세계시장에서의 비가격 경쟁력을 높여왔다. 그러므로 임금 상승으로 인해 수출이 줄어들면서 총산출을 감소시킬 수 있다는 주장은 타당하지 않다고 볼 수 있다.

셋째, 노동의 실질임금이 상승하면 고용을 증가시킨다. 시장주의적 접근에서는 임금 상승은 자본에 의한 노동의 대체를 가속화시켜 고용을 감소시킨다고 한다. 임금 상승 시 기업들은 임금비용을 줄이기 위한 유인이 강화되어 노동 절약적인 기술진보를 추구한다는 것이다. 그런데 1997년 외환위기 이후 한국 경제는 "임금 상승이 고용을 감소시킨다"는 시장주의적 접근에서의 주장보다는 "임금 상승이 고용을 증가시킬 수 있다"는 케인스 경제학의 명제가 타당함을 보여주고 있다. 노동소득이 증가하면, 자본소득보다 노동소득의 소비성향이 크기 때문에 소비지출이 크게 증가하여, 기업의 설비가동률을 높이고 투자를 유발함으로써 고용이 늘어날 수 있다.

넷째, 한국 경제에서 소득주도 성장이 더 유효한지 임금주도 성장이 더 유효한지 판별할 수 있다. 실질임금 상승과 소득분배 개선이 GDP와 노동생산성, 고용 증가율에 미치는 효과를 따져 보았을 때, v_2모형이 v_1모형보다 크게 나타난다. 노동소득분배율을 개선에서 임금소득의 증가뿐 아니라 자영업자의 소득이 증가했을 때 산출량의 증가나 노동생산성 증가율이 더 크게 나난 것이다. 이는 한국 경제에서 자영업자를 포함한 저소득계층의 실질소득을 증가시키는 것이 경제성장에 더 효과적임을 의미한다.

5. 소득주도 성장과 중소기업의 역할

세계 경제의 여건 변화와 생산의 세계화 속에서 수출 대기업의 낙수효과는 지속적으로 약화되어왔으며, 대기업 위주의 수출주도 성장전략 또한 한계를 보이고 있다. 그 대안으로 논의되는 소득주도 성장에서는 글로벌 생산체제를 구축한 대기업과 비교할 때 국민경제와 지역경제에 착근성이 강한 중소기업의 혁신역량과 소득창출 능력을 필요로 한다. 앞서 임금 상승이 경제 전체의 고용을 감소시키지 않으며 오히려 고용을 증가시킬 수 있음을 보았다. 그런데 임금 상승은 국민경제 전체 차원에서의 고용에는 부정적인 영향을 미치지 않더라도, 지불 능력이 취약한 영세 중소기업의 경영 압박과 고용 억제 요인으로 작용할 가능성이 크다. 소득주도 성장전략은 중소기업의 혁신역량과 임금 지불 능력 강화를 요구한다는 점에서 중소기업의 구조혁신을 유도하는 강한 촉매제로 작용할 것이다. 다음에서는 소득주도 성장동력으로서의 중소기업의 잠재적 역량과 현실적 제약 요인을 검토해보자.

1) 소득주도 성장동력으로서의 중소기업

(1) 중소기업의 생산·고용 유발 효과

현재 한국의 대기업 고용자 수는 181만 명, 중소기업의 고용자 수는 1300만 명으로 중소기업의 고용 비중은 2012년 87%에 이른다(중소기업청, 2012). 전체 고용자에서 차지하는 비중보다 더 중요한 것은 대기업과 중소기업 간 생산과 고용 유발계수의 차이다. <그림 1-7>에서 보듯이, 중소기업의 생산 유발계수는 1.99이고 부가가치 유발계수는 0.53이다. 반면 대기업의 경우 생산 유발계수는 1.82이고 부가가치 유발계수는 0.46이다. 중소기업은 매출 1단위 증가 시 생산 유발 효과가 1.99인 반면 대기업은 1.82에 지나지 않는다. 생산 유발 효과에서든 부가가치 증가에서든 중소기업의 매출 증가가 더 큰 경제적 효과를 낳는다. 대기업은 수입 유발계수가 중소기업보다 더 높다. 대기업의 경우 글로벌 아웃소싱으로 수입 유발을 더 많이 하는 것이다. 대기업

<그림 1-7> 대기업-중소기업의 생산·수입 및 고용 유발계수

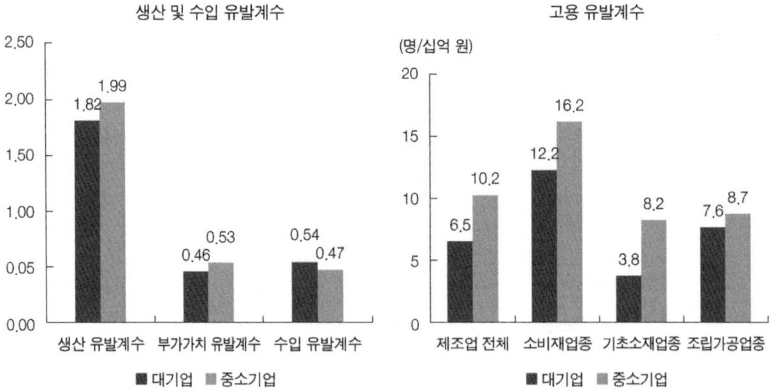

자료: 산업연구원(2013).

의 역외생산으로 국내 산업의 낙수효과는 약화된 반면, 중소기업 매출 증가는 더 큰 생산 유발 효과를 내고 있다.

중소기업과 대기업의 고용 유발 효과의 차이는 생산 유발 효과와 부가가치 유발 효과보다 더 크다. 제조업 전체로든 소비재 업종에서든 중소기업은 대기업보다 훨씬 높은 고용 유발 효과를 나타내고 있다. 대기업의 경우 설비투자와 외주 확대를 통해 고용을 줄여온 반면 중소기업은 상대적으로 자본집약도가 낮기 때문에 더 높은 고용 유발 효과를 보인다. 고용비율은 중소기업이 대기업보다 월등히 높을 뿐만 아니라 잠재적인 고용창출 능력에서도 대기업을 능가한다. 이는 중소기업이 일자리 창출의 주체임을 뜻한다. 중소기업의 성장은 더 많은 일자리를 만들어내고 더 높은 산출 효과를 낳는다. 중견기업과 건실한 중소기업을 육성하는 것이 경제성장과 일자리 창출에 크게 기여할 수 있는 것이다.

(2) 중소기업의 혁신역량

1997년 IMF 경제위기 이후 수출 대기업들은 자본 투입 위주의 양적 성장에서 기술진보 위주의 질적 성장으로의 전환을 모색해왔다. 이에 비해 기술개발 투자 여력이 취약한 중소기업은 대기업의 강화된 비용 절감 요구와 시장 개방 및 저임금 국가로부터의 수입 확대에 따른 글로벌 경쟁이라는 이중의 압력에 대해 외주 확대로 대응하면서 저임금 노동력에 대한 의존성이 커졌다. 대기업들은 기술투자를 확대했지만 중소기업들은 혁신을 위한 투자에 적극적으로 대응하기 어려웠다.

<그림 1-8>에서 보듯이, 대기업의 경우 노동생산성이 높다. 대기업이 노동생산성이 높은 것은 노동 절약적 기술진보로 노동 투입을 줄이고 자본집약도(K/L)를 높였기 때문이다. 그런데 기술진보의 대리변수로 사용되는 총요

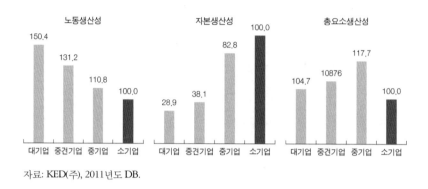

〈그림 1-8〉 제조업 대기업·중견기업·중소기업의 생산성(소기업=100)

자료: KED(주), 2011년도 DB.

소생산성에서는 중기업과 중견기업이 대기업보다 더 높은 것으로 나타났다. 총요소생산성은 자본, 노동과 같은 요소 투입에 따른 부가가치 생산액을 통제하고 측정한 것이기 때문에 경제적인 의미에서 기술진보 효과를 반영한다. 대규모 기업집단에 속하지 않은 독립계 대기업(=중견기업)이나 중기업이 총요소생산성이 대규모 기업집단에 속한 재벌 대기업보다 더 높은 것은 이들 기업이 생산요소를 더 효율적으로 사용하고 있음을 나타낸다.

(3) 중소기업의 국민경제 기여도

<그림 1-9>는 국민경제에서 대기업과 중소기업의 기여도를 비교한 것이다. 매출액 대비 순부가가치 비율은 중소기업이 대기업보다 월등히 높다. 이는 대기업의 경우 설비자본, 중간 투입물, 원료 등의 요소 투입이 많은 반면 생산과정에서 새롭게 창출되는 부가가치액이 상대적으로 낮다는 것을 보여준다. 대기업의 최종생산물에는 중간 투입물이 차지하는 비중이 크다. 반면 중소기업은 중간 투입물이 차지하는 비중이 상대적으로 작고 생산과정에서 새롭게 창출되는 부가가치의 비중이 높다.

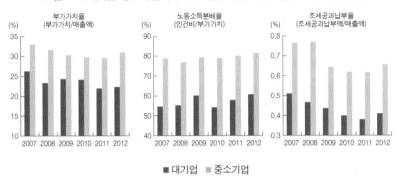

〈그림 1-9〉 대기업-중소기업의 부가가치율·노동소득분배율·조세공과납부율

자료: 한국은행, 기업경영분석.

이는 노동소득분배율을 통해서도 확인할 수 있다. <그림 1-9>에서 노동소득분배율은 중소기업이 매우 높다. 이는 생산과정에서 창출되는 순부가가치 중 노동이 차지하는 몫이 대기업에서 노동이 차지하는 몫에 비해 높음을 의미한다. 대기업의 경우 자본집약도가 높기 때문에 노동생산성이 높으며, 부가가치에서 자본이 차지하는 몫도 크다. 중소기업은 자본집약도가 낮으며 중간 투입물이 차지하는 비중이 상대적으로 작은 반면 노동 투입에 대한 의존도가 높다. 이것이 부가가치 생산액에서 노동에 배분되는 몫이 크게 나타나는 이유이다. 중소기업은 고용친화적 투자를 통해 부가가치율을 높이고 고용창출을 이끌어내고 있는 것이다. 중소기업은 매출 대비 조세공과금 납부에서도 대기업보다 높다. 중소기업의 경우 매출액에서 부가가치가 차지하는 비중이 크기 때문에 조세공과금 납부 비중도 대기업보다 높게 나타난다.

중소기업은 고용 면에서 큰 비중을 차지하고 있으며 총요소생산성은 중기업이 대기업보다 높다. 이는 중소기업 가운데 중기업이 그만큼 다양한 투입 요소를 효율적으로 관리하고 있음을 보여준다. 게다가 중소기업은 생산 유발, 고용 유발 효과에서도 대기업을 앞선다. 이는 고용창출과 내수 증진 측면에서 중소기업의 성장이 대기업 성장보다 더 효과적이라는 것을 뜻한다. 그뿐만 아니라 중소기업에서 차지하는 임금의 몫은 대기업보다 월등히 높기 때문에 중소기업의 성장이 노동소득분배율을 크게 개선시킨다고 볼 수 있다.

2) 중소기업 성장의 제약 요인

(1) 대기업-중소기업 간 근로조건 격차

생산효율성, 고용창출, 국민경제 기여도 측면에서 중소기업이 대기업보다 우수하지만 대기업과 중소기업의 일자리 질의 격차는 매우 크다. 젊은 구직자들 사이에서는 중소기업 취업에 대한 부정적 의식이 광범위하게 퍼져 있다. 매출액 대비 부가가치 비중이나 부가가치에서 노동의 몫이 차지하는 비중은 중소기업이 대기업에 비해 높다. 그런데 제조업 전체 생산액과 부가가치 비중에서 중소기업이 차지하는 몫은 2003년 최고점에 이른 후 2004년부터 하락했다. 2000년대 중반 이후 제조업 부문 중소기업의 성장이 둔화되었

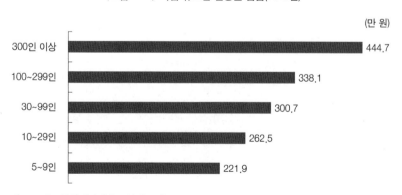

〈그림 1-10〉 기업 규모별 월평균 임금(2013년)

(만 원)

기업 규모	월평균 임금
300인 이상	444.7
100~299인	338.1
30~99인	300.7
10~29인	262.5
5~9인	221.9

자료: 고용노동부, 「사업체 노동력 조사」.

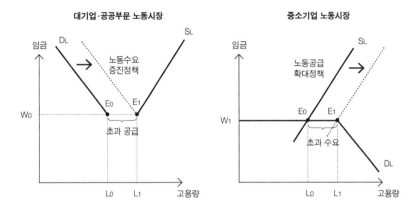

〈그림 1-11〉 한국 노동시장의 이중구조

대기업·공공부문 노동시장

D_L 임금
노동수요
증진정책
S_L
E_0 E_1
W_0
초과 공급
L_0 L_1 고용량

중소기업 노동시장

임금
S_L
노동공급
확대정책
E_0 E_1
W_1
초과 수요
D_L
L_0 L_1 고용량

고, 이로 인해 제조업에서 중소기업이 차지하는 비중이 감소했다.

<그림 1-10>에서 보듯이, 기업 규모별로 큰 폭의 임금 격차가 존재하는 경우 청년들이 중소기업 취직을 꺼리게 된다. 생애 처음 사회에 진출하는 청년들은 취업 시기를 늦추더라도 그들의 삶의 기대치를 만족할 수 있는 직업을 찾으려 한다. 왜냐하면 첫 출발은 그의 미래를 결정할 것이기 때문이다. 대학 졸업을 앞둔 청년들이 졸업을 미루면서까지 대기업 정규직이나 공무원과 같은 안정된 일자리를 찾는 이유는 중소기업의 임금이 그만큼 낮기 때문이다. 이로 인해 노동시장에서 대기업·공공부문에서는 노동력 초과 공급 현상이 발생하고, 중소기업 부문에서는 일할 사람을 찾지 못해 구인난 현상이 나타나는 것이다. <그림 1-11>은 이와 같은 한국 노동시장의 이중구조에서 파생되는 문제점을 보여준다.

<그림 1-11>에서 대기업과 공공부문 노동시장에서의 균형임금은 W_0이다. 이 임금 수준에서 대기업과 공공부문의 노동수요는 L_0이지만 노동공급은 L_1이다. 노동이 초과 공급 상태이지만 임금은 노동조합의 존재, 고용을 보

호하는 법률 등의 제도에 의해 더 이상 내려가지 않는다. 따라서 현재의 임금 수준에서 노동은 초과 공급 상태이다. 대기업·공공부문의 일자리 취업을 기대하는 취업자들이 대기하고 있는 것이다. 반면, 중소기업 부문 노동시장은 초과 수요 상태에 있다. 중소기업의 노동수요곡선 D_L은 현재의 임금수준인 W_1에서 굴절되어 있다. 중소기업은 낮은 노동생산성과 낮은 영업이익률로 인해 W_1 이상의 임금을 지급할 여력이 없어 노동수요곡선이 굴절되어 있는 것이다. 노동수요는 W_1의 임금에서 L_1이지만 구직자들은 W_1의 임금에서 L_0만큼만 노동을 공급함으로써 중소기업 부문에서는 초과 수요 현상이 발생하게 된다.

노동시장의 이중구조는 한편으로 공공부문과 같은 안정된 일자리에 취직하기 위해 취업을 준비하는 취업준비생의 과잉을 낳고, 다른 한편에서는 중소기업이 구인난에 허덕이게 한다. 이는 중소기업의 고용난 해결과 청년 고용률을 높이기 위해서는 중소기업 고용의 질이 개선되어야 함을 시사한다. 안정된 일자리를 제공하는 대기업이나 공공부문과 중소기업 일자리의 질적 차이가 계속 벌어지는 상황에서 중소기업이 필요한 인재를 노동시장에서 구하기는 쉽지 않다. 이는 비단 개별 중소기업의 문제만이 아니라 경제 전체의 성장잠재력 제고 차원에서도 해결되어야 할 과제이다.

(2) 약탈적 산업생태계

기업이 생성 → 성장 → 성숙 → 소멸하는 산업생태계는 자연생태계에 비유될 수 있다. 자연생태계에서는 환경에 적응(adaption)하는 과정에서 유기체 간의 응집력과 새로운 질서가 자생적으로 형성(self-organization)되며, 유기체 간 상호작용과 상호연관성 속에서 패턴과 특성이 출현(emergence)하면서 유기체는 공진화(co-evolution)한다. 이때 생태계는 유기체 간 상호작용이 약탈적인가 호혜적 공생인가에 따라 약탈적 생태계와 공생적 생태계로 구분된다 (Agiza et al., 1997). 시장경제는 한편으로는 자유, 공정, 호혜로, 다른 한편으로는 억압과 불평등, 지배의 양면성을 지니고 있다. 시장경제에서 경제주체 간 권력이 동등하면 자유-공정-호혜의 측면이 지배적인 공생적 생태계가 실현되지만, 권력이 비대칭적일 때는 억압-불공정-지배의 측면이 지배적이 되고, 약탈적 생태계가 나타난다.

외환금융위기 대기업의 시장지배력 강화로 산업생태계의 약탈적 성격이 강화되어왔다. 대기업이 전통적인 중소기업 사업영역으로 침투하면서 중소기업의 사업영역이 축소되었다. 2006년 노무현 정부는 중소기업 고유업종 제도를 폐지했는데, 이 제도는 중소기업이 영위하는 소규모 업종의 경쟁력 확보를 위해 대기업 진입을 규제한 제도였다. 이 제도가 폐지되자 재벌들은 IT 서비스업, 운송업, 유통업 등 서비스 업종에서 중소기업이 영위하던 업종에 진입하여 사업 확장에 나섰다. 대기업의 사업 확장은 특히 재벌 2세나 3세에 대한 부의 대물림 방편으로 이루어지고 있다. 재벌들은 개인회사를 만들고 그 회사의 지분을 2세나 3세에게 물려준 뒤 내부 거래와 일감 몰아주기를 통해 몸집을 키운 다음 상장한다. '재벌닷컴'에 따르면, 30대 재벌 가운데 총수 자녀가 대주주로 있는 20개 비상장사의 매출액 중 내부거래가 차지하는 비중이 거의 절반에 이르고 있다.

대기업의 지배력 확대는 하도급거래에서도 나타난다. 한국에서 제조업은 대기업의 우월한 교섭력과 납품단가를 낮게 결정할 수 있는 수요독점적 시장구조를 갖고 있다. 이런 시장구조하에서 대기업이 중소기업의 성과의 대부분을 가져가는 반면, 대기업들은 경기가 나빠지거나 손해가 나면 납품단가를 내려 협력업체에게 손해를 전가한다. 대기업들은 사전에 단가 인하 목표 금액을 설정하고 이 계획에 따라 단가 인하를 실시하지만 이는 중소기업의 수

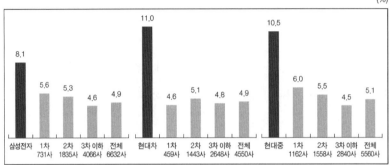

〈그림 1-12〉 대기업과 협력사의 매출액 영업이익률(2011년)

주: 협력사 영업이익률은 중앙값.
자료: KED(주), 2011년도 DB.

익성을 심각하게 악화시킨다. 갑을관계로 표현되는 하도급관계에서 중소기업은 자신의 이익을 방어할 수 있는 수단이 없기 때문에 대기업의 부담을 떠안는 역할을 하게 된다. 그 결과 대기업-중소기업 간의 수익률 격차는 구조화될 수밖에 없다.

<그림 1-12>는 대기업과 1차·2차·3차 이하 협력업체의 매출액 영업이익률을 보여준다. 삼성전자, 현대자동차, 현대중공업 등 공급사슬의 최상층에 있는 대기업들의 영업이익률은 중소 협력업체 영업이익률과 비교할 때 많게는 두 배 이상을 보인다. 대기업의 영업이익률이 훨씬 높은 것이다. <그림 1-13>은 대기업과 그 협력업체들의 부채비율을 보여준다. 현대중공업의 자기자본 대비 부채비율은 100%를 넘지만 삼성전자는 32.9%, 현대자동차는 54.5%밖에 되지 않는다. 반면, 이들 대기업에 납품하는 협력업체의 부채비율은 매우 높다. 협력업체들은 수익성은 낮고 부채비율은 높아 대기업과 비교했을 때 재무건전성이 취약한 상태에 있는 것이다.

낮은 수익률과 취약한 재무구조에 더해 대기업의 불공정 거래행위가 중소

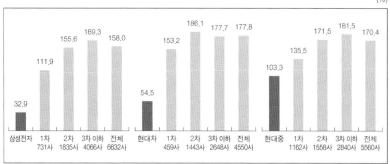

〈그림 1-13〉 대기업과 협력사의 부채비율(2011년)

(%)

주: 협력사 부채비율은 중앙값.
자료: KED(주), 2011년도 DB.

기업의 이익을 침해하고 기술개발 투자 유인을 위축시킨다. 다음과 같은 요인이 중소기업의 기술개발 투자 유인을 위축시킨다.

첫째, 앞서 보았듯이 대기업들은 중소기업의 상세한 원가정보 파악을 통해 납품단가를 인하한다는 점이다. 대기업은 협력업체에 대한 우월한 정보력과 협상력을 바탕으로 중소기업의 납품단가를 인하한다. 중소기업이 공정혁신을 통해 원가를 절감하면 납품단가가 내려가므로 그 성과가 자신의 수익으로 제대로 반영되지 않는다.

둘째, 많은 중소기업이 독자적인 시장을 확보하지 못하고 하도급관계에 의존하고 있다는 점이다. 중소기업은 특정 용도로만 사용될 수 있는 '전용자산(specific asset)'에 투자하는 경우가 흔하기 때문에 기술개발투자로 성과를 내더라도 독자적인 시장을 개척하기 어렵다. 협력업체의 경우 자신들이 개발한 기술의 범용성이 약하기 때문에 대기업에 납품하는 것 이외에 다른 대안을 찾기 어렵다. 이처럼 협력업체의 기술혁신 노력이 제대로 보상되지 않기 때문에 협력업체의 기술혁신투자 유인이 떨어지는 것이다.

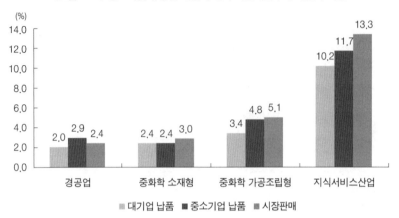

〈그림 1-14〉 중소기업 유형별 매출액 대비 기술개발투자 지출액 비중

자료: 중소기업중앙회·중소기업청, 「중소기업 기술통계조사」.

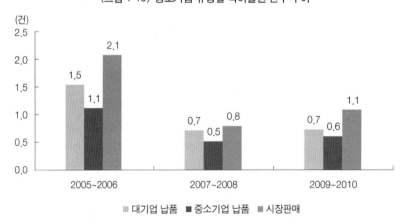

〈그림 1-15〉 중소기업 유형별 특허출원 건수 추이

자료: 중소기업중앙회·중소기업청, 「중소기업 기술통계조사」.

<그림 1-14>와 <그림 1-15>는 하도급 중소기업들이 시장판매 중소기업들보다 기술투자에 소극적임을 보여준다. 먼저 <그림 1-14>는 중소기업들의 매출액 대비 기술개발투자 지출액의 비중이다. 경공업을 제외한 모든

분야에서 시장판매기업의 기술개발투자지출 비중이 높다. 시장판매기업은 대기업 협력업체가 아니라 독자적인 시장을 보유한 기업들이다. 시장판매기업들은 자신의 기술투자의 성과는 모두 자신의 수익으로 돌아오기 때문에 기술투자에 대한 강한 유인이 존재한다. 이에 비해 중소 협력업체들은 기술투자의 성과가 모두 자신에게 귀속되는 것은 아니기 때문에 기술투자에 소극적일 수밖에 없다. 여기서 대기업 납품업체의 기술개발투자가 중소기업 납품업체보다 저조하다는 점도 주목된다. 대기업에 납품하는 업체의 기술개발투자가 저조한 것은 교섭력이 기술개발투자에 영향을 미친다는 것을 시사한다.

중소기업의 특허출원율도 이와 유사하다. <그림 1-15>에서 보듯이, 시장판매 중소기업의 특허출원율이 가장 높다. 반면 대기업에 납품하는 중소기업들의 특허출원율은 시장판매 중소기업들보다 낮다. 이는 하도급기업의 특허출원이 어렵다는 것을 보여준다. 하도급 중소기업들은 기술개발투자의 성과를 제대로 누릴 수 없기 때문에 기술개발 유인이 약하다. 또 이렇게 기술개발투자가 부진하면 대기업에 납품을 의존해야 하는 지위를 개선하기가 그만

〈그림 1-16〉 대기업과 거래 단계별 협력기업의 연평균 임금

(천 원)

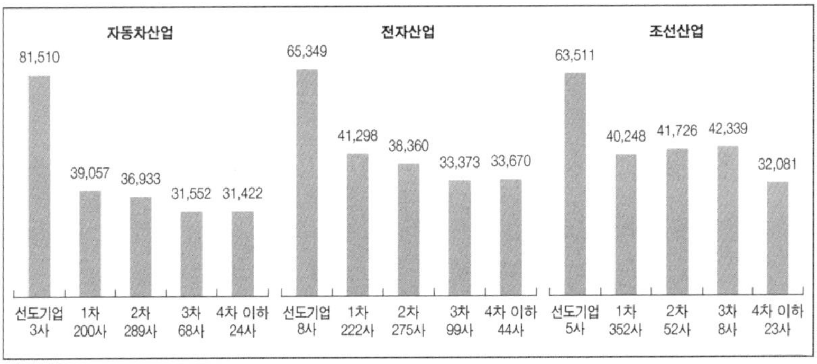

자료: KED(주), 2011년도 DB.

큰 어려워진다. 그리고 이는 <그림 1-16>에서 보듯이 계층적 공급사슬 내에서 위에서 아래로 내려갈수록 임금이 작아지는 계층화된 불평등구조를 고착시킨다.

6. 맺음말

소득주도 성장은 실질임금과 가계소득 증대를 통해 내수를 증진하고 생산성을 높여 경제성장을 도모하는 전략이다. 한국 경제의 수요체제나 생산성체제에 관한 선행 연구들은 한국 경제에서 소득분배와 성장의 선순환이 가능하다는 것을 보여주고 있다. 실질임금 증가, 가계소득 증진은 총수요를 증가시킬 뿐만 아니라 노동생산성을 향상시킴으로써 경제성장률을 높일 수 있다는 것이다. 이는 실질임금 상승이나 복지 증대가 단지 비용 상승만 초래하는 것이 아니라 경제성장의 토대가 될 수 있음을 뜻한다. 임금 상승이 기업 투자를 위축시키는 것이 아니라 총산출을 증가시킴으로써 투자를 촉진하는 경로가 될 수 있다. 유효수요 증가는 노동 절약적 기술진보를 촉진시켜 노동생산성을 증가시키는 효과가 있다. 그뿐만 아니라 실질임금 상승은 고용을 증가시킬 수도 있다.

소득주도 성장전략은 과도하게 하락한 노동소득분배율을 회복해 가계소득을 증진시킴으로써 수요 측면에서는 내수 확대, 공급 측면에서는 노동생산성의 증가를 촉진시켜 경제성장을 도모하는 전략이다. 그리고 이는 지나치게 높은 한국 경제의 수출 의존도를 낮추고 수출과 내수의 균형 성장을 추구하는 전략이다. 이 전략은 지금까지 한국 경제가 추진해왔던 수출주도 성장, 부채주도 성장의 한계를 극복하고 수출과 내수의 균형, 대기업과 중소기업의 동반성장, 대기업 일자리와 중소기업 일자리의 격차 해소 등 형평성과 효율성을 함께 추구하는 성장전략이다.

소득분배 개선은 어떻게 실현할 수 있는가? 일부 대기업에 한정된 조직 부문 노동자의 단체교섭력 강화를 통한 임금 상승은 전체 노동자들의 임금 상승을 이끌기 어렵기 때문에 하락한 노동소득분배율을 높이는 데 뚜렷한 한계가 있다. 게다가 노동시장이 이중구조에 가깝고 영세 자영업자 비중이 높은 한국 경제에서 대기업 노조의 임금 인상은 노동시장의 이중구조와 임금불평등을 더욱 심화시킬 가능성이 높다. 소득주도 성장은 최저임금의 단계적 인상, 저소득 가구에 대한 생활임금 보장, 생산성 증가율과 실질임금 증가율의 연계성 확립을 통한 가계소득 증대를 주요한 정책 수단으로 한다. 그리고 이는 영세소상공인과 저임금노동자 가구의 생계를 지원하는 사회복지제도 강화에 의해 뒷받침되어야 한다.

소득주도 성장이 유지되기 위해서는 중소기업의 새로운 역할이 요구된다. 87% 이상의 고용을 창출하고 있는 중소기업의 혁신역량을 강화하고 고용의 질을 개선하지 않고서는 소득주도 성장은 지속될 수 없다. 중소기업의 혁신 잠재력을 이끌어낼 때 이들 기업에 고용된 노동자들의 임금 인상이 가능하다. 그런데 현실 경제에서 중소기업은 대기업의 시장지배와 수요 독점적 시장구조하에서 사업영역 축소, 납품단가 인하, 기술 탈취 등으로 어려움을 겪고 있다. 이와 같은 약육강식의 약탈적 생태계 속에서는 최저임금 인상이나 실질임금 상승은 영세 중소기업에게 커다란 비용압박 요인으로 작용할 수 있다. 소득주도 성장이 안정적으로 정착되기 위해서는 중소기업의 기술개발투자와 인력개발투자 지원 등 혁신역량 강화 지원 대책과 더불어, 중소기업의 구조혁신을 제약하는 산업생태계를 개선해야 하는 것이다. 대기업-중소기업 성과배분제도 개혁, 골목상권을 침범하는 대기업의 사업 규제 등 약탈적 산업생태계를 공생과 혁신의 산업생태계로 탈바꿈시키는 구조개혁정책이 뒷받침될 필요가 있다.

참고문헌

김유선. 2012. 「한국의 노동: 진단과 과제」. 한국 경제발전학회 2012년 추계학술대회 자료집(2012.10.26).

주상영, 2013. 「노동소득분배율 변동이 내수에 미치는 영향」. 한국 경제발전학회. ≪경제발전연구≫, 제19권 제2호, 151~182쪽.

하봉찬·홍장표. 2014. 「대기업의 국민경제기여도: 기함기업(flagship)의 생산·고용 유발 효과를 중심으로」. 한국 경제발전학회 정책토론회 자료집.

한국은행. 2012a. 『한국의 경제성장과 사회지표의 변화』. 한국은행 경제연구원.

_____. 2012b. 「소득계정으로 본 가계소득 현황 및 시사점」. ≪국민계정리뷰≫, 제8호, 20~52쪽.

홍장표. 2012. 「대기업과 중소기업의 상생을 위하여」. 김상곤 엮음. 『더불어 행복한 민주공화국』.

_____. 2014a. 「한국의 노동소득분배율 변동이 총수요에 미치는 영향: 임금주도 성장 모델의 적용 가능성」. ≪사회경제평론≫, 제43권, 101~138쪽.

_____. 2014b. 「한국의 기능적 소득분배와 경제성장: 수요체제와 생산성체제 분석을 중심으로」. ≪경제발전연구≫, 제20권 제2호, 67~97쪽.

Agiza, H. N., Elettreby, M. F. and E. Ahmed. 1997. "On a Generalized Model of Biological Evolution." *Journal of Statistical Physics*, Vol.88, No.3·4, pp. 985~989.

Bentolila, S. and Saint-Paul, G. 2003. "Explaining Movements in the Labor Share." *Contribution to Macroeconomics*. California Berkeley Press: Berkeley.

Bhaduri, A. and Marglin, S. 1990. "Unemployment and the real wage: the economic basis for contesting political ideologies." *Cambridge Journal of Economics*, Vol.14, pp. 375~393.

Blecker, R. 1999. "Kaleckian macromodels for open economies." Deprez, J. and J. T. Harvey(eds.). *Foundations of international economics: post Keynesian perspectives*. Routledge.

Dinopoulos, E. and Segerstrom, P. 1999. "A Schumpeterian Model of Protection and Relative Wages." *American Economic Review*, Vol.89, pp. 450~472.

Hein, E. and Vogel, L. 2008. "Distribution and growth reconsidered: empirical results for Austria, France, Germany, the Netherlands, the UK and the USA." *Cambridge Journal of Economics*, Vol.32, No.3, pp. 479~511.

Hein, E. and Tarassow, A. 2010. "Distribution, aggregate demand and productivity growth: Theory and empirical results for six OECD countries based on a post-Kaleckian model." *Cambridge Journal of Economics*, Vol.34, No.4, pp. 727~754.

ILO. 2011. "Towards a Sustainable Recovery: The Case for Wage-led Policies." *International Journal of Labour Research*, Vol.3, No.2, pp. 161~257.

Manning, A. and Reenen, J. V. 2011. "Privatization and the Decline of Labour's Share: International Evidence from Network Industries." *Economica*, Vol.20, pp. 1~23.

Naastepad, C. W. M. 2006. "Demand and Distribution: A Cumulative Growth Model with an Application to the Dutch Productivity Growth Slow Down." *Cambridge Journal of Economics*, Vol.30, No.3, pp. 403~434.

Onaran, Ö. and Stockhammer, E. 2005. "Two different export-oriented growth strategies: accumulation and distribution in Turkey and in South Korea." *Emerging Markets Finance and Trade*, Vol.41, pp. 65~89.

_____. 2012. "Wage-Led Growth: Theory, Evidence, Policy." Political Economy Research Institute: UMASS, Working Paper Series, No.300, pp. 1~26.

Onaran, Ö. and Galanis, G. 2012. "Is Aggregate Demand Wage-led or Profit-led? National and Global Effects." ILO Working Papers, Conditions of Work and Employment Series, No.40.

Rodrik, D. 1997. *Has Globalization Gone Too Far?* Washington: Institute of International Economics.

Stockhammer, E. 2009. "Determinants of Functional Income Distribution in OECD Countries." *IMK studies*, No.5. Dusseldorf: Hans-Böckler-Stiftung.

_____. 2011. "Wage-led Growth: An Introduction." *International Journal of Labor Research*, Vol.3, No.2, pp. 167~188.

Storm, S. and Naastepad, C. 2009a. "Labour market regulation and labour productivity growth: Evidence for 20 OECD countries 1984~2004." *Industrial Relations,* Vol.48, No.4, pp. 629~654.

_____. 2009b. "The NAIRU, Demand and Technology." *Eastern Economic Journal,* Vol.35, pp. 309~337.

_____. 2011. "The productivity and investment effects of wage-led growth." *International Journal of Labor Research*, Vol.3, No.2, pp. 197~217.

UNCTAD. 2010. "An Incomes Policy for Wage-Led Growth." *Trade and Development Report.*

제2장

피케티 이론으로 본 한국의 분배 문제

주상영 | 건국대학교 경제학과 교수

1. 머리말

최근 프랑스의 경제학자 토마 피케티(Thomas Piketty)가 『21세기 자본 (Capital in the 21st Century)』을 통해 경제적 불평등의 동학을 밝혀냈다. 자본주의 사회에서 성장과 분배의 웅대한 동학이 과연 무엇인지, 경제학자라면 이에 대한 궁금증을 머릿속에서 지울 수 없을 것이다. 사실 경제학의 핵심 주제인 만큼 이에 대한 연구는 대가들의 몫이었다. 지금으로부터 60년 전 사이먼 쿠즈네츠(Simon Kuznets)는 전미경제학회 연설에서 그 유명한 역U자 가설을 설파했다. 경제발전 초기에는 불평등이 심화되는 경향이 있지만 산업화의 과정에서 생산성이 증가하고 많은 사람들이 그 과정에 참여하면서 혜택이 확산되어 불평등이 점차 줄어든다는 것이다. 이것은 데이비드 리카도(David Ricardo)와 카를 마르크스(Karl Heinrich Marx) 등 고전경제학자의 우울한 예측을 뒤엎는 것이었고 개발도상국에게는 희망의 메시지였다. 산업화의 시동을 걸고 낙수효과를 기다리면 되기 때문이다.

쿠즈네츠 이후 반세기가 훌쩍 지난 지금, 피케티는 정반대의 결과를 보여준다. 역 U자가 아닌 U자 모양이다. 당시로서는 쿠즈네츠도 방대한 자료를 사용했지만, 피케티는 이를 앞뒤로 확장하여 유럽과 미국 등 주요 선진국에 대해 300년에 걸친 자료를 구축했다. 데이터의 구축 자체만으로도 독자를 압도한다. 주지하는 바와 같이 18~19세기 유럽은 불평등한 사회였고, 20세기 중반에 이르러 불평등이 상당히 둔화되는 모습을 보이기도 했으나 20세기 후반 이후 불평등은 다시 큰 폭으로 증가했다. 아마도 21세기 중반쯤 가면, 적어도 불평등에 관한 한 200년 전쯤의 모습으로 되돌아갈지 모른다. 쿠즈네츠가 불평등이 해소되는 시기라고 보았던 20세기 중반은 피케티가 보기에는 예외적인 기간이었다.

아쉽게도 한국에 대해서 피케티의 가설이 성립하는지를 판단할 만한 충분한 데이터가 없다. 다만 최근 들어, 특히 외환위기를 겪고 난 후 불평등이 심화되었다는 정도는 알고 있다. 다행스러운 것은 피케티의 연구가 불평등도의 측정에 머무르는 것이 아니라 거시모형에서 출발하여 미시적 불평등 문제에 이르는 일관된 이론적 체계를 갖추고 있다는 것이다. 따라서 이론적 틀에 따라 한국 경제의 불평등 문제를 조망하고 예측할 여지는 있다. 게다가 비록 짧은 시계열이지만, 2014년 5월에 한국은행이 UN의 'SNA, 2008' 지침에 따라 국민대차대조표를 작성해 발표했기 때문에 주요 변수의 추이를 살펴볼 근거는 마련되었다. 피케티의 불평등 이론은 자본 혹은 부의 축적 과정에서 출발하므로 한국에서도 이와 관련하여 공식적인 데이터를 사용할 수 있게 된 것은 고무적이다.

이 장의 목적은, 제한적이나마 피케티의 분석을 한국 경제에 적용해 평가하는 것이다. 예를 들어 한국의 자본/소득 비율은 어느 정도인지 자본소득분배율의 추이는 어떠한지 등을 분석한다. 나아가 부의 축적 과정에서 저축과 자본이득이 각각 어느 정도 기여했는지 분석한다. 거시 지표인 자본/소득 비율과 자본소득분배율에 주목하는 것은, 피케티에 따르면 이 비율이 개인별 불평등 지표와 높은 상관관계를 보이기 때문이다. 한국은 외환위기 이후에 경제적 불평등이 급속히 악화되었다. 이것을 피케티의 이론으로 설명할 수 있을까? 물론 자료의 한계로 인해 그가 시도한 모든 분석을 한국에 다 적용하기는 힘들 것이다. 그러나 이후의 분석에서 밝혀지겠지만, 이미 자본/소득 비율이 피케티가 분석한 주요 선진국 수준이거나 그 이상으로 올라갔다는 사실, 그리고 외환위기 이후 노동소득분배율이 하락하고 자본/소득 비율은 대폭 상승했다는 사실 등은 경제적 불평등 확대에 자본의 위력이 작동하고 있다는 근거로 해석될 수 있을 것이다.

이 장의 또 다른 관심은 피케티의 이론체계를 평가하는 것이다. 사실 자본주의의 미래에 대한 피케티의 예측은 마르크스보다는 덜하지만 여전히 암울하다. 방대한 자료를 통해 충분히 암시하고 있지만 예측이 설득력을 얻으려면 이론이 받쳐주어야 할 것이다. 그의 책이 나오자마자 저명한 경제학자들의 비판과 반론이 쏟아져 나오고 있다. 앞으로도 이 책은 계속 논란거리가 될 것이다. 비록 현재로서는 그의 주장이나 그에 대한 비판을 모두 다 소화하기 어렵지만, 제한적이나마 그의 이론이 갖고 있는 문제점이나 한계에 대해 생각해보는 것이 필요하다. 다만 이 부분은 현재로서는 실험적 단계인 데다 지면의 한계도 있어 부록에서 다루기로 한다.

이 장은 다음과 같이 진행된다. 제2절은 피케티의 이론체계를 간략히 정리한다. 특히 그가 자본주의의 기본법칙이라는 명칭을 붙인 두 개의 식과 자본주의의 중심모순이라고 부른 한 개의 부등식을 통해 살펴본다. 제3절에서는 한국 경제를 대상으로 소위 피케티 비율이라고 불리는 값들, 즉 자본/소득 비율, 자본소득분배율, 자본수익률 등을 추정하고 평가한다. 제4절은 개인별 불평등 문제를 다루는데, 무엇보다 소득과 자산의 불평등 정도를 정확히 측정하는 것이 중요하다는 점을 지적한다. 나아가 경제적 불평등의 축소와 관리가 그 어느 때보다 시급한 정책과제라는 점을 부각시킨다. 제5절은 논의를 요약하고 잠정적인 결론을 내린다.

2. 피케티 이론의 개요

피케티의 이론을 요약해보자. 피케티가 말하는 '자본주의 제1의 기본법칙'과 '자본주의 제2의 기본법칙'은 각각 다음과 같다. 단, α, β, r, s, g는 각각 자본소득분배율, 자본/소득 비율, 자본수익률, 저축성향 및 소득 증가율이다.

$$\alpha = r\beta \tag{1}$$

$$\beta = \frac{s}{g} \tag{2}$$

식 (1)은 자본수익률의 정의와 관련된 항등식이므로 사실 법칙이란 명칭까지 부여하는 것이 어색해 보일 수 있다. 일반 독자를 위해 그렇게 했을 수도 있지만, 실은 그간 주류경제이론에서 크게 중시하지 않은 변수들을 경제분석의 핵심에 가져다 놓은 데 의의가 있다. 예를 들어 주류경제이론은 자본소득분배율(α)이 일정하다는 가정을 즐겨 사용해왔다. 그러나 주요 선진국에서 지난 30~40년간 α가 상승하는 추세를 보인 사실을 볼 때, 이 값을 더 이상 주어진 파라미터로 간주해서는 안 된다는 점을 부각시켜 준다. 자본수익률이라는 명칭이 붙여진 r은 마르크스 경제학에서는 이윤율(profit rate)이라고 부르는 핵심변수이다. 보통 주류 거시경제학의 맥락에서는 r을 이자율 혹은 자본의 한계생산성으로 간주하지만, 피케티의 자본수익률은 경제 전체의 자본총량(K)에 대비하여 이윤, 이자, 배당, 지대 등 모든 형태의 자본소득이 차지하는 비중이므로 훨씬 포괄적인 수익률 개념이다. 자본/소득 비율(β)은 소득(Y)에 대비한 자본스톡의 배율인데, 자본축적의 정도를 가늠하는 척도이다. 단, 주의할 것은 피케티가 소득 개념으로 GDP가 아니라 자본의 감가상각을 제외한 국민소득 개념을 사용한다는 점이다. 자본 역시 순자본스톡 개념이다. 따라서 국민소득에서 자본소득이 차지하는 몫, 즉 자본소득분배율은 $\alpha = rK/Y (=r\beta)$로 정의되며 $1-\alpha$는 노동소득분배율이다.

식 (2)는 항상 성립하지는 않고 자본/소득 비율이 일정한 수준의 균제상태(steady-state)로 수렴하는 것을 나타낸다. 균제상태 여부와 관계없이 β의 동학은 다음과 같다.

$$\frac{\dot{\beta}}{\beta} = \frac{\dot{K}}{K} - \frac{\dot{Y}}{Y} = \frac{\dot{K}}{Y}\frac{Y}{K} - g = \frac{s}{\beta} - g, \quad s = \frac{\dot{K}}{Y}$$

소비하지 않고 남은 것, 즉 저축이 쌓여 자본이 되는데 이것이 생산에 기여하면서 높은 수익을 추구한다. 자본을 제공한 대가로 얻은 소득(자본소득) 가운데 일부는 소비되지만 나머지는 다시 자본을 증식하는 데 투여된다. 물론 노동을 제공한 대가로 얻은 소득(노동소득) 가운데 일부도 자본을 증식하는 데 투여된다. 이 과정에서 자본은 계속 증가한다. 생산(소득)도 증가하기 때문에, 자본이 소득보다 빠르게 증가할 수도 있고 반대의 경우도 가능하다. 단, 자본의 증가 속도와 소득의 증가 속도가 같은 상태, 즉 $\dot{\beta}/\beta = 0$인 상태가 존재하는데, 이때 식 (2)가 성립한다. 해러드(Harrod), 도마(Domar), 솔로(Solow) 모형으로 이어져 이미 1950년대에 완성된 성장이론인데, 피케티는 이것을

'자본주의 제2의 기본법칙'으로 받아들인다.[1] 자본의 증가 속도와 소득의 증가 속도가 같은 상태, 즉 자본/소득 비율이 일정하게 유지되는 균제상태로의 수렴이 가능하다.

균제상태에서 자본과 소득은 각각 g율로 증가한다. 물론 $g = 0$일 수 있으나, 인구 증가와 기술진보로 인해 $g > 0$인 상태가 계속 유지되는 것이 가능하다.[2] 또한 여러 균제상태도 가능하다. 예를 들어 저축률(s)이 일정하다는 전제하에서 g의 하락은 β의 상승으로 이어진다. 피케티는 앞으로 인구 증가와 기술진보가 둔화될 가능성이 높은 것으로 볼 때 β가 올라갈 가능성을 암시한다.[3] 사실 제1법칙과 제2법칙만 보아서는 학부 거시경제학에 나오는 내용과 크게 다를 바가 없다. 다만 여기서 피케티의 저축률은 거시경제학에 일반적으로 정의하는 저축률과 다르다는 점에 유의하자. 일반적으로 저축률은 (자본의 감가상각이 포함된) GDP에서 총저축이 차지하는 비율을 나타내지만, 피케티의 저축률은 국민소득(GDP-감가상각)에서 순저축(=총저축-감가상각)이 차지하는 비율이다.

제1법칙과 제2법칙의 평범함과는 대조적으로 그가 보여주는 데이터의 모습은 매우 강렬하다. 그가 구축한 자료에 따르면 미국과 유럽에서 정도의 차

---

1) 이것은 폴 로머(Paul Romer), 로버트 루커스(Robert Lucas) 등에 의해 발전된 소위 '신성장이론' 혹은 '내생적 성장이론'이 넓은 시각에서 볼 때 부차적이라는 관점을 암시한다.

2) 피케티는 마르크스의 세계를 "$g \to 0$, $\beta \to \infty$"의 상태로 간단히 묘사한다. 이렇게 하면 자신이 마르크스보다는 덜 극단적이라는 뉘앙스를 준다.

3) 여기서 성장률 하락으로 저축률도 함께 떨어질 가능성을 의심해볼 수 있다. 사실 솔로(Solow) 모형은 저축률이 주어져 있다고 가정하지만 효용함수를 전제로 하는 램지-캐스(Ramsey-Cass) 모형에서는 저축률이 내생화된다. 일반적으로 저축률은 경제성장률의 증가함수이다. 그러나 소위 수정된 자본축적의 황금률(modified golden rule)하에서 경제성장률이 증가할 때 저축률도 올라가지만 성장률만큼 올라가지는 않는다. 따라서 저축률이 내생화되는 경우에도 g의 하락은 소득에 비해 자본의 규모가 더 커진 상태 즉, β의 상승을 가져온다.

이는 있지만 지난 백여 년 동안 β의 추이는 U자형 곡선을 나타내고 있으며, β만큼 뚜렷하지는 않지만 α 역시 U자형이다. 이에 비하면 r의 추이는 상대적으로 안정적이다. 제1법칙인 식 (1)에서 r이 상대적으로 안정적인 가운데 α와 β가 동시에 U자형 추세를 보여주는 것이다. 그러면 제2법칙은 역사적 자료에 부합하는가? 전 세계 기준의 경제성장률을 볼 때, 19세기와 20세기 초반에 걸쳐 1~2% 정도였다가 20세기 중반 이후 4~5%까지 올라갔으나 20세기 후반 하락하여 3% 내외를 기록하고 있다. 물론 선진국은 이미 그 아래로 떨어졌다. 즉, g는 역U자 모양을 보여준다. 반면 s는 비교적 안정적인 움직임을 보인다.[4] 따라서 U자형인 $\beta(= s/g)$의 모습은 역U자형인 g의 모습과 잘 대응된다.

피케티는 여기에 하나의 식을 추가한다. 법칙이라는 말을 붙이지는 않았지만, 역사적으로 성립해왔던 관계로 자본수익률이 경제성장률보다 높다는 것이다.

$$r > g \qquad\qquad\qquad\qquad\qquad (3)$$

식 (3)은 그가 "자본주의의 중심모순"이라고 부르는 부등식이다. 이 관계는 이론적으로 성립할 뿐만 아니라 그가 구축한 자료에서도 입증되고 있다.[5] 사실 문제는 부등식의 성립 여부라기보다 r이 g보다 얼마나 크며, 또 그 간

---

4) 예를 들어 피케티의 계산에 따르면 프랑스의 s는 19세기 초반 이후 최근까지 10% 내외의 수준을 꾸준히 유지해오고 있다.

5) 만약 이 식이 성립하지 않으면 '동태적으로 비효율적(dynamically inefficient)'인 경제라고 부른다. 경제는 과도하게 자본을 축적하고 상대적으로 소비는 희생된다. 또한 금융의 측면에서 볼 때에는 자산가격이 폭발적으로 증가할 것이기 때문에 $g > r$의 상태는 오래 지속될 수 없다.

격이 시간에 따라 벌어지는가 좁혀지는가이다. 제1법칙과 제2법칙을 결합하면, $a = r/g \times s$인데 여기에서 r과 g의 격차가 커질수록, 즉 r/g의 값이 커질수록 α는 커지게 된다. 주의할 것은 부등식의 성립($r - g > 0$) 자체가 더 큰 α(와 β)로 연결되는 것은 아니라는 점이다. 저축률이 일정할 때, $r - g$가 0보다 크더라도 일정한 값을 유지하면 α는 변하지 않기 때문이다.

피케티의 역사 자료에 따르면 $r - g$ 또한 U자형 모습을 보인다. 결국 $r - g$, α, β가 모두 U자형인데, 피케티는 이 값들이 커지는 시기에 개인별 불평등도가 확대되는 것을 보여준다. 쿠즈네츠가 희망을 주는 연설을 했던 시기에 이 값들은 낮았지만, 20세기 후반에 다시 높아졌고, 과거로 되돌아가면 18~19세기에는 매우 높은 수준이었다. 피케티는 $r > g$의 논리가 매우 강력해서 불평등의 동학을 대부분 설명할 수 있다고 믿는다. 스승 및 동료 연구자인 앤서니 앳킨슨(Anthony Atkinson)과 이매뉴얼 사에즈(Emmanuel Saez)와 함께 상위 0.1%, 1%, 10% 등의 소득 비중을 조사하여 발표한 연구는, 그의 책 『21세기 자본』이 나오기 전부터 이미 유명세를 타고 일반인에게 알려졌다. 그는 $r - g$가 커질 때 상위 소득자들의 점유율이 높아진다는 것을 보여준다. 게다가 r과 g의 격차가 벌어질 때 부의 분배가 악화될 뿐만 아니라 경제 전체의 부(자본)에서 상속받은 부가 차지하는 비중이 높아진다는 것까지 보여준다.

사실 r과 g는 기본적으로 거시변수이다. 그런데 이 두 거시변수가 미시적 불평등, 즉 개인 간의 불평등까지 설명할 정도로 강력함 힘을 발휘하는 것은 무엇 때문일까? 직관적인 이해를 위해 우선 r이 g보다 충분히 큰 경우를 생각해보자. 축적해놓은 부가 많은 사람은 소비를 충분히 해도 부에서 얻은 자본소득의 상당 부분을 저축할 수 있으므로 부의 증가 속도를 높게 유지할 수 있다. 반대로 축적해놓은 부가 하나도 없는 사람을 생각해보라. 그의 저축은 오로지 노동소득에서만 나오는데 노동소득은 r보다 훨씬 낮은 g율로만 증가하니 부의 증가 속도가 상대적으로 제한될 수밖에 없다(저축성향이 일정할 때 증가 속도는 g). 즉, $r - g$가 확대되면 개인별로 부의 격차가 더 커지는 경향이 발생한다. 다시 말해 $r - g$가 확대되면 쌓아놓은 부가 많은 사람은 빠르게 축적한다. 오로지 땀 흘려 일해서 경제성장률 정도로 소득이 증가하는 사람과 운이 좋거나 상속받은 사람의 격차는 자연스럽게 더 벌어진다. 피케티가 강조하는 상위 10% 또는 1%는 소득 가운데 자본소득 비중이 높은 사람들로 재산 또한 많은 사람들이다. 따라서 이들이 점유하는 비중은 $r - g$와 함께 확대된다.[6]

요컨대 피케티는 경제학 일반의 항등식(제1법칙), 거시경제학의 표준적 성장이론(제2법칙), 그리고 300년에 걸쳐 입증된 역사적 사실을 통해 불평등의 동학을 밝혀냈다. 여기서 주의할 점은 그가 중심모순이라고 부른 부등식에 관한 것인데, $r > g$라는 부등식의 성립 자체도 중요하지만 $r - g$의 크기에 따라 불평등도가 증가할 수도 있고 감소할 수도 있다는 것이다. 그는 다음과 같이 말한다. "불평등이 결정적 추세를 따르는 것은 아니다. 어떤 의미로는 마르크스와 쿠즈네츠 모두 틀렸다. 불평등도는 올라가기도 하고 내려가기도 한다. 다만 그 방향을 결정하는 데에는 강력한 힘이 존재한다"(Piketty and Saez, 2014: 842).

---

6) "(19세기까지 대부분의 역사가 그러했으며 21세기에 아마도 다시 그러할 것처럼), 자본수익률과 경제성장률의 차이가 유의미하게 커지면, 논리적으로, 상속받은 부가 산출이나 소득보다 더 빨리 성장할 것이다. 상속받은 부를 가진 사람들은 그들의 소득 중에서 일부만을 저축하더라도 자본이 경제 전체보다 더 빨리 성장하는 것을 보게 된다. 그러한 조건하에서는 거의 불가피하게 상속받은 부가 평생의 노동으로 축적한 부를 큰 차이로 압도하게 될 것이며, 자본의 집적은 매우 높은 수준, 즉 현대 민주주의사회에 근본적인 능력주의적 가치와 사회정의의 원칙과 잠재적으로 양립 불가능한 수준으로까지 도달할 것이다"(Piketty, 2014: 26).

3. 피케티 이론의 적용: 한국 경제의 α, β, r

한국에서 외환위기 이후 불평등이 심화되었다는 것은 주지의 사실이다. 주요 선진국에서 1970~1980년대 이후 서서히 발생한 변화가 한국에서는 지난 십여 년 사이에 압축적으로 발생했다. 이것을 피케티 이론으로 설명할 수 있을까? 피케티의 이론은 의외로 단순하다. 다만 한국에 적용하는 데에는 자료의 부족이 가장 큰 한계이다. 그나마 다행스러운 것은 한국은행의 국민계정체계 개정 작업으로 자본스톡의 시장가치가 공개되었다는 것이다. 비록 현재 사용할 수 있는 시계열은 얼마 되지 않지만, 최근의 자료를 이용하여 잠정적인 평가 정도는 할 수 있게 되었다. 피케티가 제시한 두 개의 기본법칙과 부등식에 등장하는 변수들을 측정하고 평가해보기로 하자.

단, 미리 언급해둘 것이 있다. 피케티의 분석은 자본/소득 비율의 측정에서 출발하여 자본소득분배율, 자본수익률로 이어지는데, 이 장에서는 자본소득분배율의 측정 문제를 먼저 다루고 자본/소득 비율과 자본수익률로 넘어간다. 사실 피케티가 제1법칙으로 칭한 항등식에서 이 세 변수는 서로 맞물려 돌아간다. 게다가 각각을 측정하는 데도 유의할 사항이 적지 않다. 다음의 분석에서 밝혀지겠지만 한국 경제의 현실에 비추어볼 때, 편의상 자본소득분배율을 먼저 언급하는 것이 적절한 측면이 있다. 실은 '소득'보다는 '자본'의 개념과 측정이 훨씬 어려운 데다 이는 항상 논란거리가 된다. 따라서 상대적으로 논란의 소지가 적은 자본소득분배율의 개념과 측정 문제부터 다루는 것이 덜 혼란스럽다. 물론 자본소득분배율(α)과 자본/소득 비율(β)이 있으면 자본수익률(r)은 자동으로 계산되므로, α와 β 가운데 무엇을 먼저 측정하는가는 논리적으로 문제가 되지 않는다.

1) 한국 경제의 자본소득분배율

자본소득분배율은 국민소득에서 자본소득이 차지하는 비중이다. 한 국가에서 창출된 소득은 노동을 제공한 자에게는 피용자보수로, 경영자 및 자본을 제공한 자에게는 영업잉여로, 정부에 대해서는 생산 및 수입세로 각각 분배된다. 여기서 생산 및 수입세는 정부에 귀속되는 소득이라고 보면 된다. 즉, 창출된 소득은 노동자, 경영자 및 자본가, 정부가 각각 나누어 가진다. 이 가운데 민간의 소득인 피용자보수와 영업잉여를 합해 요소비용국민소득이라고 부르는데, 한국은행은 요소비용국민소득 가운데 영업잉여가 차지하는 비율로 자본소득분배율을 정의한다.[7] 여기서 분모를 요소비용국민소득에 한정하는 것은 국민소득 가운데 정부에 귀속되는 소득을 노동소득과 자본소득으로 구분할 기준이 없기 때문이다.

$$한국은행의\ 자본소득분배율 = \frac{영업잉여}{요소비용국민소득}$$

자본소득분배율을 구하기 위해서는 우선 자본소득에 대한 자료가 필요하다. 국민계정상 자본소득은 법인의 영업잉여에다 개인 및 비영리단체의 소득 가운데 영업잉여에 해당하는 부분을 합한 것으로 볼 수 있지만, 자영업의 비중이 높은 한국의 현실을 감안할 필요가 있다. 통상 개인 및 비영리단체의 영업잉여를 자영업 소득으로 간주하는데, 자영업자는 스스로 노동을 투입하고 있기 때문에 자영업 소득에는 노동소득과 자본소득이 혼재되어 있다. 개인

---

7) 실제로 한국은행은 요소비용국민소득 가운데 피용자보수가 차지하는 비율로 노동소득분배율을 정의한다. 자본소득분배율을 따로 정의하지는 않지만, '자본소득분배율=1-노동소득분배율'이므로 자본소득분배율의 정의가 이와 같음은 자명하다.

및 비영리단체의 영업잉여(혼합소득)의 일부는 자본소득이고 일부는 노동소득일 것이나, 공식적인 자료에서는 이것이 구별되지 않는다. 한국은행의 자본소득분배율은 자영업자의 소득을 모두 자본소득으로 간주한다는 것이 문제이다. 한국의 경우 높은 비중을 차지하고 있는 농업이나 영세 도소매업이 대부분 가족 단위의 자영업으로 운영되고 있지만, 달리 구분할 방법이 없기 때문에 이들의 소득을 전부 영업잉여로 계상한다. 반면 외국의 경우에는 농업이나 영세 도소매업 비중이 낮을 뿐만 아니라 이들 부문에서도 피용자보수로 계상되는 노동소득이 상당히 많다. 따라서 자본소득분배율은 자영업자의 소득을 어떻게 계산하느냐에 따라 크게 차이가 난다. 사실 자영업자 소득을 반영하여 노동 및 자본소득분배율을 보정해야 한다는 점은 오래전부터 인식되어왔다.[8]

피케티는 혼합소득(자영업소득)이 자영업을 제외한 여타 부분에서의 비율대로 나누어질 수 있다고 보았다. 예를 들어 법인 부문의 노동소득 대 자본소득 비가 7 대 3이면 자영업소득의 노동소득 대 자본소득 비도 7 대 3이라고 간주하는 간단한 보정방식이다. 이는 주상영(2013)과 주상영·전수민(2014)이 한국 경제에 적용한 방식과 동일하다.

---

[8] 이와 관련하여 앨런 크루거(Alan Krueger)와 더글러스 골린(Douglas Gollin)의 연구가 주목할 만하다. 크루거(Krueger, 1999)는 노동소득분배율이 다양한 방법으로 정의될 수 있다고 보고, 노동소득을 피용자보수에 한정하는 방식, 피용자보수에서 기업의 사회보장기여금과 같은 비임금급여를 빼는 방식, 피용자보수에 자영업자 소득을 더하는 방식 등을 제안했다. 피용자보수에 자영업 소득을 더하는 경우에는 존슨(Johnson, 1954) 이래 미국에서 가장 많이 사용되던 방식, 즉 자영업 소득의 2/3를 노동소득으로 1/3을 자본소득으로 보는 방식을 택하기도 한다. 단, 그는 모든 경우에 노동소득분배율의 분모에 해당하는 소득지표로서 요소비용국민소득을 사용한다. 한편, 골린(Gollin, 2002)은 자영업 소득의 전부를 노동소득에 포함시키는 방식 또는 자영업자 1인당 노동소득을 임금근로자 1인당 평균소득과 같다고 의제하는 방식을 제안했다. 분모에 해당하는 소득지표로는 GDP를 사용한다.

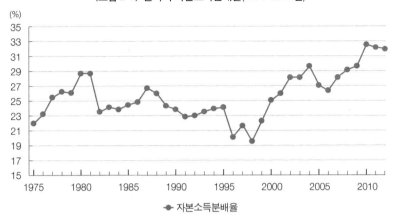

〈그림 2-1〉 한국의 자본소득분배율(1975~2012년)

자료: 주상영·전수민(2014).

$$\text{피케티의 자본소득분배율} = \frac{\text{법인영업잉여} + \text{혼합소득(자영업소득) 보정분}}{\text{요소비용국민소득}}$$

<그림 2-1>은 1975년 이후 한국의 자본소득분배율 추이를 보여준다. 자본소득분배율은 1980년 이후 1990년대 중반까지 하향 안정화 추세를 보였으며 외환위기를 맞이하면서 급락했다. 그러나 그 후 놀라운 속도로 반등하여 2010년에는 역사상 최고치인 32.4%를 기록할 정도로 높아졌다. 이는 노동소득분배율이 그만큼 낮아졌다는 뜻이기도 하다. 단, 자본소득분배율의 상승 추세는 2009~2010년을 기점으로 일단 진정되었다.

<그림 2-2>는 한국의 자본소득분배율을 피케티가 분석한 주요국과 비교해 보여준다. 전반적으로 수준과 추이 면에서 매우 유사한 모습을 보이는데, 1970년대 이후 자본소득분배율은 대체로 상승하는 추세를 보였다. 1980년대 이전까지 주요국의 자본소득분배율은 대체로 15~25% 수준이었으나 최근에는 프랑스를 제외할 때 25~35% 수준으로 올라갔다. 흥미로운 것은

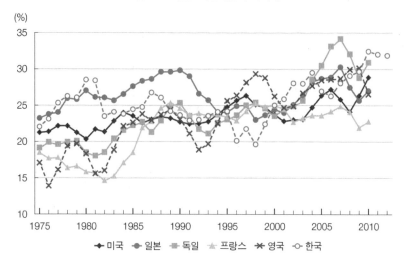

〈그림 2-2〉 자본소득분배율의 국제비교

주: 한국을 제외한 국가는 2010년까지.
자료: Piketty and Zucman(2014), 주상영·전수민(2014).

1990년대 중반에 한국을 포함한 6국가의 자본소득분배율이 25% 내외로 거의 같은 수준이었다는 점이다. 그 가운데 한국은 외환위기 전후로 자본소득분배율이 급락했다가 그 후로 급격히 상승하여 현재는 가장 높은 수준을 보이고 있다. 1990년대 중반 이후 가장 안정적인 모습을 보이는 국가는 프랑스이다. 사실 노동과 자본 간의 기능적 소득분배는 1950~1960년대까지 경제학의 주요 관심사였으나, 당시는 노동소득분배율이 정체 또는 약간의 상승추세를 보였기 때문에 그 이후로는 별 주목을 받지 못했고, 소득분배라고 하면 개인별 소득분배만을 의미하는 것으로 여겨질 정도였다.

우리가 기능적 분배에 주목하는 것은 일반적으로 노동소득에 비해 자본소득이 더 불평등하게 분포되어 있기 때문이다. 자본소득이란 사업을 하거나 재산을 통해 얻은 소득인데, 이러한 소득은 일을 해서 번 소득에 비해 빈익빈

부익부 경향이 더 심하다. 따라서 경제 전체적으로 노동의 몫이 줄고 자본의 몫이 늘어나는 현상이 발견되면 개인별 분배도 함께 나빠지게 된다. 최근에는 기능적 소득분배가 다시 주목을 받고 있다. 개인별 분배지표가 나빠지는 동안 기능적 분배에도 변화가 발생한 것인데, 이것은 우리에게 근본적인 질문을 제기한다. 자본의 역할이 강화되고 노동의 역할은 축소되었다. 이것이 개인별 소득분포를 나빠지게 한 근원적 요인이 아닐까? 이러한 추세가 지속된다면 자본주의의 미래는? 어쩔 수 없는 현상인가, 아니면 시급히 교정되어야 할 문제인가?

피케티의 긴 역사 자료에 의하면 자본소득분배율(α)은 U자형이다. 이미 잘 알려진 바와 같이 최상위 1% 혹은 10% 계층의 소득점유율도 U자형이다. 단, 그의 관심은 소득의 불평등에 그치지 않고 부(wealth)의 불평등 문제로 옮겨간다. 최근에 그가 미국 5대 경제학술지의 하나인 ≪쿼터리 저널 오브 이코노믹스(Quarterly Journal of Economics)≫에 발표한 논문의 제목은 「자본의 귀환(Capital is Back)」이다. 역사적으로 자본/소득 비율(β) 또한 U자형 추이를 보이고 있음을 보여주는데, β의 U자형 추이는 α의 U자형 추이보다 시각적으로 훨씬 더 뚜렷하다. 이제 한국의 β 추이를 살펴보기로 하자. 다만, 아쉬운 것은 자료 부족으로 장기 추세를 판단하는 데 한계가 있다는 점이다.

2) 소득과 자본의 개념과 측정

(1) 소득의 개념과 측정

피케티는 소득(Y) 개념으로 '국민총소득-고정자본소모'를 사용한다. 분배 측면에서 볼 때 'GDP=피용자보수+영업잉여+생산 및 수입세-보조금+고정자본소모'인데, 여기에 '국외 순수취요소소득'을 더하고 '고정자본소

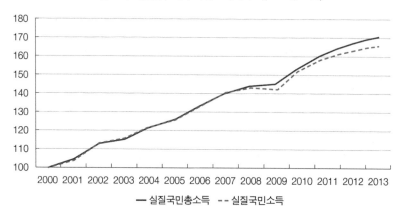

〈그림 2-3〉 국민총소득과 국민소득의 추이(2000년=100)

― 실질국민총소득   -- 실질국민소득

주: 1) 국민총소득＝GDP＋국외 순수취요소소득.
　　2) 국민(순)소득＝국민총소득－고정자본소모.
　　3) 비교를 위해 2000년을 100으로 놓음.

모'를 뺀 것으로 정의한다. 즉, 피케티가 사용하는 소득은 요소비용국민소득
(피용자보수＋영업잉여)에 정부에 귀속되는 순소득(생산 및 수입세－보조금)을
합한 개념이다. 피케티는 이를 국민소득으로 부른다. 그러나 정확하게 말하
면 국민계정상 NNI(국민순소득)에 해당한다. 고정자본소모를 자본에 귀속되
는 소득으로 보는 견해도 있으나 피케티는 누구에게도 귀속되지 않는 것으로
간주한다. 단, 정부에 귀속되는 소득의 성격에 대해서는 의문이 제기될 수 있
지만 피케티는 이를 자본소득과 노동소득의 합으로 본다.

　<그림 2-3>을 보면 2007년을 기점으로 국민총소득과 국민소득 간에 격
차 발생하고 있는 것을 알 수 있다. 이는 최근 들어 고정자본소모가 GDP 또
는 국민총소득에서 차지하는 비중이 상승하고 있기 때문이다. 자본축적이 빠
르게 진행되어 자본/GDP 비율이 올라갔음을 짐작하게 한다.

(2) 자본의 개념과 측정

피케티는 자본(capital)의 개념을 부(wealth)로 확장하고, 부를 국내자본에 순대외자산(NFA)을 합한 것으로 정의한다($W = K + NFA$). 피케티는 선진국의 경우에 실제로 W(부)와 K(자본)에는 큰 차이가 없다고 본다(NFA가 0인 경우 $W = K$). 전통적으로는 자본의 개념이 비금융생산자산(produced non-financial asset)에 국한되지만,[9] 피케티의 특징은 비생산자산(non-produced asset)인 토지와 자원까지 포괄해 자본을 광범위하게 정의한다는 것이다.

정부의 포함 여부에 따라 민간부(private wealth)와 국부(national wealth)로 구분할 수 있다. 그런데 민간부의 정의에 대해서는 유의할 사항이 있다. 선진국에 대한 분석에서 피케티는 민간부를 '가계 및 비영리단체'의 부로 정의했는데, 여기에는 주택, 토지와 같은 실물자산뿐만 아니라 법인에 대한 주식평가액까지도 포함되어 있다. 원래 국민계정체계의 제도부문은 가계 및 비영리단체, 법인(비금융＋금융), 일반정부로 구분된다(즉, 가계·법인·정부로 3분). 실제로 피케티는 개인과 정부로 크게 2분했는데, 이는 법인을 개인에 포함시켜 보는 견해에 속한다. 사실 이러한 방식이 보편적인 것은 아니다. 실제로 피케티는 제도부문을 가계·법인·정부로 3분하는 방식과 가계·정부로 2분하는 방식을 모두 사용해보았지만, 그의 책에서 선택해 제시한 방식은 후자이다 (Piketty and Zucman, 2014 참조).

두 가지 방식에 어떤 차이가 있는지 살펴보기로 하자. 먼저 '부'의 정의가 '순자산'이라는데 유의할 필요가 있는데, 순자산은 자산에서 부채를 뺀 것이다. 자산은 비금융자산(실물자산)과 금융자산으로 구분되는 반면, 부채는 금

---

9) 비금융생산자산＝고정자산＋재고자산. 고정자산＝건설자산＋설비자산＋지식생산물. 한국은행은 2014년 국민계정 개편을 통해 지식생산물(연구개발＋기타지식생산물)을 고정자산에 포함시킨다.

융부채에 국한되는 것으로 보면 된다. 따라서 순자산은 '비금융자산＋금융자산－금융부채', 즉 '비금융자산＋순금융자산'으로 정의될 수 있다. 그리고 이 정의는 가계·법인·정부 각각의 순자산 측정에 적용된다. 원칙적으로 민간부는 가계의 순자산과 법인의 순자산의 합계로, 국부는 가계, 법인, 정부의 순자산을 합한 것으로 정의된다. 그러면 피케티는 왜 민간부를 가계의 순자산에 국한시켰을까? 또 그의 방식에 따르면 국부는 가계의 순자산에다 정부의 순자산을 합한 것이 된다. 즉, 민간부와 국부의 측정에서 법인의 순자산을 제외시켰는데, 그렇게 한 이유는 무엇인가?

원래 민간부이든 국부이든 부를 측정하는 데 실물자산 이외에 금융자산과 금융부채를 고려할 때에는 주의할 사항이 있다. 가장 단순한 경우로 폐쇄경제를 가정해보자. 이때, "국민경제 내에서 어느 한 부문이 부담하고 있는 금융부채는 자금을 빌려준 부문의 입장에서는 그 부문이 보유하고 있는 금융자산 즉 청구권(claims)에 해당되기 때문에 국민경제 전체로는 금융자산의 합계가 금융부채의 합계와 일치하게 된다. 다시 말해 자금의 대차관계가 발생할 때 자금융자액과 동일한 규모의 부채가 발생하므로 한 국민경제내의 금융자산총액과 부채총액은 일치하게 된다. 국민경제 전체적으로 금융자산이 총부채와 일치하므로 각 경제주체가 보유하고 있는 실물자산의 총계는 각 경제주체가 보유하고 있는 자기자본의 총계와 일치한다"(한국은행, 2007). 즉, 국민경제 전체로는 금융자산과 금융부채가 서로 상쇄되는 측면이 있는 것이다.

다시 가계와 법인의 문제로 가보자. 궁극적으로 법인은 가계의 소유이므로 가계는 법인의 순자산에 대한 청구권을 가지며, 그 가치는 가계가 보유한 금융자산에 전부 잡혀야 한다. 그렇다면 가계의 순금융자산을 포함시켜 부를 측정할 때에는 원칙적으로 법인의 순자산을 무시해도 좋다. 가계의 금융자산으로 다 잡힐 것이기 때문이다. 그러나 문제는 회계상으로 평가한 법인의 순자산 가치와 그에 상응하는 가계 금융자산의 시장가치가 일치한다는 보장이 없다는 것이다. 여기서 '토빈의 q' 개념이 등장한다. 만약 토빈의 q가 항상 1이라면, 가계의 순금융자산 안에 법인의 순자산 가치가 온전히 포함될 것이므로, 민간부를 측정할 때 가계부문만 포함시켜도 된다. 만약 토빈의 q가 1보다 작은 경우, 즉 법인의 순자산에 대한 가계의 지분 가치 평가액이 회계 상의 법인 순자산 평가액보다 작은 경우에는, 가계와 법인을 합하여 평가한 민간부가 가계부문만으로 평가한 민간부를 상회하게 된다. 일반적으로 영미형 자본주의 국가에서는 토빈의 q가 1에 근접하지만 독일과 일본과 같은 국가에서는 1에 미달하는 것으로 알려져 있다. 후술하겠지만 한국의 경우에는 토빈의 q가 1에 훨씬 못 미친다. 금융자산과 부채까지 포함시켜 부를 측정할 때에는 이러한 점에 유의해야 한다.

이제 주요 선진국에서는 국민대차대조표를 발표하고 있으며, 한국도 2014년 5월부터 잠정치를 발표하기 시작했다. 따라서 민간부 혹은 국부의 측정에는 국민대차대조표와 자금순환계정을 이용하여 가계, 법인, 정부의 순자산을 각각 구한 뒤 민간부는 가계와 법인의 순자산을 합한 것으로, 국부는 여기에다 정부의 순자산을 합한 것으로 구하는 것이 바람직하다. 피케티가 민간의 부를 가계의 부에 한정한 것은 300년에 걸쳐 일관된 자료를 구축하기 위해서였는데, 18~19세기에는 영구재고법(perpetual inventory method)과 같은 자산 가치 측정법이 없었고, 부에 대한 통계가 대부분 개인을 대상으로 한 센서스 방식에 의존했기 때문이었다. 그가 민간부를 가계의 부로 한정한 것은 불가피한 측면이 있다. 물론 그럼에도 불구하고 국민대차대조표가 개발되어 발표되고 있는 현 상황에서는 중앙은행이 공식적으로 발표하는 자료를 최대한 이용하여 부를 측정해야 공신력을 얻을 수 있을 것이다.[10]

그러면 이상의 논의를 염두에 두면서 부를 두 가지 방식으로 정의해보기로 한다. 첫째는 민간의 부를 가계 및 법인의 순자산 합으로, 국부는 가계, 법인, 정부의 순자산 합으로 보는 방식이다. 편의상 이를 방식 A로 부르기로 한다. 둘째는, 피케티처럼 민간의 부는 가계의 순자산으로, 국부는 가계 및 정부의 순자산 합으로 보는 것인데, 이를 방식 B로 부르기로 한다. 이하의 논의에서 피케티의 방식이 이 장의 방식 B에 해당한다는 점에 유의하기로 하자.

민간부A

= 가계 및 비영리단체의 '순자본스톡 + 순금융자산' + 법인의 '순자본스톡 + 순금융자산'

민간부B

= 가계 및 비영리단체의 '순자본스톡 + 순금융자산'

국부A

= 가계 및 비영리단체의 '순자본스톡 + 순금융자산' + 법인의 '순자본스톡 + 순금융자산' + 정부의 '순자본스톡 + 순금융자산'

---

10) 한국에서 법인의 순자산을 무시할 수 없는 데에는 여러 가지 이유가 있다. 법인의 실물자산 가치에 비해 그 지분에 대한 금융적 가치가 저평가되는 경향은 독일과 같은 '이해관계자 자본주의' 국가 형태에서 흔히 관찰된다. 그런데 한국에서의 저평가 현상은, 작은 지분 및 그에 대한 금융적 평가액만으로 기업을 실질적으로 소유 지배하는 재벌구조와 무관하지 않은 것으로 보인다. 집계상의 문제도 있어 보인다. 한국에는 비상장 기업과 자영업 중에서도 규모가 큰 준법인기업이 많은데, 국민대차대조표상 이러한 부문의 실물자산은 '법인'에 속한 것으로 처리된다. 그러나 이것이 가계 및 비영리 단체의 금융자산으로 제대로 다 잡힐지 의문이다. 따라서 법인의 순자산을 0으로 처리하는 피케티의 방식은 한국의 실질적인 민간부 규모를 과소평가할 가능성이 크다.

국부B

= 가계 및 비영리단체의 '순자본스톡＋순금융자산'＋정부의 '순자본스톡
＋순금융자산'

보통 가계의 순금융자산은 양(+), 법인의 순금융자산은 음(−)의 값을 가지
며, 정부의 순금융자산 부호는 국가마다 다르다.[11] 만약 폐쇄경제라면 자금
순환계정상 가계·법인·정부의 순금융자산이 서로 상쇄되어 그 합이 0이 될
것이다. 개방경제에서는 이 세 부분을 합한 것이 대외 순금융자산으로 나타
나며 0이 된다는 보장이 없고 양 또는 음의 값을 갖게 된다.[12]

(3) 자본스톡의 구성

한국은행의 국민대차대조표는 2014년 5월 최초로 발표되었기 때문에 현
재로서는 이용 가능한 시계열이 매우 제한적이다. '자산별' 순자본스톡 자료
는 2000년부터 이용 가능한 반면(재고자산을 제외한 시계열은 1995년부터 이용
가능), '제도부문별' 자료는 2005년부터 이용 가능하다. 즉, 현재로서는 생산
자산과 비생산자산으로 구분되는 시계열은 2000년부터, 가계·법인·정부 별
로 세분되는 시계열은 2005년부터 이용 가능하다.

<표 2-1>에 따르면 한국의 순자본스톡 규모는 2000년 380조 원 정도였

---

11) 여기서 '순'이라는 글자가 혼동을 일으킬 수도 있는데, 순자본스톡의 '순'은 실물자산의
   가치를 평가할 때 감가상각 부분을 제거했다는 뜻인 반면에, 순금융자산의 '순'은 자산에
   서 부채를 뺀 것이라는 뜻이다.
12) 참고로 한국의 대외 순금융자산은 비금융자산 규모에 비하면 미미한 수준이다(2012년 기
   준 −1% 이내). 따라서 한국의 국부가 어느 정도인지 전체적인 규모를 가늠할 때에는 사실
   비금융자산의 총가치만 봐도 크게 무리가 없다. 즉, 국가 전체적으로 순자산과 비금융자
   산의 크기가 거의 같은 수준이다.

<표 2-1> 자산별 순자본스톡

(단위: 십억 원, %)

항목	2000년		2012년	
	금액	비중	금액	비중
비금융생산자산	1,827,873.8	47.65	5,079,302.5	47.33
고정자산	1,699,176.7	(44.30)	4,765,145.9	(44.40)
건설자산	1,266,645.4	(33.02)	3,852,485.5	(35.89)
(주거용건물)	390,392.2	(10.17)	1,131,185.5	(10.54)
(비주거용건물)	376,479.3	(9.81)	1,169,132.4	(10.89)
(토목건설)	499,774.0	(13.03)	1,552,167.5	(14.46)
설비자산	355,943.7	(9.28)	659,999.3	(6.15)
지식재산생산물	76,587.5	(1.99)	252,661.2	(2.35)
재고자산	128,697.1	(3.35)	314,156.6	(2.92)
비금융비생산자산	2,007,548.6	52.34	5,652,359.2	52.66
토지자산	1,989,727.0	(51.87)	5,604,838.8	(52.22)
지하자산	12,252.8	(0.31)	25,957.4	(0.24)
입목자산	5,568.8	(0.14)	21,563.1	(0.20)
합계	3,835,422.4	100.00	10,731,661.7	100.00

자료: 한국은행(2014).

으나 2012년에는 1경 원을 넘는 수준으로 대폭 증가했다. 먼저 순자본스톡이 자산별로 어떻게 구성되어 있는지 살펴보자. 비금융자산은 비금융생산자산과 비금융비생산자산으로 구분되는데, 한국의 경우 비생산자산의 비중이 매우 높은 것이 특징이다. 전체의 절반 이상을 차지하며 2000년과 2012년 모두 52% 내외의 수준을 유지하고 있다. 비생산자산의 대부분은 토지이다.[13] 비생산자산 가운데 지하자산과 입목자산은 극히 일부에 지나지 않으

---

13) 참고로 주택자산은 '주거용건물+주거용건물 부속토지'인데, 주거용건물은 비금융생산 자산에, 주거용건물 부속토지는 비금융비생산자산에 포함된다.

므로 한국에서는 토지가 비금융자산의 절반 이상을 차지하는 셈이다.[14] 전통적 자본 개념인 생산자산과 비생산자산인 토지는, 2000년대 이후 대략 48 대 52의 비중을 유지하고 있다.

한편 생산자산 가운데 고정자산의 비중은 일정하게 유지되고 있지만 그 안에서는 변화의 추세가 관찰되는데, 건설자산 비중이 증가하고 설비자산의 비중이 축소된 것이 특징이다. 이는 그동안 건설투자(SOC 투자 포함)에 비해 설비투자가 상대적으로 부진했던 추세를 반영하는 것이다. 또한 전체에서 차지하는 비중은 낮지만 지식재산생산물의 규모가 급속히 증가한 것을 알 수 있다. 이는 그동안 R&D 투자가 급증한 것을 반영하는 것으로, 설비자산의 규모가 2000년부터 2012년 사이에 (명목 기준으로) 1.8배 증가한 반면, 지식재산생산물자산의 규모는 3.3배나 증가했다.

<표 2-2>는 제도부문별, 다시 말해 경제주체별로 자산을 얼마나 보유하고 있는지를 보여준다. 자산 보유 비중을 볼 때, 2005년에 비해 2012년에는 법인과 일반정부의 비중이 각각 다소 상승한 반면, 가계 및 비영리단체의 비중은 축소되었다. 소유 주체별 비중에서 한국은 선진국에 비해 정부가 차지하는 비중이 매우 높은 편이다(21.48%). 국민대차대조표상 한국 정부는 2012년 2300조 원 정도의 비금융자산을 보유하고 있으며, 여기서 따로 시계열을 제시하지는 않았지만 한국은행의 자금순환계정상 순금융자산이 430조 원 정도이므로 무려 2730조 원의 순자산을 보유하고 있는 셈이다.[15] 정부의 비중이 높은 한국 경제의 단면을 보여주는 통계라고 할 수 있다. 이와 같은 점

---

14) 좁은 국토와 높은 인구밀도가 토지가액이 높게 평가되는 이유로 작용하는 듯하며, 부동산에 대해 공시가격제도를 유지하고 있는 점도 높은 토지 비중(가격 기준)과 무관하지 않은 듯하다.

15) 여기에는 주의할 점이 있다. 비록 정부의 순금융자산이 플러스일지라도, 공기업에 대한 주식지분은 정부자산에 잡히는 반면 해당 공기업의 부채는 정부부채로 간주되지 않는다.

〈표 2-2〉 제도부문별 순자본스톡

(단위: 십억 원, %)

항목	구분	2005년		2012년	
		금액	비중	금액	비중
비금융법인	비금융·생산자산	1,306,405.1	(21.09)	2,399,429.9	(22.35)
	비금융·비생산자산	633,800.8	(10.23)	1,140,635.3	(10.62)
	합계	1,940,205.9	31.33	3,540,065.2	32.98
금융법인	비금융·생산자산	61,096.6	(0.99)	103,984.0	(0.96)
	비금융·비생산자산	23,400.9	(0.38)	45,583.0	(0.42)
	합계	84,497.5	1.36	149,567.0	1.39
일반정부	비금융·생산자산	563,370.6	(9.10)	1,077,464.3	(10.04)
	비금융·비생산자산	734,327.7	(11.86)	1,228,043.5	(11.44)
	합계	1,297,698.3	20.95	2,305,507.8	21.48
가계 및 비영리단체	비금융·생산자산	931,298.8	(15.04)	1,498,424.3	(13.96)
	비금융·비생산자산	1,939,584.1	(31.32)	3,238,097.5	(30.17)
	합계	2,870,882.9	46.35	4,736,521.8	44.13
국내	비금융·생산자산	2,862,171.1	46.21	5,079,302.5	47.33
	비금융·비생산자산	3,331,113.5	53.79	5,652,359.2	52.66
	합계	6,193,284.60	100.00	10,731,661.70	100

자료: 한국은행(2014).

을 고려하면 한국의 경우에는 자본/소득 비율을 민간부와 국부에 따로 적용해보는 것이 타당해 보인다.

<표 2-1>과 <표 2-2>는 비금융자산, 즉 순자본스톡 규모만을 제시하는데, 부(순자산)를 정확히 측정하기 위해서는 순금융자산을 가감해주어야 한다. 예를 들어 자금순환표상 2012년의 대외 순금융자산은 -101조 원이므로, 이를 순자본스톡(비금융자산) 1경 731조 원에 더하면 1경 630조 원이다. 즉, 2012년 한국의 국부(정확히 말하면 국부A)는 1경 630조 원이다.

3) 한국 경제의 자본/소득 비율과 자본수익률

(1) 자본/소득 비율(β)의 측정

한국의 자본/소득 비율을 계산해보자. 피케티는 자본의 개념을 토지까지 확장하여 광범위하게 정의하므로 자본/소득 비율을 부/소득 비율이라고 불러도 좋을 것이다(본고에서도 같은 의미로 번갈아 사용). 결국 비율 계산이므로 분모와 분자에 어떤 값을 적용하느냐가 중요하다. 분모의 소득에는 피케티와 같이 국민순소득을 사용하면 되지만, 분자에는 위에서 논의한 대로 두 가지 방식을 모두 적용해볼 필요가 있다. 즉, 민간부와 국부에 각각 두 가지 형태를 적용한다. 부(순자산)를 계산하는 데, 순자본스톡은 국민대차대조표를, 순금융자산은 자금순환계정을 이용했다. 또한 해당 연도의 부에 대해서는 전기 말 값과 금기 말 값의 평균, 즉 평잔을 사용했다.[16]

<그림 2-4>와 <그림 2-5>에 민간부와 국부 기준의 자본/소득 비율이 나타나 있다. 먼저 민간부 기준의 비율을 보면, 민간부A 기준의 자본/소득 비율은 2006년 5.88에서 2012년에 6.85로 상승했다. 한편 민간부B 기준, 즉 피케티의 정의에 따른 자본/소득 비율은 2006년 4.80에서 2012년에 5.27로 올라갔다.[17] 국부 기준의 자본/소득 비율은 훨씬 높게 나타나고 있는데, 국부A 기준의 자본/소득 비율은 2006년 7.16에서 2012년에 9.25로 상승했고 국부B 기준의 자본/소득 비율은 같은 기간 6.92에서 7.67로 상승했다. 한국의 자본/소득 비율은 상당히 높은 편이다. 특히 법인의 순자산을 포함시킨 민

---

16) 국민대차대조표상의 자본스톡은 기말 기준으로 집계된다. 기말 기준의 스톡을 그대로 사용할 수도 있으나 피케티는 평잔 기준을 사용하여 β를 구한다.

17) 민간부A 기준 순자산은 7894조 원, 민간부A 기준 순자산은 6056조 원이므로 그 차이가 1837조 원에 달하며 이를 국민순소득으로 나눈 비율은 1.63이나 된다. 참고로 이 비율은 일본이 가장 높은 1.79이고 독일도 1.51로 높은 편이다(일본과 독일 모두 2010년 기준).

〈그림 2-4〉 민간부 기준의 자본/소득 비율

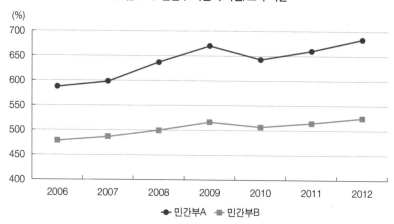

주: 1) 민간부A＝가계와 법인의 순자산, 민간부B＝가계의 순자산.
　　2) 해당 연도의 민간부는 전기 말 스톡과 금기 말 스톡의 평잔.
　　3) 소득＝국민순소득(NNI, 국내총생산＋국외 순수취요소소득 - 고정자본소모).

〈그림 2-5〉 국부 기준의 자본/소득 비율

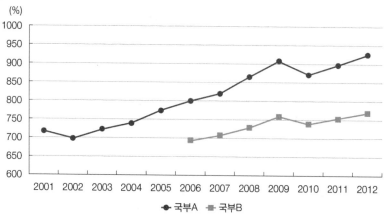

주: 1) 국부A＝가계·법인·정부의 순자산, 국부B＝가계와 정부의 순자산.
　　2) 국부는 평잔 기준이며, 소득의 정의는 <그림 2-3>과 동일.

<표 2-3> 한국을 포함한 주요국의 자본/소득 비율

(단위: 배)

구분	미국	일본	독일	프랑스	영국	한국
민간부A	4.24	5.63	5.63	7.04	4.86	6.85
민간부B	4.10	6.01	4.12	5.75	5.22	5.27
국부A	4.45	7.95	5.67	7.34	4.92	9.25
국부B	4.31	6.16	4.16	6.05	5.27	7.67

주: 한국은 2012년 기준, 나머지 국가는 2010년 기준임.
자료: Piketty and Zucman(2014).

간부A 기준과 국부A의 자본/소득 비율은 대단히 높은 값을 보이고 있다.[18]

<표 2-3>은 한국을 포함한 주요국의 자본/소득 비율을 보여준다. 민간부 A 기준으로 한국이 프랑스에 이어 두 번째로 높다. 민간부B 기준으로 하면 일본, 프랑스에 이어 세 번째이다. 국부를 기준으로 하면 한국의 자본/소득 비율은 그 어느 나라보다도 높다. 피케티가 분석한 주요국에서 국부A 기준 의 자본/소득 비율이 현재 8배를 넘는 국가는 없다. 물론 일본의 경우는 1980 년대 말 1990년대 초 거품이 극에 달했을 때, 이 비율이 9.8배까지 상승한 적 이 있지만, 그 값을 정점으로 안정화되었다. 한국의 경우 시계열이 짧기 때문 이 이 비율이 2000년 이전부터 지속적으로 상승해온 것인지, 아니면 순환적 으로 변동했는지 판단하기는 아직 이르다.[19] 어쨌든 한국은행 추계에 별 문 제가 없다는 전제하에서는, 자본/소득 비율이 높은 수준이라는 점은 분명하 다. 법인의 순자산을 빼고 계산한 B유형의 자본/소득 비율만 보더라도, 피케

---

18) 주상영(2014)은 이 연구의 초기 버전에서 2012년의 민간부/소득 비율과 국부/소득 비율을 각각 7.5와 9.5 정도로 추계한 바 있는데, 이는 실물자산 기준으로 평가한 것이며 평잔으로 전환하지 않고 국민대차대조표 상의 기말스톡을 그대로 적용한 값이다.

19) 1980년대 말 1990년대 초에 주택 및 토지가격이 급등했기 때문에 이미 당시에 자본/소득 비율이 한 단계 높은 수준으로 도약해 올라갔을지 모른다.

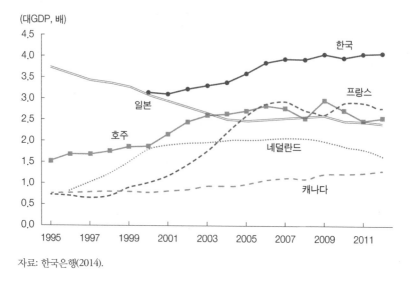

〈그림 2-6〉 토지자산/GDP 배율 국제 비교

(대GDP, 배)

자료: 한국은행(2014).

티가 제시한 18~19세기 유럽의 최고치인 6~7배 수준에 달했다. 한국의 경우 이 값이 민간부 기준으로 5.27, 국부 기준으로 7.67이므로 이미 상당히 높은 수준에 와 있는 것이다.

　한국의 자본/소득 비율이 높게 나오는 것은 일차적으로 국민소득에서 토지자산이 차지하는 비중이 선진국보다 높기 때문인 것으로 보인다(<그림 2-6> 참조). 국가별로 토지자산가액을 집계하는 방식에 차이가 있을 수 있지만, 이를 감안하더라도 한국의 토지가액은 매우 높은 편이다. 사실 토지가액을 한국은행이 집계한 수준의 2/3 정도로 축소하더라도 한국의 자본/소득 비율은 여전히 높은 수준으로 평가될 수 있다. 그렇다면 토지를 제외하면 β가 크게 떨어질 것인가? 토지를 제외한 생산자산 기준으로 볼 때에도 한국의 자본축적 수준은 이미 높은 상태이다. 한국은행(2014)에 따르면, 한국의 GDP 대비 자본축적은(고정자산 기준) 주요 선진국 가운데 영국, 호주를 제외하면

(단위: %)

미국	일본	독일	프랑스	영국	캐나다	호주	한국
93	150	60	93	59	51	76	205

자료: Piketty and Zucman(2014).

가장 높은 수준으로, 프랑스와 비슷하며 미국, 일본, 독일보다 높다.[20] 다른 국가에 비해 토지가액이 상대적으로 높게 평가된 점을 감안하더라도 한국의 자본/소득 비율은 이미 상당히 높은 수준에 도달해 있는 것이다.

한국의 자본/소득 비율에서 나타나는 또 다른 특징 가운데 하나는 국부 기준의 비율이 민간부 기준의 비율보다 훨씬 높다는 점이다. 피케티가 분석한 주요 선진국에서는 이러한 특징이 나타나지 않는다. 국부A 기준으로 볼 때 자본/소득 비율이 9배가 넘을 정도로 높은 것은 토지가격 때문이기도 하지만, 한국의 경우 정부가 소유한 자산의 규모가 크기 때문이기도 하다. 오래 전부터 한국은 직접 정부가 투자를 담당하는 경우가 많았고 아직도 그러하기 때문에, 국부에서 정부가 소유한 부의 비중이 높게 나온다. 전체 순자본스톡의 1/5 정도를 차지하며, 국민소득에 대비해도 200% 정도이다. 참고로 일본을 제외하면 주요국의 국민소득대비 정부 비금융자산의 비율은 100% 미만이다.

(2) 자본수익률(r)

자본수익률(r)은 항등식인 제1법칙에 따라 구하면 된다($r = \alpha/\beta$). 즉, 자본수익률은 자본소득분배율(α)을 자본/소득 비율(β)로 나눈 값으로 정의되

---

20) 성장이론의 관점에서 보면 자본산출계수(K/Y)가 높은 수준에 도달해 더 이상 증가하지 않으면, 이는 성장의 제약 요인으로 작용한다.

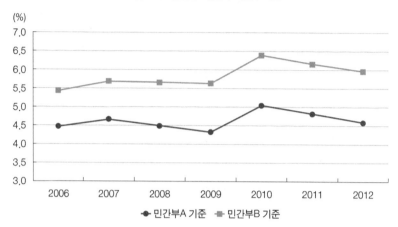

〈그림 2-7〉 민간부 기준의 자본수익률

주: 민간부A, 민간부B의 정의는 <그림 2-4>와 동일.

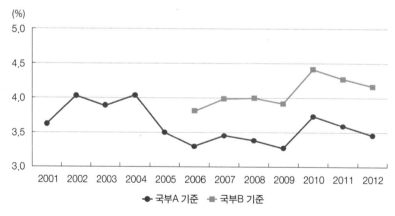

〈그림 2-8〉 국부 기준의 자본수익률

주: 국부A, 국부B의 정의는 <그림 2-5>와 동일.

는데, 민간부 기준과 국부 기준, 그리고 각각에 유형 A, B를 적용하면 모두 4개의 자본수익률을 얻을 수 있다. <그림 2-7>은 민간부 기준의 자본수익률,

<그림 2-8>은 국부기준의 자본수익률을 보여준다.

2012년 민간부A 기준의 자본수익률은 4.59%이고 민간부B 기준의 자본수익률은 5.96%이다. 국부A 기준의 수익률은 3.45%이고 국부B 기준의 수익률은 4.16%이다. 국부보다는 민간부 기준의 수익률이 더 중요하므로, 민간부의 수익률을 보면 민간부A 기준으로는 2006년 이후 4.5~5.0%에서 등락하고 있으며, 민간부B 기준으로는 5.5~6.5% 수준을 보이고 있다. 즉, 2000년대 중반 이후 성장률이 급락했음에도 불구하고 민간의 자본수익률은 적어도 4.5% 이상을 유지하고 있다.[21]

4) 한국 경제의 $r-g$와 β에 대한 평가

(1) $r-g$에 대한 평가

피케티는 자본수익률과 소득 증가율의 차인 $r-g$를 중시했으므로 성장률 자료도 필요하다. 여기서 g는 경제성장률인데, 피케티는 국민순소득 개념을 사용하므로 통상적으로 사용하는 실질GDP 증가율 대신 실질국민순소득 증가율을 적용해야 한다. 실질소득으로의 전환에는 GDP디플레이터를 사용

---

21) 장하성(2014)은 한국의 자본수익률이 경제성장률보다 낮아서 피케티의 부등식($r > g$)이 성립하지 않는다고 주장한다. 장하성(2014: 566, 주석 52)을 보면, 한국의 자본수익률은 2011년에 -0.4%, 2012년에 1.2%에 지나지 않는다. 이렇게 자본수익률이 낮으면 피케티가 제시한 자본에 대한 과세는 터무니없는 주장으로 전락하고 만다. 그러나 그의 자본수익률은 '재산소득/자본'이어서 '자본소득/자본'인 피케티의 자본수익률에 비해 항상 작게 나올 수밖에 없다. 원래 자본소득에는 재산소득뿐만 아니라 사업소득(국민계정에서의 영업잉여)까지 포함되어 있으며, 대체로 재산소득보다 사업소득이 더 많다. 게다가 그는 '재산소득/자본'의 수익률에서 물가상승률을 차감하여 실질수익률을 구한다. 정의를 잘못 적용하여 수익률이 낮아진 데다 물가상승률까지 빼주기 때문에 마이너스 값까지 나온 것이다. 피케티의 자본수익률에는 물가상승률을 빼줄 필요가 없다. 피케티(2014: 제6장)를 참조할 수 있다.

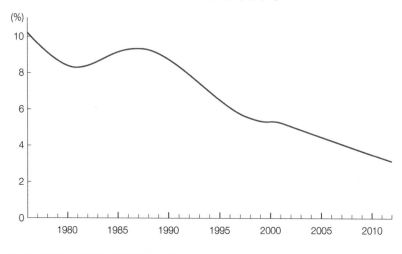

〈그림 2-9〉한국의 경제성장률 추이

주: 실질국민순소득의 증가율(HP 필터 값).

하기로 한다. 최근 들어 GDP에서 자본의 감가상각이 차지하는 비율이 증가
하는 추세를 보이므로 한국의 경우 g는 GDP 증가율에 비해 다소 낮은 편이
다. 한국의 경제성장률은 이미 1990년대 이후 하락하는 추세를 보였으며, 최
근에는 그 속도가 빨라져서 2012년과 2013년의 g는 2.3%, 2.0%에 지나지
않는다. 물론 성장률은 경기에 따라 등락하는 모습을 보인다. <그림 2-9>는
1970년대 중반 이후의 성장률 추세를 보여준다. 긴 추세를 보기 위해 실제의
성장률 값이 아니라 HP(Hodrick-Prescott) 필터 값을 제시했다. 한국의 추세성
장률은 1970~1980년대 8~10% 수준이었으나 지속적으로 하락하여 현재
는 3% 내외인 것으로 보인다.

피케티가 강조한 $r - g$는 부의 분포(wealth distribution)를 결정하는 파라미
터인데, $r - g$가 커질수록 부의 분포가 불평등해진다(Piketty and Saez, 2014).
피케티의 역사 자료에서 18~19세기 유럽의 경우 성장률은 0~1% 정도로

낮았지만, 그에 비해 자본수익률은 꾸준히 4~5% 정도를 유지했는데, 이와 같이 r과 g의 격차가 오래 유지된 결과 19세기 말 20세기 초 부의 불평등은 극심한 수준으로 올라갔다.

한국의 경우는 어떠한가? 사실 자본수익률에 대한 긴 시계열이 없기 때문에 판단할 근거는 없다. 사실 외환위기 이후 자본/소득 비율(β)과 자본소득 분배율(α)이 급격히 상승했지만 $r - g$의 움직임은 그만큼 뚜렷하지 않다. 현재로서는 주요 선진국에 비해 $r - g$가 높은 것으로 보이지는 않는다. 자본수익률은 선진국과 유사하거나 다소 높은 수준이지만 성장률이 상대적으로 높기 때문이다. 다만, 미래 예측의 관점에서 볼 때 현재 민간자본수익률이 (정의에 따라) 4.5~6.5% 정도이고 성장률은 3% 정도인데, 만약 성장률이 여기서 더 떨어지는 반면, 자본수익률은 현재 수준을 유지하면서 그 지속 기간이 오래 유지된다면 부의 분배는 나빠질 가능성이 크다. 특히 최근의 자료를 볼 때 소득 증가율의 등락이 심한 것에 비하면(글로벌 금융위기 직후인 2009년에는 마이너스) 자본수익률은 상대적으로 안정적인 모습을 보이고 있다. 지금까지 한국 경제의 성장 과정 및 자본축적의 정도, 인구 전망을 감안할 때 앞으로 g가 하락 추세를 보일 것은 거의 확실하다. 결국 r의 향배가 중요한데, 역사 자료에 입각한 피케티의 가설이 맞다면 한국의 $r - g$는 하락 위험보다는 상승 위험이 더 높은 것이다.[22]

(2) β에 대한 평가

지금까지의 분석으로부터 크게 두 가지 질문이 제기될 수 있다. 첫째, 한국의 자본/소득 비율은 왜 높으며, 이 비율은 정상적인가? 둘째, 자본/소득 비율

---

22) 피케티는 주요 선진국에 대한 미래 예측에서 주로 $r = 4$~5%, $g = 1.5$%의 시나리오를 상정한다.

의 증가가 자본소득분배율의 상승(노동소득분배율의 하락)을 가져왔는가? 첫 번째 질문부터 검토해보자.

이론적으로 자본/소득 비율은 어느 수준으로 수렴하게 되는가? 제2법칙에 따라 $\beta(=K/Y) \to s/g$의 관계가 성립한다. 즉, β는 성장률과 저축률에 의존한다. 여기서 g는 인구 증가율＋기술진보율, 즉 균제상태에서의 국민소득 증가율이다. 저축률 s가 주어져 있을 때 균제상태의 β는 소득 증가율(g)의 감소함수이다. 물론 저축률이 외생적으로 주어지지 않는 경우에도 β는 g의 감소함수임을 보일 수 있다.[23] 그렇다면 피케티의 주장대로 r과 s가 안정적으로 유지되는 가운데 g가 하락하면 β가 증가하는 동시에 $\alpha(=r\beta)$도 상승하게 된다(기능적 소득분배의 악화).

한국 경제의 s는 얼마이고 어떤 추세를 보여왔는가? 피케티는 s를 국민소득($Y^{NT}-\delta K$)에서 감가상각을 뺀 저축($Y^{NT}-\delta K-C-G$)이 차지하는 비율로 정의한다. 여기서 Y^{NT}는 국민총소득, δ는 자본의 감가상각률, C는 민간소비, G는 정부소비이다. 그런데 β가 민간부와 국부에 대해 각각 정의되므로, 민간부 기준의 분석에서는 민간저축을 사용하고, 국부 기준의 분석에서는 정부저축까지 포함된 국민저축 개념을 적용하는 것이 원칙일 것이다. 민간저축은 가계저축과 기업저축의 합이고 국민저축은 여기에 정부저축을 합한 것이다.

먼저 주요국의 순저축률이 어느 정도인지 살펴보기로 하자. <표 2-5>에 따르면 전반적으로 일본과 독일의 저축률이 높은 반면, 미국과 영국의 저축

---

23) 표준적인 CRRA 효용함수를 가정한 Ramsey-Cass 모형에 따르면, 소비의 증가율은 다음과 같다. $g_c = \frac{1}{\gamma}(r-\theta)$. 여기서 θ는 시간선호율이고 γ는 위험회피계수이며, 소비 증가율과 소득 증가율이 동일한 균제상태($g_c = g$)에서 $s = \alpha g/r$, $\beta = \frac{s}{g} = \frac{\alpha}{r} = \frac{\alpha}{\theta+\gamma g}$ 의 관계가 성립한다. 즉, 성장률이 증가하면 저축률도 증가하지만 성장률보다 작게 증가하므로 β는 하락한다.

<표 2-5〉 주요국의 순저축률(1970~2010년)

(단위: %)

구분	미국	일본	독일	프랑스	영국
국민순저축률	5.2	14.6	10.2	9.2	5.3
민간순저축률	7.7	14.6	12.2	11.1	7.3
가계	4.6	6.8	9.4	9.0	2.8
기업	3.1	7.8	2.9	2.1	4.6
정부	-2.4	0.0	-2.1	-1.9	-2.0

자료: Piketty and Zucman(2014).

률은 낮은 편이다. 대략 10%를 기준으로 국가에 따라 조금 높고 낮은 모습을 보이며 국민저축률과 민간저축률 간에 큰 차이가 있지는 않다. 주목할 만한 것은 정부의 순저축률이 대부분 음(-)의 값을 보인다는 것이다. 일본을 제외한 대부분의 국가에서 정부의 순저축률은 1970년대 중반 이후 음의 값을 보였다. 일본은 예외였지만 1990년대 중반 이후에는 일본 역시 정부순저축은 더 이상 양(+)의 값을 보이지 않고 있다.

이제 한국의 순저축률 추이를 보자. 한국의 순저축률은 한때 국가 기준으로 30%, 민간 기준으로 25%를 상회하기도 했으나 지금은 각각 20%, 15% 정도이다. 그럼에도 불구하고 선진국에 비해서는 아직 높은 수준이다. 단, 지난 십여 년간 민간의 순저축률은 10%에서 15% 사이를 등락하고 있는데, 사실 이 정도는 선진국에 비해 크게 높은 수준이라고 볼 수 없다. 한국 경제의 특징은 정부의 순저축이 상당한 수준으로 유지되고 있어 항상 국민저축률이 민간저축률을 크게 상회한다는 점이다. 앞의 분석에서 민간부 기준의 자본/소득 비율에 비해 국부 기준의 자본수익률이 월등히 높게 나온 것은 바로 이 때문이다. 한국 정부는 스스로 많은 자본을 축적해왔다. 정부가 세금이라는 자원을 동원하여 직접 투자에 나서는 일이 많았기 때문이다.

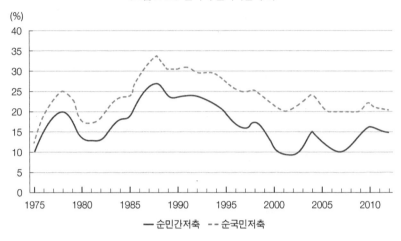

〈그림 2-10〉 한국의 순저축률 추이

(%)

자료: 한국은행(2014).

　앞에서 추계한 바와 같이 한국의 β는 상당히 높다. 2012년 민간부A 기준으로 6.85, 민간부B 기준으로 5.27이다. 국부A 기준으로는 9.25, 국부B 기준으로는 7.67이다. 특히 법인의 순자산이 포함된 A 기준의 β는 대단히 높은 값을 보이고 있다. 한국의 β는 왜 높은가? 이것을 피케티의 제2법칙, 즉 Harrod-Domar-Solow 모형으로 설명할 수 있을까? 한국의 s/g는 얼마인가? 물론 한국 경제가 매년 균제상태에 있었다고 할 근거는 없으며, 또 장기적으로 성립하는 s/g의 값을 알기도 어렵다. 피케티는 선진국에 대한 분석에서 β의 추세가 s/g로 비교적 잘 설명된다고 주장한다. 일단 피케티의 주장을 받아들여 한국의 s/g 과거 값들을 살펴보기로 하자.

　<그림 2-11>은 한국의 과거 s와 g를 각각 HP 필터로 스무딩(smoothing)한 값을 이용하여 s/g를 구한 값들을 보여준다. 외환위기 이전, 즉 1990년대 중반까지 이 값은 상승하는 추세를 보이고 있는데, 이는 높은 성장률에도 불구하고 저축률이 워낙 빠르게 증가했기 때문이다. 외환위기 직후에는 성장률

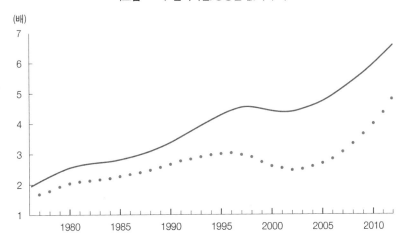

주: 1) 실선은 순국민저축률/실질국민순소득 증가율(HP 필터 값).
2) 점선은 순민간저축률/실질국민순소득 증가율(HP 필터 값).

도 하락했지만 저축률이 급락했기 때문에 s/g 값이 잠시 하락한다. 그러나 2000년대 중반 이후 이 값은 다시 상승하는데 그 상승 속도가 매우 빠르다. 자료의 제약으로 실제의 자본/소득 비율인 β를 2001년 이후 또는 2006년 이후부터 추계할 수밖에 없었는데, 2000년대 중반 이후 β와 s/g가 함께 상승했다는 것을 확인할 수 있다. 아마도 피케티의 주장대로 β의 장기적 추세는 s/g가 결정하는 것인지 모른다.

그러면 한국의 β는 적정한 수준인가? 한국의 s/g는 지난 십 년간 급속히 상승했지만, 2012년 민간부 기준으로는 5를 넘지 않는 수준이며 국부 기준으로는 7을 넘지 않는 수준이다. 최근에 실현된 것과 유사한 값으로 민간순저축률 15%, 국민순저축률 20%, 성장률 3%를 가정해보자. 이때 민간의 s/g는 5이며 국가의 s/g는 6.66이 된다. 그런데 실제의 β는 A 기준이든 B 기준이든 이 값보다 크다. 그렇다면 한국 경제는 균제상태를 넘는 수준으로

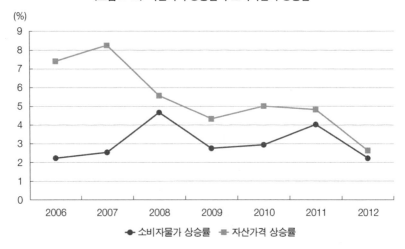

〈그림 2-12〉 자산가격 상승률과 소비자물가 상승률

주: 자산가격 상승률(%)=당기 명목보유손익/전기 순자본스톡.
자료: 한국은행, 국민소득계정.

자본을 축적했을까? 이는 매우 어려운 문제이며, 자본의 개념과 측정 문제를 처음부터 다시 고민해보아야 하므로 별도의 연구가 필요할 것 같다. 다만, 여기서는 저축 요인 이외에 자산의 상대가격 상승 요인만을 살펴보기로 한다. 실제의 $\beta(= K/Y)$는 결국 시장가치로 평가한 것인데, 분모는 일반물가 상승률의 영향을, 분자는 자산가격 상승률의 영향을 받으므로 두 가지 상승률이 같지 않은 한 s/g와의 직접 비교에 어려움이 있다.

<그림 2-12>는 한국의 β가 높은 데에는 자산가격 요인이 작용하고 있음을 말해준다. 소비자물가 상승률과 자산가격 상승률을 각각 보여주는데, 2006년과 2007년에는 자산가격 상승률이 소비자물가 상승률을 크게 상회했고, 그 이후에 격차가 좁혀졌으나 자산가격 상승률은 소비자물가 상승률을 여전히 넘는 수준이다. 즉, β의 상승은 저축에도 기인하지만 일반물가상승률을 상회하는 수준으로 발생한 실질자본이득(real capital gain)에도 의존한다.

즉, 한국에서 지난 십여 년 동안 자본/소득 비율이 급격히 상승한 것은 낮아진 성장률에 비해 상대적으로 높게 유지된 저축률, 그리고 높은 자본이득률의 상승작용에 의한 결과이다.

(3) 부 상승의 요인분해

한국의 β가 높은 데에는 자본이득 요인이 작용한다. 따라서 부의 상승을 저축에 의한 부분과 자본이득에 의한 부분으로 분해하는 것이 필요하다. 실질자본이득은 소비재에 대한 자본재의 상대가격 상승으로 이해되므로, 우선 물가지수를 사용하여 명목부와 명목소득을 실질국부와 실질소득으로 전환할 필요가 있다.

$$1 + g_w = (1 + g_{ws})(1 + q)$$

여기서 g_w는 실질부의 증가율, g_{ws}는 저축에 의한 실질부의 증가율, q는 실질자산가격의 증가율이다. 만약 실질자산가격의 증가율이 0이면, 즉 자산가격과 일반물가가 같은 비율로 올라 상대가격에 변화가 없으면 실질부의 증가는 오로지 저축에서 나온다고 보면 된다. 그러나 <그림 2-12>에서 알 수 있듯이 한국과 같이 자산가격이 일반물가보다 더 빠른 속도로 오르는 경우에는 앞의 식을 적용해야 한다.

우선 피케티가 주요국에 대해 분석한 결과부터 보기로 하자. <표 2-6>에 의하면 영국을 제외하면 선진국에서 자본이득 요인은 영국을 제외하면 대체로 40% 아래이며 평균값은 26%이다.

한국은 어떠한가? 주요국에 대한 <표 2-6>의 결과는 이 장의 정의에 따르면 국부B 기준에 의한 것이다. 자본/소득 비율과 자본수익률에 대해 민간

<표 2-6> 주요국의 국부 상승 요인분해(1970~2010년)

(단위: %)

구분	미국	일본	독일	프랑스	영국	이탈리아	캐나다	호주
저축 요인	72	78	114	75	42	63	89	61
자본이득 요인	28	22	-14	25	58	37	11	39

자료: Piketty and Zucman(2014).

부 A, B 기준과 국부 A, B 기준을 적용한 것처럼 여기에서도 네 가지의 부 개념을 모두 적용해보기로 한다. 네 가지 부의 개념을 모두 사용하므로 분석 기간은 2005년에서 2012년까지로 통일한다. 먼저 g_w(실질부 증가율)와 g_{ws}(저축에 의한 실질부의 증가율)를 구한 다음, 그 잔차로 q(실질자본이득률)를 정하는 방식을 사용한다. 또한 부(순자산)는 기말스톡 기준을 적용하기로 했는데, 이렇게 하면 2005년 말에서 2012년 말까지 실질부의 증가 요인을 분해하는 것이 된다. 그에 따라 소비자물가지수 역시 기말 기준의 값을 적용한다.

구체적으로 g_w는 소비자물가지수로 디플레이트한 실질부의 증가율로, g_{ws}는 '금기저축/전기말순자산(= S_t / K_{t-1})'으로 정의했다. 분석 기간의 g_w는 2005년 말에서 2012년 말까지, 즉 7년간의 실질부 증가율이다. 그러나 g_{ws}는 매 연도의 값을 구한 다음 7년간 누적시키는 방법을 택했다. 물론 민간부 분석에는 순민간저축을, 국부 분석에는 순국민저축을 사용한다. <표 2-7>은 이렇게 구한 실질부의 상승률과 그 요인의 분해 결과를 보여준다.

<표 2-6>에 나와 있는 주요국의 국부 상승 요인분해는 본고에서 정의한 국부B에 대한 것이다. 한국의 경우에 국부B를 기준으로 분석하면 2005년부터 2012년까지 실질국부는 35.9% 상승했는데,[24] 이 가운데 저축에 의한 요

---

24) 소비자물가는 2005년 말부터 2012년 말까지 23.3% 상승했다.

〈표 2-7〉 실질부 상승률의 분해(2005~2012년)

구분	실질부 상승률 $(1+g_w)$	저축 요인 $(1+g_{ws})$	자본이득 요인 $(1+q)$
민간부A	1.442	1.160 (40.7%)	1.242 (59.3%)
민간부B	1.350	1.206 (62.5%)	1.119 (37.5%)
국부A	1.426	1.185 (48.0%)	1.202 (52.0%)
국부B	1.359	1.221 (65.2%)	1.112 (34.8%)

주: 1) g_w 는 실질부 상승률, g_{ws} 는 저축에 의한 실질부 상승률, q는 실질자본이득률.
　 2) 괄호 안은 '$\ln(1+g_w) = \ln(1+g_{ws}) + \ln(1+q)$'을 적용하여 구한 각 요인의 비중.

인이 65.2%, 실질자본이득 요인이 34.8%를 차지한다. 실질자본이득 요인이
차지하는 비중은 미국, 일본, 프랑스 보다는 높고 영국보다는 낮다. 그러나
민간부를 사용하거나 A 기준의 부(법인의 순자산 포함)를 사용하면 자본이득
요인이 차지하는 비중이 올라간다. 자본이득 요인이 가장 높게 나오는 경우
는 민간부A의 경우이다. 민간부A는 2005년부터 2012년까지 그 실질 가치
가 44.2% 증가했는데, 저축 요인이 차지하는 비중이 40.7%인 반면 자본이
득 요인이 차지하는 비중이 59.3%에 달한다. 전반적으로 한국은 주요선진국
에 비해 자본이득이 차지하는 비중이 높다. 즉, 한국에서 자본/소득 비율이
높게 나오는 것은 근본적으로는 저축률이 높게 유지되었기 때문이기도 하지
만 이처럼 자본의 상대가격이 가파르게 상승했기 때문이다.[25]

---

25) 사실 $\beta \rightarrow s/g$가 도출되는 과정에는 소비재와 자본재의 가격이 같다는 전제가 깔려 있다.
그러나 $\beta(= K/Y)$가 시장가격 기준으로 계산되기 때문에 실제 β는 자산가격의 등락에
민감하다. 반면 s와 g는 모두 장기 평균 개념이므로 실제 자료로 '제2법칙'을 평가하는
것은 쉬운 일이 아니다. 참고로 피케티는 프랑스 경우만 볼 때 1910~2010년의 기간 자본
의 상대가격 효과는 사라진 것으로 평가한다. 이러한 상태에서 관찰되는 β는 단지 자산가
격에 의해 부풀려진 값은 아니다.

다시 말하지만 한국의 자본/소득 비율은 민간부 기준이든 국부 기준이든 모두 상당히 높은 값이다. 2012년 민간부A 기준으로 6.85이며, 민간부B 기준으로 5.27이다. 국부로 보면 그 어느 나라보다도 높은 수준인데, A 기준으로 9.25, B 기준으로 7.67이다.[26] 피케티는 그의 책에서 법인의 순자산을 빼고 계산한 B 기준의 자본/소득 비율로 통일하여 자료를 제시한다. 그 자료에 따르면 선진국에서는 한국과 달리 민간부와 국부 간의 차이는 별로 크지 않다. 자본/소득 비율은 불평등이 극심했던 18~19세기 유럽에서 6~7배 수준에 달했고 20세기 중반에 크게 하락했다가 최근에 4~6배 수준으로 올라감으로써 조만간 과거 유럽의 수준으로 회귀할지 모른다고 경고한다.

(4) 가계조사로 본 자본/소득 비율

선진국과 유사한 수준, 아니 그보다 더 높게 나오는 한국의 자본/소득 비율은 신뢰할 만한 수치인가? 그 타당성을 평가하기 위해 통계청·한국은행·금융감독원이 공동으로 발표하는 「가계금융복지조사」를 이용하여 가구의 관점에서 본 자본/소득 비율과 비교해보기로 했다. 「가계금융복지조사」에 따르면 2013년 3월 말 현재 한국의 가구당 보유자산은 평균 3억 2557만 원, 부채는 5818만 원으로 가구당 평균 순자산은 2억 6738만 원이다. <표 2-8>에 의하면 2012년의 평균 가구소득이 4475만 원이니 이 값을 그대로 적용하면 한국의 가구당 순자산/소득 비율은 5.97이다. 가계조사 방식에 의한 자본/

---

26) 정부의 순자산 또한 궁극적으로는 국민에게 귀속되는 것이므로 국가 전체의 부/소득 비율도 의미가 있는데, 이 값이 9를 넘는다는 것은 놀라운 일이다. 가상이긴 하지만, 계산 방식의 차이이든 무엇이든 한국의 토지가액이 부풀려진 숫자라고 해보자. 예를 들어 일본과 프랑스의 토지가액/GDP 배율이 한국의 65% 정도 수준이므로(한국은행, 2014 참조), 한국은행이 집계한 토지가액의 35%를 덜어내고 국부/소득 비율을 계산하면, 국부A 기준으로 7.56, 국부B 기준으로 6.27인데, 여전히 높은 비율이 아닐 수 없다.

<표 2-8> 가계조사로 본 가구당 순자산/소득 비율(2012년)

평균	순자산 (만 원)	가구소득 (만 원)	순자산/소득 비율(배)		순자산 점유율(%)
			소득 기준	순자산 기준	
전체	26,738	4,475	5.97		100
1분위	447	811	10.88	0.22	0.3
2분위	6,700	2,173	6.66	2.28	5.0
3분위	14,732	3,586	5.53	3.68	11.0
4분위	27,920	5,386	5.34	5.27	20.9
5분위	83,882	10,417	5.92	10.28	62.7

주: 분위는 순자산 기준과 소득 기준이 별도로 적용됨에 유의.
자료: 통계청·한국은행·금융감독원(2013).

소득 비율 또한 높은 수준이다.

한편 가계조사에는 자산의 분포에 대한 정보가 있으므로 이를 살펴보자. 상위 20%, 즉 5분위의 순자산 점유율이 62.7%이고, 1·2분위를 합친 하위 40%의 점유율은 5.3%에 불과하다. 그런데 소득 기준으로 분위를 나누어 순자산/소득 비율을 구한 값과 순자산 기준으로 분위를 나누어 구한 값은 다르게 나올 것이다. 소득 기준과 순자산 기준을 각각 따로 적용하여 비율을 구해 본 결과, 소득 기준 상위 20%에 드는 가구의 순자산/소득 비율은 5.92, 순자산 기준 상위 20%에 드는 가구의 순자산/소득 비율은 10.28인 것으로 나타났다. 예상대로 자산의 집중도가 높고 상위계층으로 갈수록 부/소득 비율이 높다. 참고로, <표 2-9>는 순자산 및 소득을 10분위별로 세분화한 통계를 보여준다. 중앙값 기준으로 단순 비교할 때 순자산/소득 비율은 4.02에 지나지 않는데 평균값을 기준으로 한 5.97에 비해 크게 낮은 수치이다. 이는 순자산이 소득보다 훨씬 불평등하게 분포되어 있음을 확인시켜준다. 지니계수로도 이를 알 수 있는데 순자산 지니계수는 0.607로 소득 지니계수 0.307에 비

<표 2-9> 순자산 및 소득의 10분위별 분포(2012년)

(단위: 만 원, %)

경곗값 기준	순자산	가구소득	순자산 점유율
상위 10%	60,519	8,825	45.0
상위 20%	37,950	6,600	17.8
상위 30%	27,400	5,350	12.1
상위 40%	20,087	4,320	8.8
중앙값	14,492	3,600	6.4
하위 40%	10,225	2,900	4.6
하위 30%	6,600	2,160	3.1
하위 20%	3,422	1,488	1.9
하위 10%	876	800	0.8
하위 0%	-	-	-0.4

주: 1) 분위는 순자산 기준과 소득 기준이 별도로 적용됨에 유의.
    2) 순자산 점유율은 해당 경곗값 이상에 속한 분위의 점유율.
자료: 통계청·한국은행·금융감독원(2013).

해 훨씬 높다.

그런데 이와 같이 가계조사를 토대로 부/소득 비율을 계산하는 데에는 한계가 있다. 국민계정체계를 기반으로 한 부/소득 비율과의 비교 또한 주의를 요한다. 우선, 가계조사에서 가구당 소득은 크게 근로소득, 사업소득, 재산소득으로 나누어지는데, 근로소득에는 고용주의 사회부담금 지급이 빠져 있어 국민계정의 '가계 및 비영리단체' 부문의 노동소득(피용자보수)에 비해 저평가된다. 또한 가계조사상의 재산소득은 심각할 정도로 과소보고 된다. 사업소득의 정확성에도 의문이 제기되는데, 국민계정상 '가계 및 비영리단체'의 영업잉여 항목과 가계조사상의 사업소득 간에는 적지 않은 괴리가 있다. 사업소득은 도리어 가계조사에서 더 높게 나온다. 이는 개인 사업자의 경우 국민계정으로 포착되지 않는 소득이 적지 않다는 것을 암시한다.

이 같은 문제와는 별도로, 가장 주의해야 할 부분은 상위계층으로 올라갈수록 조사 자체가 되지 않거나 축소 보고되는 경향이 강하다는 점이다. 이것은 가계조사 방식의 가장 큰 한계이다.[27] 소득도 그러하지만 자산의 규모를 당사자 스스로 응답하게 하는 조사 방식으로 파악하는 데에는 어려움이 따른다. 평균적인 부를 가진 사람도 그러하거니와 고액자산가들은 자기 재산이 그대로 노출되는 것을 꺼린다. 실제로 2012년 기준으로 가구당 평균 순자산인 2억 6738만 원에 가구 수 1786만 7704를 곱하면 4777조 5000억 원이라는 수치가 나온다. 과연 이것이 한국 가계부문의 전체 순자산 규모일까? 한은의 국민대차대조표와 자금순환계정을 결합하여 계산하면 '가계 및 비영리단체'의 순자산 규모는 6056조 7000억 원이다. 무려 1280조 원이나 차이가 난다. 비영리단체의 순자산 규모가 별로 크지 않다는 것을 감안할 때, 이렇게 큰 차이가 나는 것은 가계조사 방식으로는 개인의 자산 규모를 제대로 파악할 수 없다는 뜻이다.

(5) 소결

한국은행의 국민대차대조표와 자금순환계정을 이용하여, 2000년대 한국의 자본/소득 비율, 자본수익률 등 주요 피케티 비율을 측정한 결과를 요약하면 다음과 같다. 한국의 자본/소득 비율은 피케티가 분석한 주요 선진국과 비교할 때 이미 높은 수준에 와 있다. 주요국에 비해 토지가 부에서 차지하는 비중이 매우 높기 때문이기도 하지만, 토지를 제외하더라도 한국의 비율은 주요 선진국에 비해 결코 낮지 않다. 물론 토지자산의 추계방식 차이로 토지가 포함된 비율의 국가별 단순 비교에 유의할 필요가 있으나, 그것을 감안하

---

27) 한국의 소득불평등의 심각성을 잇달아 보고하고 있는 김낙년(2013)도 가계조사의 한계를 인식하는 데에서 비롯되었다.

더라도 한국의 자본/소득 비율은 이미 높은 수준에 도달한 것으로 보인다. 즉, 한국의 경우 소득도 빠르게 증가했지만 부는 훨씬 더 빠른 속도로 증가했다. 부의 상승은 저축과 자본이득으로 분해되는데, 자본이득이 기여한 정도는 한국이 선진국에 비해 더 높다. 한국에서 자본/소득 비율이 높게 나오는 것은 근본적으로는 높은 저축률 때문이지만, 자본의 가격이 일반물가에 비해 빠른 속도로 증가하는 현상이 지속되었기 때문이다.

주요 선진국과 마찬가지로 2000년대 한국에서 자본/소득 비율의 상승과 자본소득분배율의 상승이 동시에 관찰된다. 선진국의 경우는 1970~1980년대부터 이러한 추세가 발견되지만 한국은 외환위기 이후 매우 짧은 기간에 압축적으로 발생했다. 한편, 한국에서도 자본수익률이 소득 증가율을 초과하는 것으로 나오지만 주요국과 비교할 때 그 정도는 크지 않다.[28] 2000년대 이후 민간부의 수익률은 평가 기준에 따라 4.5~6.5% 정도인데, 아직은 성장률이 선진국보다 높은 상태이므로 두 거시변수 간의 차이가 선진국에 비해 크다고 볼 수 없다. 분석 기간이 짧아서 신뢰할 만한 결론을 내리기 어렵지만, 한국에서 최근 악화된 소득 및 자산의 불평등은 $r - g$의 확대보다는 α와 β의 상승과 관련성이 더 높다고 보인다. 물론 이는 잠정적인 해석이다.

이미 자본/소득 비율이 높은 데다 자본수익률이 높다고 볼 수는 없으므로, 자본/소득 비율의 상승 추세가 앞으로도 지속될 수 있을지는 의문이다. 저축률과 성장률에 비추어보아도 높은 수준이다. 물론 2010년을 기점으로 상승 추세가 멈춘 상태이므로 이미 조정과정에 들어섰는지 모른다. 앞으로 성장의 정체와 함께 불평등이 더 악화된다면 여기에는 α와 β의 상승 요인보다 $r - g$ 확대 요인이 더 크게 작용할지 모른다. 물론 이것도 직관에 의한 추측

---

28) 물론 이것도 토지자산가액이 높은 것과 무관하지 않다.

임을 밝혀둔다.[29)]

4. 불평등의 측정과 관리

1) 불평등의 측정

피케티는 불평등을 경제문제의 핵심으로 가져다 놓았다. 그러나 문제는 불평등의 정도를 어떻게 정확히 측정하는가이다. 이상적으로는 소득과 자산의 크기를 파악해서 스프레드시트에 일등부터 끝까지 나열하면 되지만, 쉬운 일이 아니다. 아마도 이 일을 잘 해낼 수 있는 기관은 국세청일 테지만, 국세청 자료에도 면세점 이하 개인에 대한 자료는 없다는 문제가 있다. 흔히 하는 공식적인 가계조사는 대략 1만 명 내외의 표본을 사용한다. 그런데 가계조사의 경우 소득과 자산이 심각할 정도로 과소 보고되며, 상위로 갈수록 더하다. 예를 들어 가구소득이 2억~3억 원을 넘는 가구는 거의 표본에 포함되지 않는다. 이들에게 접근하더라도 아무런 벌칙이 없으므로 소득과 자산 규모를 축소해서 응답한다는 문제가 있다. 특히 금융소득을 포함한 재산소득의 과소 보고는 심각하다. 이는 고액 자산가에만 해당하는 일이 아닌데, 꼭 축소하려는 의도가 아니더라도 사람들은 자신이 금융소득을 얼마나 벌고 있는지 잘 모른다. 금융소득의 경우 가계조사로는 실제의 10%도 파악하지 못하는 것

---

29) 이상에서 분석한 한국 경제의 피케티 비율은 엄밀하게는 피케티 '거시 비율'이다. 최상위 소득자의 소득분배에 대해서는 김낙년(2013)과 김낙년·김종일(2014)이 대표적이다. 그러나 부의 분배, 상속액(inheritance flow)이 국민소득에서 차지하는 비율, 전체 부에서 상속된 부가 차지하는 비율 등 피케티 '미시 비율'은 아직 분석되지 못하고 있다. 자료의 발굴은 물론 이 분야에 대한 연구가 활발해지기를 기대한다.

으로 알려져 있다.

(1) 개인별 소득불평등

최근 김낙년(2013)은 이와 같은 문제점을 인식하고 가계조사와 국세청 자료를 결합하여 한국의 소득분포를 새롭게 추정했다. 상위 1%의 소득점유율은 45%이고 1%의 점유율은 12%나 된다. 늘 해오던 가계조사로는 상위 20%의 점유율이 38% 정도 나오니 엄청난 차이다. '1:99 사회'로 알려진 미국의 1% 점유율이 48%이니 거기에 근접한 수치이며 유럽과 일본보다 높다.[30] 이렇게 악화된 시기는 다 외환위기 이후이다. 지니계수를 보더라도 통계청의 지니계수에 비해 이 연구에서 새로 계산한 지니계수는 더 가파르게 상승했다.

그러면 전체 소득의 45%를 점유한다는 상위 10%의 소득은 어떤 형태로 구성되어 있을까? 노동소득의 비중이 높을까 아니면 다른 소득의 비중이 높을까? <표 2-10>은 상위 10%를 좀 더 세분해볼 필요가 있음을 알려준다. 상위 10%에서도 최상위계층으로 갈수록 노동소득의 비중이 줄고 다른 소득의 비중이 높아진다는 것을 알 수 있다. 위로 올라갈수록 사업소득의 비중이 높아지는 것은 아무래도 부자 가운데 봉급생활자가 아닌 사업가가 적지 않기 때문일 것이다. 그런데 사업소득 말고 재산소득의 비중은 더 급격하게 증가한다. 특히 상위 0.1%에 속하는 슈퍼리치(super rich) 계층에서 이자소득과 배당소득이 차지하는 비중은 23.6%나 된다. 그냥 상위 10%에 속한 계층의 평균은 3.1%에 지나지 않는다.

재산소득이 최상위계층에 집중되어 있다는 사실은 2014년 10월 7일 국세

---

30) 김낙년(2013)은 자료의 한계를 극복하기 위하여 소득세 통계에다 파레토분포(Pareto distribution)를 이용한 보간법(interpolation)을 적용하여 상위계층의 소득을 추정했다.

<表 2-10> 상위계층의 소득 구성

(단위: %)

구분	노동소득	사업소득	이자소득	배당소득
상위 10%	82.6	14.2	0.9	2.2
상위 1%	59.9	29.6	2.7	7.8
상위 0.1%	39.5	36.8	4.8	18.8

주: 임대소득은 사업소득에 포함.
자료: 김낙년·김종일(2014).

청이 국정감사 제출용으로 내놓은 자료에서 여실히 드러났다(≪한겨레≫, 2014. 10.8 참조). 이에 따르면 2012년도에 이자 소득자가 4785만여 명이니 미성년자를 포함한 거의 전 국민이 예금통장 하나쯤은 갖고 있는 셈인데, 전체 이자소득 24조여 원 가운데 상위 1%가 44.8%, 상위 10%가 90.6%를 가져간 것으로 나온다. 배당소득의 집중은 더 심하다. 배당소득을 받은 사람은 모두 882만여 명이고 배당소득 총액은 11조여 원인데, 이 가운데 상위 1%가 72.1%, 상위 10%가 93.5%를 가져갔다. 실제로 배당소득을 올린 사람은 성인 인구의 1/4에도 미치지 않는다. 따라서 성인 인구 전체를 놓고 보면 배당소득의 거의 전부가 상위 10%에 돌아갔다고 해도 지나치지 않다. 이 자료를 갖고 계산하면 2012년에 한국 성인의 상위 0.22%에 속하는 8만 8000명이 1인당 평균 9200만 원의 배당소득을 올렸다. 현재 한국의 소득의 집중, 특히 재산소득의 집중은 이 정도로 심하다. 하위 90%에게 이자소득은 무시할 정도로 작고 배당소득은 거의 없다. 노동소득에 비해 자본소득의 불평등이 훨씬 심하다는 것을 실감하게 한다.[31]

---

31) 국세청이 내놓은 일부 자료만 보더라도 가계조사만으로는 자본소득과 부의 분포를 파악하는 데 한계가 있다는 것을 실감할 수 있다.

(2) 가계소득과 기업소득 간의 불평등

이미 제3절에서 자본과 노동 간의 기능적 분배에 대해 살펴본 바 있다. 유사한 맥락에서 소득을 가계소득과 기업소득으로 구분해보자. 물론 가계소득에는 피용자보수뿐만 아니라 영업잉여와 재산소득도 포함되어 있으므로 노동 대 자본의 구분이 가계 대 기업의 구분과 일치하지 않는다. 기업 역시 궁극적으로는 개인의 소유이므로, 적어도 이론적으로는 가계 대 기업의 구분이 의미가 없을지 모른다. 그럼에도 한국에서는 최근 가계와 기업 간의 균형이 깨지는 것이 아닌지 의문이 들 정도의 심각한 변화가 일어나고 있어, 이를 검토할 필요가 있다.

<그림 2-13>은 민간의 소득에서 가계의 소득과 기업의 소득이 각각 차지하는 비중을 보여준다. 여기서 민간소득이란 국민순본원소득(NNI)에서의 정부의 순본원소득을 뺀 값으로 가계의 순본원소득과 기업의 순본원소득을 합한 것으로 정의했다. 이와 같이 구분할 때, 가계소득이 차지하는 비중은 외환위기 이후 급락했다. 가계소득 비중은 1980년대 이후 1990년대 중반까지 대략 90% 정도를 차지했지만 이제는 80% 밑으로 떨어졌다. 가계소득에 피용자보수가 대부분을 차지하는 현실을 감안할 때 노동소득분배율의 하락과 가계소득 비중의 하락이 동시에 발견되는 것은 어쩌면 당연할지 모른다.

기업소득에 비해 가계소득의 비중이 크게 하락한 현상은, 분배 문제의 차원을 넘어 성장을 제약하는 단계에 이르렀다는 점에서 심각한 문제로 받아들여져야 한다. 외환위기 이후 한국 경제의 구조조정 필요성을 역설하던 맥킨지 연구소조차도 최근(2013년) 발간한 「제2차 한국 보고서: 신 성장공식」에서 수출주도의 성장모델이 한계에 도달했으며 국가경제와 가계경제 간의 탈동조화 현상이 본격화되고 있다고 지적하고, 이와 같은 추세가 지속될 경우 불평등이 심화되고 소비성장이 위축되어 성장을 지속할 수 없는 상황에 다다를

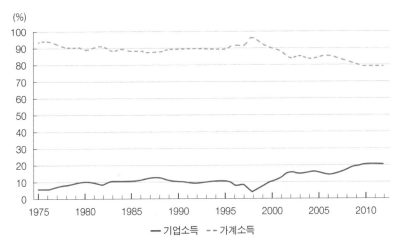

〈그림 2-13〉 민간소득에서 가계와 기업이 차지하는 비중

주: 민간소득＝민간순본원소득＝국민순본원소득(NNI)－정부순본원소득＝가계순본원소득＋
　　기업순본원소득.
자료: 한국은행, 국민소득계정.

수 있다고 경고하고 있다. 이와 관련한 최근의 학술 연구도 주목할 만하다. 주상영(2013)은 외환위기 이후 (기능적) 소득분배의 악화가 내수 침체에 기여하고 있음을 보였으며, 홍장표(2014)는 한 걸음 더 나아가 소득분배의 악화가 내수뿐만 아니라 순수출까지 모두 합한 총수요에 전반적으로 부정적인 영향을 주고 있음을 보였다.

　맥킨지가 한국 경제에 왜 이런 훈수를 두는지는 굳이 노동소득분배율이나 자본소득분배율 같이 진보적 뉘앙스를 주는 학술 개념을 사용하지 않더라도 <그림 2-13>과 <그림 2-14>를 함께 보면 쉽게 알 수 있다. 한국 가계의 순저축률은 한때 20%에 달하는 높은 수준이었지만 이제는 고작 3%이다. 반면에 한국의 기업은 가계와 정부를 합한 것보다도 더 많은 저축을 하고 있다. 기업의 저축은 외환위기를 맞아 한때 순저축률이 마이너스를 기록하기도 했

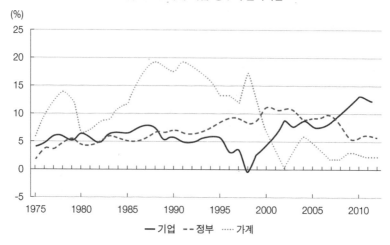

〈그림 2-14〉 가계·기업·정부의 순저축률

주: 순저축률은 순본원소득에서 순저축이 차지하는 비중.
자료: 한국은행, 국민소득계정.

지만, 지금은 내부 자금으로 남겨놓는 금액이 그만큼 많다는 뜻이다. 반면 한
국의 가계는 소비할 여력이 없다. 소비는 경제활동의 궁극적인 목표이자 경
제에 활력을 불러일으키는 가장 중요한 덕목이다. 투자는 경제 전체의 생산
성을 향상시키는 중요한 항목이지만 소비가 제약되는 현실에서는 별 의미가
없다. 규제를 완화하고 기업의 이윤동기를 자극하는 정책이 잘 먹히지 않는
것도 결국 수요처인 가계소득의 부진에 있다. 소비 잠재력이 없으면 투자도
없다.

(3) 자산 보유의 불평등
사실 피케티의 연구에서는 소득의 불평등도 중요하지만 자산의 불평등이
더 중요하다. 그러나 소득에 비해 자산의 불평등도는 더 측정하기 어렵다. 한
국에는 아직 이에 대한 종합적인 연구가 없다. 「가계금융복지조사」에 따르

면 2012년 기준으로 가구당 평균 순자산에 가구 수를 곱하면 4777조 5000억 원이라는 수치가 나오는데, 이는 국민계정상의 '가계 및 비영리단체'의 순자산 6056조 7000억 원과 크게 다르다.[32] 이렇게 큰 차이가 나는 것은 가계조사 방식으로는 개인의 자산 규모를 제대로 파악할 수 없다는 뜻이다. 세금 자료를 이용하여 치밀하게 역추적하지 않는 한, 현재로서는 가계조사만을 이용하여 자산분포를 분위별로 측정할 수 있는 방법은 없어 보인다.

다만, <표 2-9>에서 상위 10%의 순자산 점유율이 45%임을 감안하여 상위 10%의 점유율을 가늠해볼 수는 있을 것이다. 총 1280조 원의 순자산이 누락되었다고 보고, 만약 누락된 순자산의 70%가 본래 상위 10%에 속한 것이라면 상위 10%의 순자산 점유율은 50.3%로 수정된다. 누락된 금액의 80%가 상위 10% 자산가에 속한다면 상위 10%의 점유율은 52.4%로 수정된다. 만약 누락된 90%가 상위 10%에 속한 것이라면 점유율은 54.5%로 수정된다. 피케티의 분석에서 이 비율은 미국이 70%, 유럽이 60% 정도이니, 선진국은 이미 경계할 정도의 수준으로 올라가 버렸다. 한국의 경우는 아직 이보다는 조금 낮은 수치로 보인다. 그러나 사실상 상위 10%(아니, 1% 혹은 0.1%)에 의해 '실질적으로' 소유되는 법인, 준법인, 비영리단체의 순자산을 감안하면, 아마도 유럽 정도의 수준에는 이미 도달해 있는지 모른다.

피케티는 글로벌 부유세 도입을 주장했다. 스스로 유토피아적이라고 할 만큼 현실성은 떨어진다. 사실 부유세는 '순자산세'라고 불러야 맞다. 한 개

---

32) 물론 이는 정확한 숫자가 아니다. 우선 '가계 및 비영리단체'에는 가계뿐만 아니라 비영리단체가 포함되어 있다. 가계조사의 대상인 일반가구에 상응하는 주체는 아니기 때문에 비영리단체의 순자산은 빼주어야 한다. 그런데 또 다른 문제가 있다. 자영업 가구는 가계조사에 포함되지만 자영업 가운데에는 그 규모가 커서 '준법인기업'으로 분류되어 국민대차대조표상에서 '가계 및 비영리단체'가 아닌 '법인'으로 계상되는 부분이 있다. 이것은 더해 주어야 할 부분이다.

인이 갖고 있는 자산에서 부채를 뺀 금액에 대해 매기는 세금이기 때문이다. 소득세를 부과할 때 소득 파악과 신고가 전제되어야 하는 것처럼 순자산세를 부과할 때에도 자산과 부채 규모의 파악이 필수적이다. 피케티는 순자산에 매기는 세금이 과격할 정도로 많을 필요는 없다고 본다. 무엇보다 순자산세의 도입이 가져오는 장점은 순자산의 규모를 파악하는 데 도움이 된다는 것이다. 자료가 있어야 토론과 합리적 의사결정이 가능한데, 가령 누진의 정도를 어떻게 정할지 결정하는 데에도 일단 자료가 있어야 하기 때문이다. 사실 순자산세 도입 자체를 결정하는 데에도 개인별 순자산 자료가 필요하다.

사실 세무 당국이 개인의 모든 자산과 부채를 낱낱이 다 파악한다는 것, 또한 조세 회피 수단을 일일이 다 차단한다는 것이 현실적으로는 거의 불가능할 것이다. 그러나 이상적이라는 것을 인정하면서도 산술적으로 볼 때 순자산세가 매력적인 대안인 것만은 부인하기 어렵다. 간단한 예를 들어보자. 한 국가의 순자산/소득 비율(β)이 6이라고 하고, 상위 10%가 순자산의 60%를 소유한다고 하자. 상위 10%의 자산가에게 평균 1%의 순자산세를 부과하면 $6 \times 0.6 \times 1\% = 3.6\%$이므로 국민소득 대비 3.6%의 세수를 거둘 수 있다. 물론 공제 및 누진제도 때문에 계산은 이처럼 간단하지 않을 것이다. 그러나 우리는 이미 재산세를 내고 있으며 종합부동산세도 있다. 개인의 순자산 규모를 파악하는 데 기술적인 문제가 있어서 그렇지, 세율을 높게 책정하지 않는 한 순자산세가 그리 과격한 방안도 아니다.

2) 불평등의 관리

한국의 경제적 불평등은 이미 심각한 수준이다. 능력주의 원칙의 구현, 정치·사회적 안정, 민주적 제도의 설계, 사회통합을 위한다면 불평등이 여기서

<표 2-11> 소득대비 사회부담률

(단위: %)

구분	1분위	2분위	3분위	4분위	5분위
공적연금 및 사회보험	3.5	5.4	6.2	6.4	5.6
세금	1.7	2.1	2.6	3.4	6.0
합계	5.2	7.5	8.8	9.8	11.6

자료: 통계청·한국은행·금융감독원(2013).

더 악화되면 안 된다. 안정적이고 장기적인 성장을 위해서도 그러하다. 이것은 불평등이 사회적 차원에서 관리되어야 한다는 것을 의미한다. 피케티의 논리적 대안은 누진세제 강화와 순자산세 도입이다. 결국 세금으로 해결하자는 것이다. 물론 인적자본의 역할을 강조하는 입장에서는 교육이 중요할 것이다. 기회의 평등과 공교육의 중요성에 대해서는 누구나 다 공감하며 피케티도 이를 부인하지 않는다. 그러나 교육수준이 전반적으로 높아지는 것이 성장의 원동력이긴 하지만 그것이 불평등의 문제까지 해소할 수 있을지는 의문인데, 특히 한국 사회에서 교육이야말로 그 어디보다 경쟁이 치열할 부문이기 때문이다. 따라서 불가피한 대안은 세금에 의한 불평등의 교정이다.

<표 2-11>은 한국의 소득분위별 사회부담률을 보여준다. 세금에다 공적연금 및 사회보험료 지출까지 합한 사회부담률의 누진성은 충분하지 않다. 한국 세제의 누진성이 약하다는 것은 시장소득 지니계수와 가처분소득 지니계수의 차이가 OECD 최하위권이라는 데서도 알 수 있다. 그만큼 조세의 불평등 교정 기능이 약하다. 한국의 조세부담률은 GDP 대비 20% 정도에 지나지 않는다. OECD 국가들은 대개 30~50% 사이에 놓여 있다. 전반적인 증세와 누진성의 강화는 어쩔 수 없이 가야 할 길로 보인다.

증세 없이 불평등을 교정한다는 것은 불가능하다. 급격한 고령화와 연금

제도의 성숙으로 인해 이미 장착된 제도만으로도 복지지출이 급증하게 되어 있다. 재원의 필요성 때문이기도 하지만, 증세라는 제약 조건이 있어야 우선 순위에 입각한 효과적인 재분배와 사회투자가 가능할 것이다. 그리고 한국 경제가 어차피 증세를 해야 할 단계에 왔다면, ① 소득세의 누진성을 강화하고, ② 노동소득보다 자본소득에 대한 과세를 강화하고, ③ 자산 보유에 대한 과세를 강화하는 방향으로 나아갈 수밖에 없다.

그런데 이러한 방향에 당위성이 있다 하더라도 정치적으로 실현 가능한 일일까? 실제로 증세는 정치적으로 매우 부담스러운 정책이 아닐 수 없다. 일 방적 누진성 강화에 대한 대안으로 예일대학의 로버트 실러(Robert Shiller)는 새로운 세제 도입을 주장한 바 있다. 이른바 '불평등 연동세제'이다(Burman, Rohaly and Shiller, 2006). 불평등의 수준을 관리하기 위해 사후적으로 세율을 조정하는 방식을 도입하자는 것이다. 목표로 하는 세후 불평등의 수준을 미리 정해놓고 그에 맞춰 해마다 자동적으로 세율을 조정하는 방식이다. 만약 시장소득의 불평등이 악화되면 세율을 조정하여 누진성을 강화하면 된다. 그런데 그는 놀라운 사실을 발견했다. 미국의 세후 소득불평등을 1979년 수준으로 되돌리려면 최고세율을 38%에서 75%로 올려야 한다는 시뮬레이션 결과가 나왔기 때문이다. 정치적으로 당장 실현 가능한 일이 아니었다.

그럼에도 불구하고 창의적인 아이디어임에는 틀림없다. 경제학은 때로 쓸모가 있는 학문이다. 1970년대에 세계적으로 인플레이션이 문제가 되자 인플레이션을 억제할 근본적인 대책이 무엇인지 본격적으로 연구했고, 다각적으로 검토한 끝에 결국 인플레이션 목표제라는 것을 만들어냈다. 이른바 테일러 준칙(Taylor rule)은 중앙은행이 재량적으로 통화관리를 할 것이 아니라 정해진 준칙을 따를 것을 요구한다. 한국도 인플레이션 목표제를 받아들여 실행한 지 15년이 지났다. 비록 이름을 그렇게 붙이지지는 않았지만, 노벨상을 받은 실러가 생각해낸 것은, 말하자면 '불평등 목표제'와 같은 것이다. 목표로 하는 불평등의 수준을 달성하기 위해 세율을 조정하거나 세율구간 등을 조정하는 준칙을 정교하게 개발할 필요가 있다. 지금은 순진한 발상이라고 폄하될지 모르지만, 불평등이 계속해서 문제가 된다면 언젠가 그의 제안이 받아들여질지 모른다.

5. 맺음말

피케티의 표현에 따르면 마르크스는 종말론적이며(apocalyptic), 쿠즈네츠는 상당히 낙관적이다(fairly optimistic). 그 대신 그는 침울한 균제상태(gloomy steady state)를 예견하고 있다. 극단으로 치닫지는 않지만 리카도와 마르크스를 떠올리기에 충분하다. 사실 그가 그들처럼 획기적인 이론을 내놓은 것은 아니다. 그의 업적은 분명 역사 자료의 구축에 있다. 이것만으로도 그의 책은 고전의 반열에 오를 것이다. 복잡한 수식과 이론보다는 시계열사(serial history)를 통해 법칙을 찾아내려고 노력했다. 단, 그는 역사적 데이터를 가급적 기존 주류경제학의 틀로 설명하려고 한다. 이론적으로 완벽하다고 할 수는 없으나,[33] 대체로 성공적이며 미시와 거시를 아우르는 경제이론과 경제사까지 결합시키려고 한 대작이다.

그는 주류경제학의 틀을 벗어나지 않으려고 애쓴다. 그럼에도 불구하고 한계생산력설과 같은 핵심 명제에 대한 회의를 드러낸다. 정치와 제도의 중요성을 자주 언급하며 이것이 불평등의 방향을 결정짓는 동인이라고 되풀이

---

33) 이에 대한 논의는 이 글의 부록을 참조.

해서 말한다. 부유세와 최고세율의 인상을 주장하는 것도 같은 맥락일 것이다. 불평등의 악화와 소수에게로의 자본 집중이 능력주의, 민주주의, 사회정의를 해치는 단계까지 가서는 안 된다고 주장한다. 인적자본이 결코 물적자본의 위력을 당해낼 수 없다고 본다. 앞으로 성장이 둔화되더라도 자본의 수익률은 떨어지지 않을 것이라고 믿는다. 그의 경제분석은 주류경제학에 의존하지만 그것을 어디까지나 실용적으로만 활용한다는 인상을 준다. 남은 21세기가 18~19세기의 모습으로 되돌아갈지 모른다고 자신 있게 경고하는데 (Capital is back), 마르크스를 비판한다고는 하지만 여전히 그를 떠올리게 할 만한 대목들이 많다. 피케티의 진심은 무엇일까? 주류경제학자를 설득하는 동시에 주류경제학의 한계를 드러내는 고도의 설명 방식일지 모른다.

사실 피케티의 의도가 무엇인지는 우리에게 그렇게 중요하지 않다. 단, 분석의 틀은 매우 유용하며, 그의 방식에 따라 산출된 자료는 생산적 토론을 가능하게 해준다. 그의 이론에 비추어 본 한국 경제의 실상은 어떠한가? 한국의 자본/소득 비율은 민간부 기준으로 이미 5~7배에 달한다. 국부 기준으로는 7~9배 수준이다. 민간부 기준으로는 이미 선진국 수준으로 올라갔고, 국부 기준으로는 그 어느 선진국보다도 높다. 이 값은 피케티가 계산한 19세기 말 20세기 초 불평등이 극에 달했던 영국과 프랑스의 수준 혹은 그 이상이다. 경제학의 관점에서 보면 소비를 덜하고 저축을 많이 해서 쌓아놓은 부가 많다는 것인데, 물론 저축과 상관없이 자산가격이 많이 올라서 부/소득 비율이 높아질 수도 있다. 생활인의 입장에서 보면, 부/소득 비율이 높다는 것은 한 사회에서 평균적인 소득을 올리는 사람이 평균적인 부를 쌓는 데 그만큼 더 긴 시간이 걸린다는 뜻이다. 어쨌든 평균적인 소득으로 평균적인 부에 도달하기 어려운 것은, 대부분의 경우에 자산 분포가 불평등하다는 것, 즉 이미 소수가 고가의 자산을 많이 점유하고 있는 상황이기 때문이다. 이미 부/소득 비율이 높은 상태에서 성장이 정체되면 보통 사람이 노동소득만으로 충분히 저축하여 부를 쌓는 데 역부족일 것이다.

외환위기 이후 한국의 자본소득분배율은 급격하게 올라갔으며, 이 비율 또한 주요 선진국을 상회하는 수준이다. 자본소득은 노동소득에 비해 훨씬 더 불평등하게 분포되어 있다. 생산과 분배 과정에서 자본의 몫이 증가하는 것은 결국 개인별 소득분배의 악화로 나타나게 된다. 소득의 집중 강화는 결국 부의 집중을 강화할 것이다. 게다가 앞으로 인구마저 정체되면 부의 집중은 더 강화될 가능성이 높다. 분산된 세습이 아닌 집중된 세습이 일어나기 때문이다. 부의 집중도는 더 올라가고 동시에 전체 부에서 상속된 부가 차지하는 비율도 올라갈 가능성이 높다.

한국 사회가 적어도 능력주의 원칙에 동의하고 민주적 통제를 원한다면, 자산의 가격이 여기서 더 올라가고 자본소득의 비중이 더 커지며 부의 집중이 더 강화되는 과정에 제동을 걸어야 한다. 우리 스스로 정교한 '불평등 연동세제'를 만들어 세계 최초로 도입할 자신이 없다면, 또 피케티의 '순자산세'가 유토피아적이며 거부감을 준다면, 굳이 획기적인 세제의 도입을 서두를 필요는 없다. 사실 피케티가 제안한 글로벌 순부유세는 그도 인정하듯이 유토피아적이다. 개인의 사적인 부채까지 다 뒤져서 일일이 순자산을 파악해내는 것은 쉽지 않기 때문에 정치적·행정적으로 당장 도입하기에 만만치 않은 과세 방식이다. 그러나 적어도 성장만 하면 분배가 해결된다는 생각만은 버려야 할 것 같다. 성장으로 분배 문제를 해결하려면 성장률이 상당히 높아야 하지만 이미 그런 시대는 지나갔다. 성장으로 분배를 해결하겠다는 인식은 이제 너무 안이하다. 그 대신 분배가 악화되면 그것이 도리어 성장을 제약할 수 있다는 논리에 눈을 돌릴 필요가 있다. 최근 IMF에서 나온 보고서는 이를 확인시켜 준다.[34] 한국 경제가 어차피 증세를 해야 할 단계에 왔다면,

소득세의 누진성을 강화하고, 노동소득보다 자본소득에 대한 과세를 강화하고, 자산 보유에 대한 과세를 강화하는 방향으로 나아갈 수밖에 없다. 단계적 증세를 통한 재분배의 확대, 이 방법 말고는 극심한 불평등을 둔화시킬 방법이 없어 보인다.

---

34) 자세한 내용은 Ostroy and Tsangarides(2014)를 참조할 수 있다.

부록

피케티 이론에 관한 주요 쟁점

피케티에 따르면 자본주의 사회에서 경제적 불평등이 심화되는 것은 자본의 축적 과정에서 비롯된다. 피케티의 이론에는 인적자본이 등장하지 않는다. 마르크스를 연상시킨다. 자본/소득 비율은 마르크스가 활동한 19세기에 높았고 쿠즈네츠가 활동한 20세기 중반경에는 낮았다. 20세기 후반에 이 비율은 다시 올라갔고 피케티가 등장했다. 그는 앞으로 남은 21세기에 비율이 더 올라갈지 모른다고 예언한다.

자본/소득 비율이 불평등과 무슨 관계가 있는가? 이 비율은 거시변수이고 불평등은 일반적으로 미시적으로 다루어지는 주제이므로 둘 사이의 인과관계를 규명하는 것은 매우 어려운 일이다. 무엇보다 놀라운 것은 피케티가 제시한 데이터이다. 자본/소득 비율이 다양하게 측정된 불평등 지표와 높은 상관관계를 보이기 때문이다. 이 비율이 높아질수록 자본에 비해 노동이 가져가는 몫이 줄어들 뿐만 아니라, 개인별로도 소득분배와 부의 분배가 모두 악화된다. 게다가 상속된 부가 차지하는 비중도 올라간다. 이러한 추세는 1970년대 또는 1980년대 이후 대부분의 선진국에서 강화되고 있다. 그리고 피케티는 앞으로도 이러한 추세가 더 지속될 것이라고 한다. 매우 강렬한 인상을 주는 피케티의 데이터는 그의 예측을 뒷받침하는 듯하다.

과연 피케티의 예측이 맞을까? 비록 방대한 자료를 통해 충분히 암시하고 있지만 예측이 설득력을 얻으려면 이론이 받쳐주어야 할 것이다. 물론 거시 성장이론에서 출발하여 미시 분배이론까지 연결시키는 솜씨는 감탄할 만하며, 직관적인 호소력도 있다. 그럼에도 불구하고 예측의 이론적 토대는 그 정도로 굳건해 보이지 않는다. 군데군데 논리적 연결고리가 취약한 부분이 발견되는 것이 사실이다. 몇 가지만 언급해보자.

피케티는 자본/소득 비율의 증가가 자본의 몫을 강화시키는 근거로 대체 탄력성 개념을 사용한다. 자본축적으로 자본/소득 비율이 올라가더라도 자본수익률(r)이 크게 떨어지지 않는 생산기술하에서는(대체 탄력성이 1보다 큰 경우) 자본/소득 비율과 자본소득분배율이 같은 방향으로 움직인다. 따라서 자본/소득 비율의 상승은 생산요소 간의 기능적 소득분배를 악화시킨다. 일반적으로 자본소득은 노동소득에 비해 더 불평등하게 분포되어 있으므로 개인별 소득분배도 악화된다. 피케티는 '거시 비율분석 → 기능적 소득분배 → 개인별 소득분배 및 부의 분배'로 이어지는 논리적 과정에서 첫 번째 연결고리에 대해 1보다 큰 대체 탄력성으로 설명하고 가볍게 넘어가고 있다. 그러나 대체 탄력성 분야의 첨단 연구들은 대부분 1보다 작은 대체 탄력성을 보고한다.[35]

그런데 피케티가 대체 탄력성이라는 연결고리보다 더 중시하는 관계는, 그가 중심모순이라고 부른 부등식 $r > g$ 이다. 자본주의 경제에서 자본수익률(r)이 경제성장률(g)보다 높다는 것인데, 이 관계는 이론적으로 성립할 뿐만 아니라 역사 자료에서도 입증되고 있다. 여기서 오해를 불러일으킬 수 있는 부분이 있는데, 마치 $r > g$ 의 부등식 자체가 끊임없이 불평등을 확대한다는 인상을 준다는 것이다. 실은 부등식의 성립보다는 $r - g$ 의 크기가 중요하며, 부등식이 성립하더라도 $r - g$ 가 감소하면 불평등은 축소된다. 자세히 보면 그의 분석은 대체로 일정 범위에 드는 균제상태를 전제로 하기 때문에 극

---

35) 치린코(Chirinko, 2008) 참조. 한국의 경우에는 김성태 외(2011) 참조.

단으로 치닫지 않는다. 또 그도 강조하듯이 불평등이 어느 한 방향으로 확정적 추세를 갖는 것은 아니다. 그럼에도 불구하고 그의 책에서 군데군데 부등식 자체가 불평등을 확대하는 것처럼 서술된 것은 혼란을 불러일으킬 소지가 크다.

그런데 이보다 더 중요한 것은 자본/소득 비율(과 자본소득분배율)의 증가가 $r-g$를 상승시키는 메커니즘이 없거나 취약하다는 것이다. 그의 주장에 따르면 g의 하락은 β는 물론 $r-g$도 상승시킨다. 그러나 이론적으로 g가 하락할 때 r이 더 크게 하락하여 $r-g$가 하락할 가능성을 배제할 수 없다. 이것은 대단히 중요한 문제이다. 향후 성장률의 둔화가 $r-g$를 상승시켜 불평등이 현재보다 더 악화될 것이라는 예측이 그가 전하는 주요 메시지이기 때문이다. 물론 그는 18~19세기의 역사 자료를 구축함으로써 g가 0에 가까울 정도로 낮았던 당시에도 r이 꽤 높은 수준을 유지했다는 것을 보임으로써 예측에 설득력을 부여한다. 그러나 성장률 g가 인구 증가율과 기술진보율로 이루어져 있으므로 이를 외생변수로 간주한다 하더라도, r은 엄연히 내생변수이다. 이론적으로, g가 하락할 때 r이 g보다 적게 하락하는지 아니면 더 많이 하락하는지가 중요하다. 즉, g가 하락할 때 $r-g$는 증가하는가 아니면 하락하는가?

먼저 피케티가 제2법칙이라 부르는 관계에서 이 문제를 살펴보자: $r=\alpha/\beta$. 우선 저축률 s와 자본소득분배율 α가 주어져 있는 단순한 경제 모형부터 생각해보자. 즉, 소비함수는 케인스적 가정을 따르고 생산함수는, 예를 들어 코브-더글러스(Cobb-Douglas) 형태이다. 제1법칙과 결합하면 다음 관계식을 얻는다.

$$r = \frac{\alpha}{\beta} = \frac{\alpha}{s}g$$

$$r - g = \frac{\alpha - s}{s} g$$

동태적으로 효율적인 경제에서 $\alpha > s$ 이므로,[36] $r - g$는 g의 증가함수이다. 즉, g가 하락하면 $r - g$도 하락한다. 물론 제2법칙으로 대표되는 Harrod-Domar-Solow 모형에서는 효용함수가 없다. 시간선호율, 위험회피계수 등이 도입된 효용함수를 가정하는 Ramey-Cass 모형을 사용하더라도 대부분의 경우에 g가 하락할 때 r이 더 크게 하락하여 $r - g$는 감소한다. 즉, 소비의 측면에서 g가 하락할 때 $r - g$가 상승하는 관계를 이론적으로 합리화하기가 쉽지 않다.

그러면 생산 측면에서 보면 어떠한가? 피케티는 자본/소득비율(β)이 상승할 때 자본소득분배율(α)이 동반 상승하는 것을 1보다 큰 대체 탄력성(σ)으로 설명할 수 있다고 했다. 그러면 g가 하락하여 β가 상승할 때 $r - g$도 상승할 수 있을까? 이것 역시 1보다 큰 σ로 설명될 수 있을까? 가장 단순한 형태의 CES 생산함수를 가정해보자.

$$Y = \left[a K^{\frac{\sigma-1}{\sigma}} + (1-a) L^{\frac{\sigma-1}{\sigma}} \right]^{\frac{\sigma}{\sigma-1}}$$

$$r = a \beta^{-\frac{1}{\sigma}}, \ 균제상태에서 \ r = a \left(\frac{s}{g} \right)^{-\frac{1}{\sigma}}$$

우선 σ의 크기와 무관하게 '$g \downarrow \Rightarrow r \downarrow$'의 관계를 확인할 수 있다. 자본의 한계생산성이 하락하는 것은 대체 탄력성과 무관하다. 단, $\sigma \to \infty$일 때 r은 불변이며, 일반적으로는 σ가 클수록 r의 변화가 작다는 것을 확인할 수 있

---

36) 부등식 $\alpha > s$의 양변을 β로 나누면 $\alpha/\beta > s/\beta \Leftrightarrow r > g$.

<부표 2-12> 성장률 및 대체 탄력성에 대한 $r-g$의 민감도

g	α	r	$r-g$	α	β
0.04	0.75	5.77	1.77	17.33	300
0.03	0.75	3.93	0.93	15.74	400
0.02	0.75	2.29	0.29	13.75	600
0.01	0.75	0.90	-0.09	10.91	1200
0.04	1.00	8.33	4.33	25.00	300
0.03	1.00	6.25	3.25	25.00	400
0.02	1.00	4.16	2.16	25.00	600
0.01	1.00	2.08	1.08	25.00	1200
0.04	1.25	10.38	6.38	31.14	300
0.03	1.25	8.24	5.24	32.98	400
0.02	1.25	5.96	3.96	35.77	600
0.01	1.25	3.42	2.42	41.09	1200

주: 생산함수: $Y = [aK^{\frac{\sigma-1}{\sigma}} + (1-\alpha)L^{\frac{\sigma-1}{\sigma}}]^{\frac{\sigma}{\sigma-1}}$, α=0.25, s=0.12 가정.

다. 그러면 g가 하락하여 β가 상승하고 r이 하락하는 것은 자명한데, $r-g$는 어떻게 될 것인가? 이는 σ의 크기에 의존하는가? 간단한 시뮬레이션을 통해 σ, g, $r-g$ 간의 관계를 확인해보자. 앞서 *CES* 생산함수에서 대체 탄력성이 1을 기준으로 세 가지 값을 가진다고 가정한다(σ=0.75, 1, 1.25). 비교적 좁은 범위로 한정한 것은 현실적 가능성과 함께 피케티의 가설을 동시에 고려하기 때문이다. 저축률 s는 12%, 코브-더글러스 생산함수 기준(σ=1)의 분배 파라미터는 α=0.25로 가정했다.

<부표 2-12>을 보면, 우선 σ와 무관하게 g가 하락하여 β가 상승하면 r이 하락하는 것을 확인할 수 있다. 이보다 중요한 것은 r이 g보다 더 하락하여 $r-g$가 하락한다는 것이다. 이 부분은 피케티 이론의 허점이다. 즉, 생산

함수 접근으로는 β, σ, $r-g$ 간의 관계가 일관성 있게 설명되지 못한다. 이론적으로 1보다 큰 σ로 β와 α가 같은 방향으로 가는 것을 보일 수 있다 하더라도, β와 $r-g$가 같은 방향으로 움직이는 것까지 보이기는 어렵다. 물론 피케티의 역사 자료에서는 r이 상대적으로 안정적이기 때문에, 'g 하락, β 상승, $r-g$ 상승'이 동시에 관찰된다. 하지만 이것을 이론적으로 설명하기 어려운 것이다.

대체 탄력성으로는 'g 하락, β 상승, α 상승'만을 설명할 수 있다. 물론 이것도 대체 탄력성이 1보다 큰 경우로 제한된다. 대체 탄력성으로 기능적 소득분배에 접근하는 방식에는 기본적으로 한계가 있는지 모른다. 즉, 신고전파의 생산함수 접근으로는 피케티의 예측을 이론적으로 뒷받침하기 어렵다.

피케티는 다른 변수에 비해 r이 상대적으로 안정적 추세를 보인 것에 대해 이론적인 설명을 명확하고 충분하게 덧붙이지 못했다. 이 점에 대해서는 앞으로 계속 비판을 받을 것이다. 주류경제학자 및 경제전문가들은 대부분 피케티의 이러한 예측이 이론적으로 근거가 없거나 이론에 반하는 것이라고 비판한다[대표적으로 애쓰모글루(Acemoglu, 2014)가 있다]. 자본수익률이 성장률에 따라 오르내린다는 주장에는 타당성이 있고 대부분 그렇게 믿고 있다. 그러나 여기에도 문제가 있다. 표준적 동태이론인 Ramsey-Cass 모형이 맞다면 20세기 중반에 g가 높았을 때, r과 g의 격차는 실제 자료가 보여주는 것보다 더 확대되었어야 한다. 실제로는 그렇지 않았고 오히려 격차가 좁혀졌다. 이것은 어떻게 설명할 것인가? 주류경제학도 제대로 설명 못하기는 마찬가지이다.

피케티는 이러한 이론적 난점에도 불구하고 역사 자료가 보여주는 모습을 통해 확신을 갖고 있는 듯하다. 앞으로 성장률이 둔화될 것을 전망하면서도 여전히 $r=4\sim5\%$의 시나리오를 밀고 나간다. 만약 그가 정통 정치경제학자이거나 케인스주의자라면 아마도 독점 및 불완전 경쟁의 문제를 제기했을 것이다. 분명한 것은 그가 여기에 무게를 두지 않는다는 점이다. 그렇다면 무엇을 주장하는 것인가? 물론 그는 정치와 제도의 중요성을 자주 언급하는 동시에 한계생산력설과 같은 주류경제학의 핵심 명제에 회의를 드러내기도 하지만, 그 대안으로서 일관되고 체계적인 이론을 제시하지는 못하고 있다. 역사적으로 r(자본수익률 또는 이윤율)이 비교적 안정적인 모습을 보이면서 어느 선 이하로 잘 내려가지 않는 것은 왜 그런가? 이는 피케티뿐만 아니라 주류경제학과 정치경제학 모두의 숙제로 여전히 남는다.

참고문헌

김낙년. 2013. 『한국의 소득분배』. 낙성대경제연구소. WP2013-06.

김낙년·김종일. 2014. 「Top Incomes in Korea, 1933~2010」. 낙성대경제연구소. WP-2014-03.

김성태 외. 2011. 「한국의 산업별 생산의 대체 탄력성 추정」. ≪응용경제≫, 제13권 제3호.

류동민. 2014. 「마르크스 이후의 피케티 혹은 피케티 이후의 마르크스?」. ≪마르크스주의연구≫, 제11권 제3호.

맥킨지. 2013. 「맥킨지 제2차 한국 보고서: 신 성장공식」. McKinsey Global Institute.

유종일. 2014. 「자본주의와 불평등: 토마 피케티의 '21세기 자본'에 대하여」. ≪사회경제평론≫, 제44호, 221~234쪽.

장하성. 2014. 『한국 자본주의: 경제민주화를 넘어 정의로운 경제로』. 헤이북스.

주상영. 2013. 「노동소득분배율 변동이 내수에 미치는 영향」. ≪경제발전연구≫, 제19권 2호, 151~182쪽.

_____. 2014. 『한국 경제의 피케티 비율과 주요 쟁점』. SIES. WP2014-330.

주상영·전수민. 2014. 「노동소득분배율의 측정: 한국에 적합한 대안의 모색」. ≪사회경제평론≫, 제43호.

통계청·한국은행·금융감독원. 2013. 「가계금융복지조사」.

한국은행. 2007. 「한국의 자금순환계정」.

_____. 2014. 「국민대차대조표 공동 개발 결과: 잠정」(2014.5).

홍장표. 2014. 「한국의 노동소득분배율 변동이 총수요에 미치는 영향: 임금주도 성장모델의 적용 가능성」. ≪사회경제평론≫, 제43호, 101~138쪽.

≪한겨레≫. 2014.10.8. "상위 1%, 배당소득의 72% 가져갔다".

Acemoglu, D. and J. A. Robinson. 2014. "The Rise and Fall of General Laws of Capitalism." manuscript.

Burman, L., Rohaly, J and Shiller, R. 2006. "The Rising-Tide Tax System: Indexing (at Least Partially) for Changes in Inequality." *The Institute for the Study of Labor. Discussion Paper*, No.7520.

Chirinko, R. S. 2008. "Sigma: The Long and Short of It." *Journal of Macroeconomics*, Vol.30, pp. 671~686.

Gollin, D. 2002. "Getting Income Shares Right." *Journal of Political Economy*, Vol.100, No.2, pp. 458~474.

Johnson, G. 1954. "The Functional Distribution of Income in the United States, 1850~1952." *The Review of Economics and Statistics*, Vol.35, No.2, pp. 175~182.

Karabarbounis, L. and B. Neiman. 2014. "The Global Decline of Labor Share." *Quarterly Journal of Economics*, Vol.129, No.1, pp. 61~103.

Krueger, A. 1999. "Measuring Labor's Share." *American Economic Review Papers and Proceedings*, Vol.89, No.2, pp. 45~51.

Kuznets, S. 1955, "Economic Growth and Economic Inequality." *American Economic Review*, Vol.45, pp. 1~28.

Ostroy, J. D., Berg, A. G. and Tsangarides, C. G. 2014. "Redistribution, Inequality, and Growth." *IMF Staff Discussion Note*.

Piketty, T. 2011. "On the Long-Run Evolution of Inheritance: France 1820~2050." *Quarterly Journal of Economics*, Vol.126, pp. 1071~1131.

_____. 2014. *Capital in the Twenty-First Century*. The Belknap Press of Harvard University Press.

Piketty, T. and Saez, E. 2014. "Inequality in the Long Run, Science." Vol.344, Issue.6186, pp. 838~843.

Piketty, T. and Zucman, G. 2014. "Capital is Back: Welath-Income Ratios in Rich Countries 1970~2010." *Quarterly Journal of Economics*, Vol.129, pp. 1155~1210.

_____, 2015. "Wealth and Inheritance in the Long Run." *Handbook of Income Distribution*, Vol.2B, chapter 15, pp. 1303~1368.

제3장

한국 경제의 저탄소화와 재정정책의 역할
에너지세제와 전력요금을 중심으로

조영탁 | 한밭대학교 경제학과 교수

1. 머리말

대기업 중심의 수출주도형 한국 경제가 세계 경기침체와 낙수효과의 부진으로 고용 없는 성장과 분배 양극화에서 헤어나지 못하고 있다. 설상가상으로 국제적으로 지구온난화를 방지하기 위한 온실가스 감축 논의가 진행되고 있고, 한국 경제 역시 2020년 감축 목표[2020년 배출전망(BAU) 대비 30% 감축] 및 이후 적용될 신기후체제(post-2020)의 감축 목표(Intended Nationally Determined Contribution: INDC)와 관련해 어떤 형태로든 온실가스 감축 문제를 피해갈 수 없게 되었다. 이러한 상황에서 한국 경제가 온실가스를 줄이면서 성장과 분배 문제를 해결하기 위해서는 새로운 패러다임, 즉 지속가능한 발전 패러다임을 모색할 필요가 있다.[1]

---

1) 이명박 정부가 새로운 패러다임으로 성장과 환경 간의 선순환을 지향하는 '저탄소녹색성 장'을 선언했지만, 주지하는 바와 같이 내용상 원전과 4대강 사업 등 오히려 반환경적인 것이 많았고, 이에 대한 사회적 평가도 어느 정도 이루어진 바 있다[찬반을 둘러싼 각 입장

이른바 생태경제학에 입각한 지속가능한 발전론은 온실가스 감축 등 환경문제에 대해서 단순히 시장실패의 정정을 통한 자원의 최적 배분이라는 미시경제학의 문제(주류경제학의 관점)를 넘어 거시경제학의 문제, 즉 '자원흐름(throughput) 모형'에 입각한 거시경제의 새로운 발전 패러다임 차원으로 접근하고 있다. 이는 고탄소·고위험의 에너지를 저탄소·안전한 에너지로, 일방통행식 물질사용 방식을 물질순환형 구조로 전환하면서 성장과 분배 형평성도 함께 도모하는 지향점을 지니고 있다.[2]

'감량화 전략(혹은 탈물질화, dematerialization)'은 이러한 자원흐름 모형의 전략 중의 하나로서 획기적인 자원 생산성 제고를 통해 거시경제의 자원흐름을 줄이면서 경제성장을 지속하고 분배 형평성도 도모하는 것을 말한다('절대적 감량화'와 '상대적 감량화').[3] 그리고 이를 달성하기 위한 수단 중 하나로

에 대한 평가는 조영탁(2009) 참조. 한편 최근 포스트 케인지언 이론에 입각한 '소득주도 성장론'이 분배 개선에 치중한 새로운 패러다임을 제기한 바 있다. 이는 당면한 최우선 과제로서 분배 개선의 중요성을 강조한다는 점에서 저탄소 녹색성장보다 시의적절하고 진일보한 내용을 담고 있다. 하지만 '소득주도 성장론'은 21세기 세계 경제의 핵심 문제라고 할 수 있는 온실가스 감축 등 환경문제를 고려하지 않고 있으며, 사용한 거시계량모형의 성격상 중단기적인 분배 개선과 내수 확대 정책으로서 의미가 있으나 중장기적이고 지속가능한 발전 모형으로 보기는 어렵다. '소득주도 성장론'과 '지속가능한 발전론' 간의 이러한 차이는 각각이 중시하는 문제나 포괄 시기 차이에도 기인하지만 그보다 거시경제를 파악하는 관점, 즉 케인지언의 '소득순환 모형'과 생태경제학의 '자원흐름 모형' 간의 차이에 기인하는 바가 더 크다(조영탁, 2009, 2013 참조).

2) 이러한 지향이 조작적인 정책모형으로 발전하기 위해서는 국민경제의 자원흐름을 일관된 방식으로 편제한 통계자료와 이에 입각한 실물, 화폐, 자원/환경을 포괄하는 '생태거시경제모형'이 구축되어야 한다. 아직 초기 단계지만 최근 이와 관련한 구체적인 연구들이 진행되고 있는데, 초기 정태적 산업연관분석(IO)에 입각한 환경문제 분석을 제외한다면, 최근의 경제모형('루카스 비판'의 대응)의 응용으로서 거시경제이론(새 케인지언)에 입각한 동태확률 일반균형모형(DSGE) 흐름과 일반균형이론(왈라스)에 입각한 연산가능 일반균형모형(CGE) 흐름이 있다. 한편, 경제모형의 방법론과는 다소 구별되는 흐름으로 생태경제학이 중시하는 피드백 및 복잡계 이론에 입각한 시스템 다이내믹스(SD) 흐름이 있다. 이들 흐름에 대한 상세한 비교는 차후의 과제로 한다.

서 환경에 부담을 주는 자원(에너지와 물질)에 과세하고, 그 과정에서 확보한 수입으로 자원 절약적 기술혁신(R&D)과 고용촉진·분배형평을 도모하는 방안, 즉 '생산적 활동에 대한 과세(tax on goods = tax on value added)'를 축소하고, 그 대신 '자연자원에 대한 과세(tax on bads = tax on that to which value is added)'를 증가시키는 재정 전략이 거론되고 있다(Daly and Farley, 2006).[4]

이 과정은 결국 재정상 세입과 세출을 수반하는 것이기 때문에, 지속가능한 발전 패러다임에서의 재정정책은 전통적인 역할과 과제에 더하여 거시경제의 자원흐름을 변화시키는 수단, 즉 '거시경제의 패러다임 전환수단'이라는 의미를 지니게 된다.[5] 최근 온실가스 감축과 관련해 부각되고 있는 탄소

---

3) 감량화는 거시경제의 자원흐름의 절대 크기 자체를 줄이는 '절대적 감량화'와 자원흐름의 절대 크기는 증가하더라도 GDP 증가율보다 낮게 증가하는 '상대적 감량화'로 구분된다. 대체로 선진국은 전자 그리고 개도국은 후자의 방안이 적용되는 것이 일반적이다. 감량화 전략에 대한 상세한 소개는 조영탁(2013) 참조.

4) 이 원칙은 에너지 과세 수입을 반드시 여기서 언급한 지출에만 사용해야 한다는 목적세 방식을 의미하는 것이라기보다 에너지 과세에 의한 '재정 여력(fiscal space)의 확대'와 '세 수지출의 방향성'을 지칭하는 것이다. 한편 이 원칙은 지속가능한 발전을 위해서는 에너 지정책이나 분배 개선만이 아니라 산업정책 및 관련 R&D 전략 역시 매우 중요함을 시사한다.

5) 이와 관련하여 더 면밀한 이론 정립이 필요하지만 몇 가지 요소만 나열하면 우선, 이 글이 말하는 재정정책은 변동환율제의 먼델-플레밍 모형(Mundell-Fleming Model)이 언급하는 재정정책과 차원이 다소 다름에 유의할 필요가 있다. 후자는 재정정책을 단순히 '경기 자극 수단'으로 보는 것에 비해, 전자는 거시경제의 자원흐름을 변화시키기 위한 '패러다임 전환 수단'으로 보기 때문이다. 예를 들어 재정지출 확대가 구축효과를 통해 총수요의 구성만 변화시킨다고 하더라도 과세 및 지출이 자원 다소비형 수요를 구축하고 자원 절약형 수요를 창출한다면 지속가능한 발전의 입장에서는 그 자체로도 의미가 있기 때문이다. 또한 재정정책이 자원흐름의 전환을 위한 과세나 지출의 '타기팅(targeting)'이 가능하다는 점도 화폐금융정책과 구별되는 장점이라고 할 수 있다. 한편, 재정정책의 새로운 역할을 강조한다고 해서 무조건 큰 정부를 지지하는 것은 아니다. 우선 재정지출이 자원 과세를 통한 재원 확보를 전제로 하는 경우[페이고(pay-go) 원칙] 케인지언류의 재량적인 재정정 책과 다르며, 조세부담률이 높은 나라에서는 자원 과세에 상응하는 소득세 삭감 등이 병행되기도 한다(일부 유럽국가의 탄소세 도입과 소득세 환류). 또한 정부의 크기는 세수의

세나 배출권거래제가 바로 이러한 범주에 속하며, OECD 주요 국가에서 재정의 환경세 개혁(Environmental Tax Reform: ETR)이 강조되는 것도 이와 무관하지 않다.

이 글은 이러한 이론적 지향과 재정정책의 새로운 역할이라는 문제의식하에서 한국 경제의 에너지 감량화(상대적 감량화), 즉 한국 경제의 저탄소화를 전력문제 중심으로 진단하고, 우리 현실에 부합하는 저탄소 재정전략으로서 에너지세제 및 요금 운용 방향을 제안하고자 한다. 그리고 그 조치의 첫 단계로 한국 경제의 에너지가격 구조 왜곡도 개선하고 최근 논란이 되고 있는 세수 부족도 해결하는 발전용 연료의 증세 시나리오를 제시한다.

이 글이 자원 과세의 대상으로서 에너지 특히 전력에 주목하고 에너지세제와 요금 운용 문제에 초점을 두는 이유는 다음과 같다. 우선, 이산화탄소 배출량이 감소하거나 횡보하는 다른 OECD 국가와 달리 한국 경제의 이산화탄소 배출이 급증하고 있다. 그 주된 요인은 바로 거의 개도국 수준의 증가율을 보이고 있는 전력소비의 증가에 있으며, 이런 측면에서 한국 경제의 저탄소 문제는 곧 전력문제라고 해도 과언이 아니다. 물론 제조업 중심의 경제구조에서 전력소비가 증가하는 것을 무조건 문제라고 매도하기는 어렵다. 하지만 전력 등 에너지 소비 증가에 따른 한국 경제의 생산성이 계속 횡보 내지하락 추세를 보이는 것은 온실가스 감축 문제(즉, 상대적 감량화)를 넘어서 한국 경제의 선진화의 측면에서도 바람직하지 않다. 한국 경제의 저탄소 문제와 관련하여 전력소비와 전력생산성 문제에 주목해야 할 이유도 바로 여기에

크기에 따라 판별할 수도 있지만 규제의 정도 역시 중요한 요인이다(이준구, 2011). 이후 서술하는 것과 같이 이 글이 주된 대상으로 삼는 전력분야에 국한해볼 때 한국은 전력 관련 세금은 매우 작게 걷는 지극히 작은 정부지만 요금 규제의 측면에서는 '큰 정부'를 넘어 거의 '사회주의'에 가까운 정부이다.

있다.

한편, 이러한 추세의 원인은 다른 OECD 국가에서는 찾아볼 수 없는 한국 경제의 독특한 에너지가격 구조, 즉 저렴한 전력요금과 이로 인해 발생하는 전력과 석유-가스(이하 비전력) 간의 상대가격 왜곡과 무관하지 않다. 그리고 그 이면에 바로 한국 에너지세제와 전력요금이라는 재정 운용이 작용하고 있다. 따라서 한국의 저탄소화 문제를 대부분의 환경세 연구들이 주장하듯이 탄소세 및 배출권거래제 도입으로만 접근할 경우, 오히려 이산화탄소 배출을 촉발하는 이른바 '탄소세의 역설'을 유발하게 된다(조영탁, 2007, 2013).

따라서 한국 경제의 저탄소 문제를 다루기 위해서는 탄소세 도입 등과 같은 일반론이 아니라 한국 경제의 전력 다소비 구조와 이를 촉발한 에너지세제와 요금 문제에서 출발할 필요가 있다. 이 글이 한국 경제의 저탄소화 문제를 전력 측면에 중점을 두고 에너지세제와 요금 운용으로 접근하려는 이유도 바로 여기에 있다.

이 글의 순서는 다음과 같다. 우선 한국 경제의 에너지 및 전력생산성을 주요 OECD 국가와 비교하면서 최근 고유가하에서 한국의 관련 지표가 오히려 악화되는 경향에 주목하고 그 주된 원인으로 '에너지가격 구조(전력요금의 절대적 저위와 상대가격 왜곡)' 문제를 지적한다(제2절).[6] 그리고 이러한 에너지가격 구조의 이면에는 에너지의 관점이 결여된 채 세수확보와 물가 안정에만 치중하는 세제 및 요금정책이 작용하고 있음을 분석한다(제3절). 이러한 진단에 입각하여 한국경제의 온실가스 감축을 도모하면서 전력요금 등 에너지가격 구조를 개선하여 성장과 분배 개선을 위한 재정 여력을 확보할 수 있는 세제 개편 및 과세 시나리오를 제안한다(제4절). 이러한 분석을 통해 한국 경제

---

6) 제2절의 에너지 관련 생산성 논의는 기존 연구문헌을 재정리하는 수준으로 진행한다. 한국 경제 전반의 에너지 생산성 문제에 대한 최근의 연구로는 이성인(2011, 2012) 등이 있다.

의 저탄소화를 위해서는 단순히 탄소세나 배출권거래제 도입과는 구별되는 별도의 재정전략이 필요하다는 점을 강조한다.

2. 한국 경제의 에너지 관련 생산성지표의 추세와 진단

1) 주요 국가의 에너지 관련 생산성 비교

만일, 한국 경제가 성장을 지속하면서 '절대적 감량화' 방식의 저탄소 경제를 구현하려면 에너지 소비의 절대량이 감소하고 에너지 생산성은 획기적으로 증가해야 한다.[7] 하지만 한국 경제의 에너지 소비량은 지난 10년간 OECD 주요 국가와는 아주 다른 양상을 보이고 있다(<그림 3-1> 참고). 주요 국가들의 에너지 소비량은 지난 10년간 횡보 혹은 감소 추세인 것에 비해 한국은 에너지 소비량 자체가 계속 증가하고 있다. 이런 측면에서 한국 경제는 이른바 '절대적 감량화'에 의한 저탄소 경제를 구현하지 못하고 있다.[8] 하지

---

[7] 에너지 문제와 관련해 흔히 에너지 원단위라는 용어가 사용되지만 이 글에서는 경제학에 익숙한 생산성 개념을 사용하기 위해 에너지 원단위의 역수인 에너지 생산성(부가가치 기준) 지표를 사용한다. 그리고 한국 경제와 비교 대상이 되는 OECD 국가는 아시아, 유럽, 미주 지역 안에서 일본, 독일 및 프랑스, 미국을 각각 선정했다. 일본은 에너지 여건이나 산업구조상 한국과 가장 유사하며, 독일은 유럽 제1의 제조업 국가라는 점, 프랑스는 현재 정부가 선호하는 원자력 비중이 높다는 점, 미국은 미주지역의 대표나라로서 선정했다. 이 가운데 에너지 여건이나 산업구조가 한국과 매우 흡사하다는 점에서 일본이 가장 유의미한 비교 대상이다.

[8] 물론 에너지 다소비 제품을 자체 생산하기보다 수입하고 있는 상황을 감안한다면 에너지 소비량의 증감 여부 자체가 국민경제의 저탄소 여부를 판별할 수 있는 절대적 기준은 아니다. 하지만 해당 제품의 수출을 통해 경제성장을 추구한다는 점에서 탄소 배출에 대한 책임을 면하기는 어렵다.

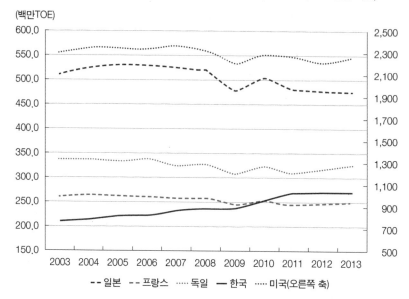

〈그림 3-1〉 OECD 주요 국가별 1차 에너지 소비 추이(GDP/TOE, PPP 환율 기준)

(백만TOE)

-- 일본 -- 프랑스 ····· 독일 ── 한국 ····· 미국(오른쪽 축)

자료: 국가통계포털.

만 단기간 내에 산업 및 경제구조를 바꿀 수 없기 때문에 저탄소화를 위한 차
선책은 '상대적 감량화', 즉 부가가치당 에너지 소비량을 줄이는 에너지 생
산성 증대(즉, 에너지 원단위의 감소)이다.

<그림 3-2>는 주요 국가의 에너지 생산성 추이를 표시한 것으로 한국 경
제의 에너지 생산성은 OECD 평균의 70%이며, 독일 및 일본의 거의 절반 수
준으로 매우 낮다.[9] 장기 추세 역시 대부분의 국가가 1990년 이후부터 최근

9) 에너지 생산성은 에너지의 물적 단위와 경제활동의 부가가치가 결합된 지표이기 때문에
국민경제 간 비교에서 해석상 여러 가지 한계(산업구조 및 생산성 차이, 기후 여건과 소비
관습의 차이, 환율 평가 문제)가 따른다. 이 가운데 환율 문제를 최소화하기 위해서 주로
PPP(구매력 평가) 환율을 사용하는 경우가 많다. 이 글에서도 PPP 환율에 의한 수치를 사
용하며 국가 간 에너지 생산성 비교 자체보다는 각 국가별 추세 변화에 더 주목하고자 한

〈그림 3-2〉 OECD 주요 국가별 에너지 생산성 추이(2005년 불변가격, PPP 환율 기준)

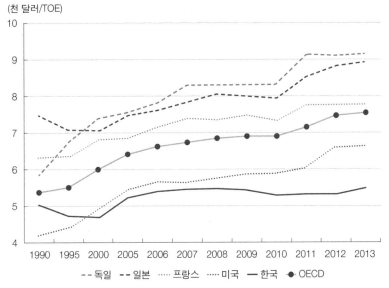

자료: IEA(2014a).

까지 개선 추세이며, 특히 2000년대 후반 고유가 이후에 에너지 생산성이 더 빠르게 개선되는 것으로 나타난다. 이와 대조적으로 한국은 1990년대에 에너지 생산성이 하락했다가 2000년대 들어 다소 개선 추세를 보였으나 2000년대 후반 고유가 이후에는 다시 하락하는 것으로 나타난다. 1990년대 초반에 한국의 에너지 생산성은 OECD 평균과 유사했으나 이후 OECD 평균이 거의 40% 이상 개선된 것에 비해 한국은 계속 횡보 추세를 보이고 있다. 물론 이는 1990년대 이후부터 지속된 저유가 기조를 활용한 에너지 다소비형 성장전략의 결과로 당시로서는 시의적절한 선택이었다고 볼 수 있다. 하지만 이후 설명하는 바와 같이 국제 에너지 패러다임 및 관련 산업의 변화, 중국

다. 참고로 일반 환율을 사용하면 다른 나라와 비교한 한국 경제의 에너지 생산성 격차는 PPP 환율 기준보다 더 벌어진다.

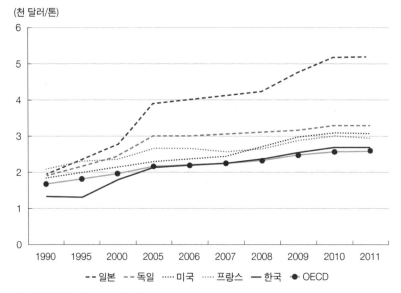

〈그림 3-3〉 OECD 주요 국가별 물질생산성 추이(2005년 불변가격, PPP 환율 기준)

(천 달러/톤)

-- 일본 -- 독일 ······ 미국 ······ 프랑스 — 한국 ●OECD

자료: OECD(http://stats.oecd.org).

경제의 부상하에서 이러한 성장전략이 계속 유효한지는 생각해볼 문제다.

　한편 한국의 에너지 생산성 추이는 국민경제의 자원생산성의 다른 한축을 형성하는 물질(=비에너지)생산성과 다소 대조적인데 <그림 3-3>은 이를 나타낸 것이다. 주어진 통계 자체가 단순한 추정치에 지나지 않는다는 한계는 있지만 에너지 생산성에 비해서 한국 경제의 물질생산성(GDP/DMC, PPP 환율 기준)이 아주 나쁘지는 않으며 장기적인 추세도 다소 개선되는 모습을 보이고 있다. 일단 통계수치상 한계를 무시한다면 한국 경제의 경우 물질생산성보다 에너지 생산성이 더 큰 문제이며 이에 대한 개선이 더 시급하다고 할 수 있다.[10]

10) 그렇다고 한국 경제가 물질생산성 개선에 소홀히 해도 된다는 것은 아니다. 더구나 현재 수치는 추정치이기 때문에 신뢰성에 다소 문제가 있으며, 특히 한국 경제의 국내물질소비

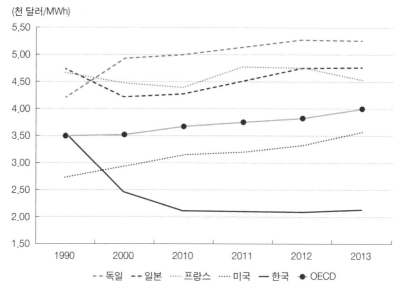

〈그림 3-4〉 OECD 주요 국가별 전력생산성 추이(2005년 불변가격)

자료: IEA(2014a).

한편, 전력에 국한해 한국과 OECD 주요 국가를 비교한 것이 바로 <그림 3-4>이다. 한국의 전력생산성 역시 앞의 에너지 생산성 비교와 비슷한 특징과 추세를 보이고 있다. 다만 에너지 생산성의 경우 약간의 등락을 반복하면서 횡보했던 것에 비해 전력생산성은 1990년 이후부터 최근까지 약 20년 동안 지속적으로 하락하고 있다.[11] 이는 한국 경제의 전력소비가 GDP보다 훨씬 빠른 속도로 증가하면서 전력생산성이 지속적으로 악화되었음을 의미한

(DMC)는 4대강 사업으로 인해 많이 증가했을 것으로 판단된다. DMC 등 국민경제의 자원흐름과 관련된 개념과 용어에 대해서는 최정수·김종호(2004), 조영탁·최정수(2006)를, 한국 경제의 관련 통계자료와 추이에 대해서는 김종호(2008) 및 조영탁(2013)을 참고할 수 있다.

11) 수치상 2013년에는 전력생산성이 미미하게 증가하지만 이것이 추세의 반전인지 여부는 좀 더 지켜볼 필요가 있다.

〈그림 3-5〉 한국 온실가스 배출 추이와 전환부문의 비율

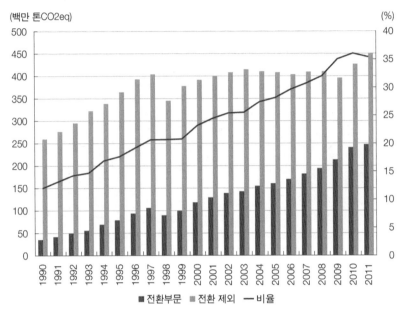

자료: 온실가스 종합정보센터(각 연도).

다. 이는 OECD 평균 및 일본, 독일, 미국의 개선 추세와도 대조적이다.[12]

한국 경제의 에너지 소비량 자체가 증가 추세이고 전력소비량 또한 급증하고 있다는 것은 그만큼 이산화탄소 배출량이 급속하게 증가하고 있음을 의미한다. <그림 3-5>는 1990년 이후 한국의 온실가스 배출량을 전환부문(인벤토리상 에너지산업 부문의 '전기 및 열 생산')과 전환부문을 제외한 나머지 배출량(이하 '전환 제외') 그리고 총배출량(토지이용 및 토지이용변경에 따른 온실

---

12) 다만 프랑스의 경우 최근 전력생산성이 하락하고 있는데 이에 대한 추가적인 분석이 필요하나 프랑스가 높은 원전 비중으로 인해 다른 유럽국가에 비해 전력이 상대적으로 저렴하다는 점을 고려하면 이후 서술하는 바와 같이 한국과 유사하게 고유가로 인해 비효율적인 에너지 전력화 현상이 발생했을 가능성이 있다.

가스배출(LULUCF) 제외]에서 전환부문이 차지하는 비율을 각각 나타낸 것이다.[13]

우선 1990년 이후부터 2011년까지 한국의 총배출량은 135% 증가했는데 전환 제외 부문은 73% 증가한 것에 비해 전환부문은 588% 증가했다. 그 결과 총배출량에서 전환부문이 차지하는 비율이 1990년 12.1%에서 2011년 35.5%로 3배 증가했다. 특히 전환 제외는 1990년대 후반 이후 횡보 추세이나 전환부문은 1990년대 후반 이후로 지속적으로 증가하고 있으며, 유가가 40달러 넘어선 2005년 이후 증가세가 두드러지다가 유가가 140달러에 도달한 2008년 이후 10%를 넘어 급속하게 증가한다. 즉, 한국 경제의 이산화탄소 배출은 전환부문인 전력이 주도하고 있으며, 다른 나라와 달리 고유가 기조에서도 오히려 급증하는 매우 특이한 모습을 보이고 있다.[14] 앞에서 서술한 바와 같이 한국 경제의 저탄소 문제는 곧 전력문제인 셈이다.

낮은 에너지 및 전력생산성하에서의 온실가스 배출 급증은 곧 탄소 1톤당 부가가치인 탄소생산성이 다른 나라에 비해 매우 낮음을 의미한다. <그림 3-6>은 이를 표시한 것으로 한국 경제의 탄소생산성 역시 OECD 평균보다 낮은 수준에서 횡보하고 있으며, 고유가 이후에 오히려 하락하는 모습을 보이고 있다. 이와 대조적으로 원전 중심의 프랑스를 제외한다면 대부분 국가들의 탄소생산성은 점진적인 개선 추세를 보이고 있다.[15] 더구나 일본과 미

---

13) 전환부문이 모두 전력인 것은 아니지만 그 비중이 압도적이며 추세 역시 전력에 의해 좌우되기 때문에 전환부문을 전력으로 봐도 무방하다.

14) 이러한 특이성은 이후 서술하는 바와 같이 한국에서 전력의 상대가격이 왜곡된 데 기인하는 측면이 있다.

15) 프랑스가 이례적으로 탄소생산성에 두각을 나타내고 있는 것은 다른 국가들에 비해 제조업 비중이 상대적으로 낮다는 점도 있지만 전력생산의 70% 이상을 원자력에 의존하는 점이 주된 요인이다. 하지만 원자력의 방사성 폐기물과 안전성 측면에서 원자력에 의한 탄소생산성 우위는 바람직한 저탄소 경제라고 보기 어렵고, 후쿠시마 원전사고 이후 프랑스

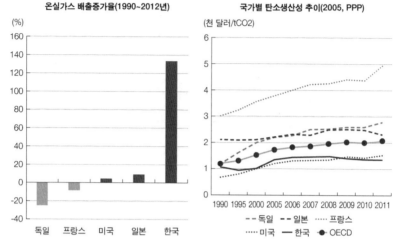

〈그림 3-6〉 OECD 주요 국가의 온실가스 배출증가율과 탄소생산성 추이

온실가스 배출증가율(1990~2012년)

국가별 탄소생산성 추이(2005, PPP)

자료: 온실가스 종합정보센터(각 연도), OECD.

국은 1990년 이후 온실가스 배출량이 한자리 수의 증가율에 그치고 있으며 독일은 오히려 20%의 감소율을 보이고 있다. 독일과 일본의 경우 제조업 국가이면서도 에너지 소비량 및 이산화탄소 배출량을 줄이거나 거의 증가시키지 않고 생산성 제고를 통해 경제성장을 지속한 것은 한국에 시사하는 바가 매우 크다.

2) 한국 경제의 에너지 관련 생산성 진단: '에너지 다소비 산업구조'와 '에너지가격 구조'

이렇게 한국 경제의 에너지 관련 생산성지표가 오랜 기간 거의 개선되지

역시 원전의 비중을 줄이는 방향으로 선회하고 있다. 한편, 일본의 탄소생산성이 최근 하락한 것은 후쿠시마 원전사고로 인한 화력발전의 대체가동에 기인한다.

않고 2000년대 후반 고유가 이후에 오히려 다소 악화되는 경향을 보이는 것은 크게 두 가지의 요인, '에너지 다소비 산업구조'와 '에너지가격 구조'에 기인하는 것으로 판단된다.

우선, 주지하는 바와 같이 한국 경제가 다른 OECD 국가들에 비해 제조업은 물론 에너지 다소비 산업이 국민경제에서 차지하는 비중이 높다. 하지만 에너지 소비 증가의 '요인분해분석'을 수행한 연구들에 따르면 에너지 다소비 산업구조하에서도 2000년대에 들어 구조 효과나 원단위 효과는 다소 개선의 기미를 보여왔다.[16] 하지만 2000년대 후반 이후 고유가하에서 이들 요인이 오히려 악화되는 것으로 나타났다. 추후 연구가 필요하기는 하나 이는 저부가가치의 에너지 다소비업종의 호조와 이들 산업의 전력소비 증가가 주요 원인일 것으로 추측된다. 최근 온실가스 배출의 요인분해분석 결과도 이를 간접적으로 시사하고 있는데, 이에 따르면 2000년대 후반 이후 에너지 다소비 산업의 에너지 생산성이 악화되고 있으며, 일부 제조업에서 열에너지가 에너지 손실 및 이산화탄소 추가 배출을 유발하는 전력으로 대체된 것을 그 원인 중 하나로 꼽고 있다(노동운, 2013).[17]

문제는 이러한 '에너지 다소비 산업구조'가 온실가스 문제를 넘어 향후 한국 경제에 미칠 영향이다. 21세기 들어 진행되고 있는 세계 에너지 패러다임 및 관련 산업의 변화가 온실가스 감축은 물론 한국 경제의 성장에도 불리하게 작용할 가능성이 높기 때문이다. 애초의 우려와 달리 2000년대 후반 고유

---

16) 요인분해분석은 분석목적에 따라 분해인자를 다양하게 설정하는데 주로 생산효과, 구조효과, 집약도효과라는 요인으로 분해하는 것이 일반적이다. 한국의 경우 생산효과는 지속적으로 소비 증가를 유발했지만 나머지 두 가지 요인은 2000년대 들어 다소 개선되는 결과를 보였다.

17) 비교적 최근의 에너지 소비 및 온실가스 배출의 '요인분해분석'으로 김수이·정경화(2010), 김수이·김현석(2011), 이성인(2012), 박정욱·김수이(2013), 노동운(2013) 등이 있다.

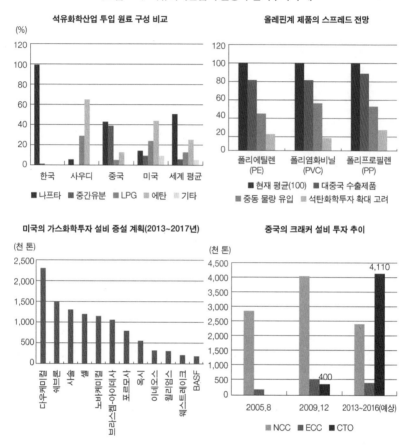

〈그림 3-7〉 석유화학산업의 전망과 설비투자 추세

석유화학산업 투입 원료 구성 비교

올레핀계 제품의 스프레드 전망

미국의 가스화학투자 설비 증설 계획(2013~2017년)

중국의 크래커 설비 투자 추이

자료: 하나금융경영연구소(2012), 메리츠증권(2014).

가에도 불구하고 한국 에너지 다소비 산업 특히 전력 다소비 산업인 석유화
학 및 철강산업 등이 호조를 보였던 것은 중국 경제의 해당 산업의 설비 부족
등으로 인해 한국 제품에 대한 수요가 급증했기 때문이다.[18] 하지만 중국 및

18) 오형나(2011)는 에너지 다소비 산업구조의 한국 경제가 최근 수년간 지속된 고유가하에
   서 생각만큼 충격을 받지 않은 것은 당시 에너지 다소비 산업 자체의 활황에 기인하는 바

세계 경기가 다시 활성화되더라도 한국의 에너지 다소비 산업이 2000년대 후반과 같은 활황을 맞이하기는 어려울 것으로 전망된다.

최근 중국이나 미국 등 전 세계적으로 화학산업에 대한 투자가 대폭 증가하고 화학산업의 투입 원료(feedstock) 변화(석유기반 → 가스 및 석탄 기반)가 수반되면서 장기적으로 나프타에 기초한 한국의 석유화학산업(NCC)에 적지 않은 부담을 줄 가능성이 높다(<그림 3-7> 참고). 특히 올레핀계의 경우 중국의 석탄화학투자(CTO), 미국 및 중동의 저렴한 천연가스에 기초한 가스화학투자(ECC) 등으로 인해 2010년대 후반으로 가면 관련 제품의 마진이 크게 축소될 것으로 보인다.[19] 철강 역시 전 세계적인 과잉 설비로 인해 업황이 어려울 뿐만 아니라 중국의 8000만 톤 설비 축소(2018년) 이후에도 설비 과잉으로 경쟁이 치열할 것으로 전망되며, 지속적으로 중국의 저가 제품이 국내 시장을 위협할 것으로 전망된다.

만일 이와 같은 전망이 실현된다면 이들 산업제품의 부가가치는 지금보다 현저히 축소되어 한국 경제의 에너지 생산성 및 탄소생산성에 악영향은 물론 산업 자체의 생존 문제까지 유발할 가능성이 높다. 이는 1990년대 저유가 기조 이후 에너지 다소비 산업구조에 기초한 성장전략이 이산화탄소 감축은 물론 성장전략의 측면에서도 점차 한계에 직면하고 있음을 의미한다.[20]

이러한 상황에서 한국 경제가 성장을 지속하고 에너지 및 탄소생산성을

가 큰 것으로 분석하고 있다.

19) 물론 중국과 미국의 설비투자가 실현되는 과도기에 나프타 기반의 제품(에틸렌 등)들이 호조를 보일 가능성이 있다. 하지만 2010년대 후반 이후의 상황을 장담하기 어렵기 때문에 과도기를 이용하여 사업다각화를 모색할 필요가 있다.

20) 이러한 성장전략의 한계는 전력산업 내부에 그대로 투영되어 나타나고 있는데 '산업용 수요 급증(수요) + 대규모 원전 및 석탄 확대(발전) + 장거리 송전망 갈등(송전)'의 패러다임 한계가 바로 그것이다.

높이기 위해서는 새로운 산업전략, 즉 해외진출(수출시장 혹은 가스생산지)이나 고부가가치의 스페셜티 제품으로 전환 등 사업다각화가 필요하며, 중장기적으로 에너지 소비와 이산화탄소 배출을 동시에 줄일 수 있는 신소재와 친환경화학산업(바이오화학)으로의 전환이 요구된다. 제철산업 역시 중국의 저가 제품의 공세를 이겨낼 수 있는 고부가가치화로의 전환이 필수적이다.

그리고 이러한 저탄소화에 기초한 고부가가치화를 달성하기 위해서는 에너지 절약과 기술혁신이 가장 중요하며, 이를 위해서는 전력요금을 낮추는 것보다 기술혁신을 유발하는 R&D 지원을 유도하는 것이 올바른 산업정책이다.[21] 이 역시 재원을 요하는 사안으로 재정 여력의 확보가 필요하며, 이후 서술하는 바와 같이 에너지 과세를 통한 세수확보는 이런 측면에서도 필요하다(에너지 과세와 그 수입을 활용한 관련 기술혁신지원의 정책프레임).

에너지 다소비 산업구조와 함께 한국 경제의 에너지 생산성 문제를 유발한 또 다른 원인은 '에너지가격 구조'이다. 앞서 서술한 바와 같이 다른 나라와 달리 한국이 고유가하에서 전력 수요가 증가하고 이산화탄소 배출이 급증한 것은 한국의 낮은 전력요금과 전력의 상대가격 문제와 무관하지 않다. <그림 3-8>은 이를 시사하는 것으로 주요 OECD 국가들의 가정용 및 산업용 에너지원별 열량가격을 비교한 것이다. 이는 크게 두 가지의 가격 비교 정보를 담고 있는데, 하나는 동일 에너지원의 국가 간 가격 비교이고, 다른 하

---

21) 물론 이는 높은 R&D 비중하의 성과 부진과 R&D 수행 방식 개선이라는 별개의 과제다. 한편, 일부에서 이들 산업의 어려움을 고려하여 그 지원책의 일환으로 에너지세제 및 전력요금을 낮게 유지해야 한다는 주장이 있다. 하지만 그러한 조치는 이들 산업의 장기적 생존이나 경쟁력 강화에 도움이 되지 않는다. 오히려 전력요금 등에 대해서는 정부가 명확한 사전 신호를 주는 것이 중요하다. 산업계 입장에서 곤혹스러운 것은 정부가 저렴한 전력요금을 계속 강조하다가 최근처럼 전력 대란 등으로 (설령 산업용 요금 자체가 낮게 설정되어 있다고 하더라도) 갑작스럽게 산업용 전력요금을 올리는 것이다. 정부가 장기 신호만 정확히 주면 업계는 중장기적인 대응 방안을 세우게 되어 있다.

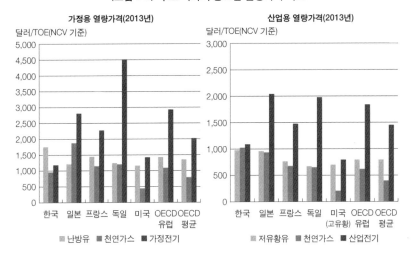

〈그림 3-8〉 주요 국가의 용도별 열량가격 비교

가정용 열량가격(2013년)
달러/TOE(NCV 기준)

산업용 열량가격(2013년)
달러/TOE(NCV 기준)

■ 난방유 ■ 천연가스 ■ 가정전기

■ 저유황유 ■ 천연가스 ■ 산업전기

자료: IEA(2014b).

나는 전력과 비전력(석유 및 가스) 간 상대가격의 국가 간 비교이다.

먼저, 동일 에너지원의 국가 간 가격 비교를 보자. 한국의 경우 산업용 석유와 가스는 다른 나라에 비해 다소 비싼 반면 전력은 OECD 평균의 거의 절반 가격이다.[22] 저렴한 전력요금이 단기적인 산업 경쟁력이나 물가 안정에는 긍정적으로 작용하겠지만 중장기적으로 전력소비와 이산화탄소 배출의 급증을 유발하여 산업의 경쟁력에 악영향을 끼친다. 더구나 한국의 전력요금이 외국에 비해 매우 낮은 수준인 것은 건설비의 경쟁력(EPC) 등 한국 고유의 원가 경쟁력에 기인하는 측면도 있지만 전력생산의 70%이상을 차지하는 원전과 석탄발전에 대한 정부의 세제 우대와 숨은 보조가 주된 요인이라는 점

---

22) 한국 산업용/발전용 가스요금이 OECD 국가보다 다소 비싼 반면 가정용 가스요금은 저렴한 이유는 산업용/발전용의 가정용에 대한 교차보조가 있기 때문이다. 미국의 전력요금이 저렴한 것은 풍부한 석탄 및 셰일가스의 낮은 원가에 기인한다.

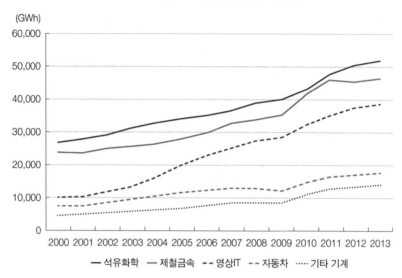

〈그림 3-9〉 한국 제조업 업종별 전력소비 추이

(GWh)

2000 2001 2002 2003 2004 2005 2006 2007 2008 2009 2010 2011 2012 2013

— 석유화학　— 제철금속　- - 영상IT　- - 자동차　····· 기타 기계

자료: 전력통계정보시스템(EPSIS).

을 유념할 필요가 있다.[23]

한편, 이러한 요금 구조는 앞서 서술한 '에너지 다소비 산업 구조'와 무관하지 않다. 에너지 다소비 산업의 경쟁력과 물가 안정을 위해 정부는 오랜 기간 전력요금을 낮게 유지했고, 이를 위해 원전과 유연탄발전에 사실상의 세제 혜택과 숨은 지원을 통해 지속적으로 측면 지원했다.[24] 이렇게 정책적으로 낮게 유지된 전력요금이 다시 에너지 다소비 산업의 투자를 촉발하고 그것이 다시 저렴한 전력요금을 위한 원전과 석탄발전을 촉발하는 이른바 '에

---

23) 물론 세제문제와 함께 원전 보험료 및 사후처리비 문제, 송전비용의 과소평가 등 여러 가지 요인이 있다.
24) 원전 등 기저설비 확대 중심의 전력정책이 유발하는 여러 가지 부작용에 대해서는 조영탁(2013)을 참고할 수 있다.

너지 다소비 산업 확대 → 저렴한 전력요금 → 원전·석탄발전 확대 → 에너지 다소비 산업 확대'라는 악순환 관계'인 셈이다[일종의 잠김효과(lock-in effect), <그림 3-9> 참고]. 한국 경제가 에너지 생산성 제고와 저탄소화는 물론 향후 고유가 구조 속에서 경제성장을 지속하기 위해서는 이러한 악순환 관계를 '에너지 저소비/저탄소 구조 → 에너지가격 구조 개선 → 안전한 저탄소 발전 → 에너지 저소비/저탄소 구조'의 선순환 관계로 전환할 필요가 있다.

한편, 동일한 에너지원의 가격 비교에 이어 에너지원 간 상대가격 구조를 비교해보면 한국을 제외한 대부분의 국가에서는 석유와 가스 간의 순위 차이는 있지만 어느 나라든 전력의 상대가격이 가장 비싸다(<그림 3-8> 참고). 이는 전력이 석유 및 가스 등의 에너지원을 고가의 발전설비를 동원하여 50% 이상의 열손실을 감수하고 생산한 고급에너지라는 점에서 당연한 결과다. 심지어 저렴한 원자력 발전이 70% 이상을 차지하는 프랑스조차도 전력요금이 제일 비싸다. 이와 대조적으로 한국은 가정용의 경우, 석유, 가스, 전력 순으로 저렴하고 산업용의 경우는 석유, 가스, 전력이 거의 비슷한 가격수준이다. 한국의 경우 석유, 가스, 전력 간의 가격 차이가 거의 없거나 석유 및 가스에 비해 전력이 오히려 저렴한 역전 현상이 발생하고 있다.[25]

<그림 3-10>은 이를 좀 더 분명하게 보여주는 것으로 경제구조나 에너지 부족 및 수입 여건이 한국과 가장 비슷한 일본과 석유 및 전력의 열량가격 추이를 비교한 것이다. 2000년대 후반 유가 폭등이 발생한 상황에서도 일본의 석유가격은 가정용 및 산업용 전력요금보다 낮다. 이에 비해 한국의 경우는 2000년대 중반 이후부터 유가가 상승하면서 유류의 열량가격이 산업용

---

25) <그림 3-8>은 최근 한국의 산업용 전력요금이 대폭 인상한 것을 반영한 2013년도의 수치인데도 전력이 석유 및 가스와 유사한 수준이다. 산업용 전력요금이 인상되기 전의 추세를 보면 한국은 오랜 기간 산업용 전력요금이 석유류보다 더 낮은 나라였다.

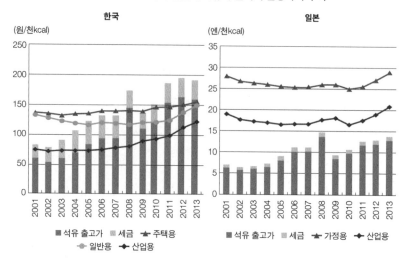

〈그림 3-10〉 한국과 일본의 석유와 전력의 열량가격 추이

한국

(원/천kcal)

일본

(엔/천kcal)

■ 석유 출고가　■ 세금　▲ 주택용
● 일반용　◆ 산업용

■ 석유 출고가　■ 세금　▲ 가정용　◆ 산업용

자료: IEA(2014b).

및 상업용 전력을 추월하기 시작했으며 2000년대 후반에는 주택용 전력요금 까지 추월한다. 특히 <그림 3-10> 막대그래프 상단은 에너지세제를 나타내 는 것으로 한국의 경우 석유류에 부과된 세금이 이러한 가격 역전을 가속화 시키는 역할을 한다는 것을 알 수 있다.[26] 이 글이 전력의 상대가격 문제를 에너지세제와 연관하여 분석하려는 이유도 이와 무관하지 않다.

이러한 한국의 에너지 상대가격 구조하에서는 석유 및 가스가 전력으로 전환될 가능성이 높고, 실제로 2000년대 후반 고유가 이후에 겨울철 난방연 료는 물론 제조공정의 열에너지가 유류에서 전력으로 대거 전환했다(<그림 3-11> 참고).[27] 전력을 열에너지로 사용하는 것은 '열→ 전력 → 열'의 전환

---

26) 이로 인한 전력 대란 발생과 경제 및 환경상 손실 그리고 사회적 갈등에 대해서는 조영탁 (2013)을 참조할 수 있다.

27) <그림 3-11>에서 겨울철 전력소비가 증가 추세로 바뀌는 것은 2000년대 중반 고유가

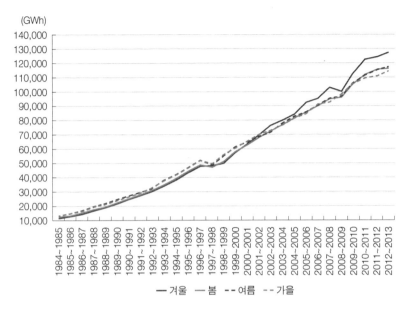

〈그림 3-11〉 한국의 계절별 전력소비 추이

자료: 전력통계정보시스템(EPSIS).

과정에서 50% 이상의 에너지손실을 유발하기 때문에 국민경제의 에너지 생
산성을 하락시킬 뿐만 아니라 불필요한 연료 낭비와 이산화탄소의 추가 배출
까지 유발한다.[28]

<표 3-1>은 이를 나타낸 것으로 열에너지가 전력으로 전환될 경우 연료
낭비에 따른 경제적 손실과 온실가스 추가 배출 발생을 계산한 것이다. 예를

이후가 아니라 2000년대 초반부터이다. 2000년대 초반의 증가는 고유가가 아니라 과도
한 등유세제의 부과와 저렴한 심야전기요금으로 인한 농촌 심야전기의 급증에 기인한다.
하지만 그 핵심은 전력과 유류가격의 역전이라는 점에서 2000년대 중반 이후의 상황과
동일하다. 더 상세한 내용은 조영탁·김창섭(2008) 참조.

28) 한국 열에너지의 전력전환 현상과 이로 인한 부작용에 대한 상세한 설명은 조영탁·김창섭
(2008), 석광훈(2012) 및 조영탁(2013)을 참고할 수 있다.

<표 3-1> 열에너지의 전력화에 따른 경제적 및 환경적 손실(1MWh 기준)

구분		유가 수준에 따른 수입연료액 손실(달러)					이산화탄소 추가 배출량(kg)
		60달러	70달러	80달러	90달러	100달러	
등유	일반	28.1	29.5	30.9	32.3	33.7	146.7
등유	콘덴싱	35.2	37.8	40.4	43.0	45.6	191.5
가스	일반	36.3	40.8	45.2	49.7	54.1	215.8
가스	콘덴싱	42.2	47.3	52.5	57.6	62.8	249.7

주: 열에너지용 전력은 복합화력 기준(소내전력률 2%, 송배전손실률 4%), 상세한 계산 방식은 조영탁·김창섭(2008)를 토대로 함.

들어 현재 유가 수준인 60달러에서 유류나 가스에서 전력으로 열에너지가 전환될 경우 1MWh당 28~42달러의 경제적 손실과 약 150~250kg의 온실가스가 추가로 더 배출된다. 요컨대 전력의 상대가격 왜곡과 이로 인한 열에너지의 전력화는 2000년대 후반 이후 전력수급 대란을 유발했을 뿐만 아니라 고유가하에서 다른 OECD 국가와 달리 전력 수요의 급증을 유발하고 에너지 관련 생산성지표들을 악화시킨 요인 중의 하나로 판단된다.

3. 한국의 에너지가격 구조문제: 에너지세제 및 요금제도

1) 에너지세제 정책: 세수확보 수단과 에너지정책 수단

앞서 서술한 한국 에너지가격 구조 특히 전력과 비전력 간의 상대가격 문제는 정부의 재정 운용, 즉 에너지세제와 공공요금정책과 밀접한 연관관계를 지니고 있다. 이 가운데 먼저 에너지세제 정책을 살펴보자. 우선 과세구조의 측면에서 보면 <표 3-2>에서 알 수 있는 것처럼 한국의 에너지세제는 세수확보 수단의 성격이 강하고, 목적세 구조에다 세금에 대한 과세(tax on tax) 등 매우 복잡한 과세구조를 지니고 있다. 또한 과세 자체도 비교적 조세저항이 가장 적은 수송용 에너지에 집중되어 있다. 이런 측면에서 한국에 '에너지세제'는 존재했지만 '에너지세제 정책'은 거의 존재하지 않았다고 해도 과언이 아니다.

<표 3-2>의 하단은 각 에너지원별 세금액(안전부담금 등 실질적인 비용에 해당되는 것을 제외한 종량세의 합계액)을 기준으로 총 발열량당 세율을 표시한 것으로 수송용 세금부담이 가장 크고, 환경부담이 큰 발전용 우라늄과 유연탄에는 면세 및 낮은 세율이 적용되고 있다(열량과세 기준으로 수송용 휘발유 대비 3% 수준의 세금).

실제로 한국 에너지 세수 총액의 95%가 수송용 및 열난방용에 집중되어 있고 발전용이 에너지 세수 총액에서 차지하는 비중은 5%에 지나지 않으며 이 조차도 대부분 발전용 천연가스의 과세액이다(<그림 3-12> 참고).[29] 물론 대부분의 국가에서 수송용 등 석유류에 대한 과세보다 발전용 연료에 대한 과세를 낮게 하는 것이 일반적이나 한국의 경우 그 정도가 너무 심해 전력의 상대가격 왜곡까지 유발하고 있다. 이런 측면에서 2014년 하반기에 천연가스의 세제가 일부 인하되고 유연탄에 과세가 이루어진 것은 바람직한 조치라고 생각된다. 하지만 일회성의 세제조정만으로 전력요금의 상대가격이 개선되기는 어렵다. 특히 발전용 유연탄의 경우 과세가 이루어지기는 했지만 발전용 가스보다 낮은 세율이 부과되고 있으며, 원전은 여전히 면세 혜택을 받고 있다. 이러한 과세구조로는 원전, 유연탄, 천연가스 등 발전설비 간의 불

---

[29] <표 3-2>에 유연탄의 세율이 표시되어 있음에도 세수통계상 유연탄 세수가 0으로 나타나는 것은 유연탄 과세가 2014년 7월부터 시행되었기 때문이다.

〈표 3-2〉 한국 에너지세제의 현황(2015년)

구분		휘발유 (원/l)	경유 (원/l)	LPG(원/kg)		등유 (원/l)	중유 (원/l)	LNG (원/kg)	유연탄 (원/kg)	우라늄
				부탄	프로판					
관세	기본	3%	3%	3%	3%	3%	3%	3%	1%	-
	할당	3%	3%	0%	0%	3%	3%	2% (6개월)	-	-
개별 소비세 (a)	기본	-	-	(252)	(20)	(90)	(17)	(60)	(24)	-
	탄력	-	-	275	14	63	17	42	17/19	-
교통 에너지 환경세 (b)	기본	(475)	(340)	-	-	-	-	-	-	-
	탄력	529	375	-	-	-	-	-	-	-
교육세 (a,b×15%)		79.4	56.3	41.3	-	9.3	2.6	-	-	-
지방주행세 (b×26%)		137.5	97.5	-	-	-	-	-	-	-
부가가치세		10%								
수입부과금		16	16	-	-	16	16	24.2	-	-
판매부과금		(36/고급)	-	62.3	-	-	-	-	-	-
안전관리 부담금		-	-	4.5	4.5	-	-	4.8	-	-
품질검사 수수료		0.47	0.47	0.03	0.03	0.47	0.47	-	-	-
종량세＋ 수입부과금		761.9	544.8	378.6	14.0	88.3	35.6	66.2	19.0	0
부담액/kcal (휘발유=100)		0.1054 (100.0)	0.0647 (61.4)	0.0347 (33.0)	0.0013 (1.2)	0.0108 (10.2)	0.0038 (3.6)	0.0056 (5.3)	0.0032 (3.1)	0.0000 (0.0)

주: 지방주행세의 경우 지방세법상 36%이나 탄력세율로 26% 적용.
자료: 기획재정부, 산업통상자원부.

공정경쟁을 유발할 뿐만 아니라 전력의 상대가격을 획기적으로 개선하지 못한다.

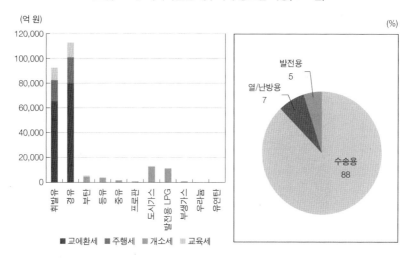

〈그림 3-12〉 에너지원별 세수액과 용도별 비중(2012년)

주: VAT 증분을 각 세액에 추가로 포함한 것이다(즉, 교에환세수입=교에환세+VAT 증분).
자료: 국세청, 행정자치부.

한편, 에너지세제와 관련된 지출구조 문제는 이미 널리 알려진 사실로서 지면 관계상 간략하게 언급하면, 목적세로 징수되는 연간 13조 원 내외의 교통에너지환경세가 교특(80%), 환특(15%), 에특(3%), 균특(2%)으로 배분되었다. 이 중에서 교특의 경우 그동안 도로건설 등 탄소 배출을 유발하는 데 지출되었다. 이러한 도로투자 등은 개발연대기에 필요한 사회간접자본 구축이라는 측면에서 이해되는 부분은 있으나 재정지출에서 한국의 사회간접자본 투자가 거의 적정 수준에 도달했다는 점에 유의할 필요가 있다(류덕현, 2012). 2015년에 목적세 종료가 예정되어 있는 만큼 일반회계로 편입된 이후에는 지출 대상과 내용을 저탄소화에 부합하게 운용하는 것이 바람직하다.[30]

---

30) 이와 함께 농어업 면세유와 수송용 유가보조금 역시 한국 경제의 저탄소화라는 측면에서 바람직하지 않지만 여러 가지 정치사회적 요인으로 인해 단기간에 해결되기는 어려울 것

2) 공공요금정책과 전력요금제도

앞서 서술한 세제 운용과 함께 또 하나 전력의 상대가격 왜곡 요인으로 거론되는 것이 바로 물가 안정을 위한 공공요금 규제정책이다. 최근 수년간 고유가로 인해 모든 에너지가격이 급격하게 상승했지만 전력요금은 물가 안정과 산업 경쟁력 제고라는 이유로 계속 억제되었다. <그림 3-13>은 이를 단적으로 나타내고 있는데, 2000년을 기준으로 석유 및 가스의 가격은 약 3배 내외로 증가했고, 발전에서 가장 큰 비중을 차지하는 석탄은 거의 6배나 상

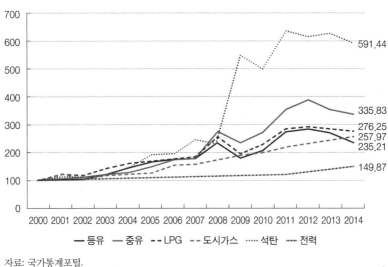

〈그림 3-13〉 에너지원별 가격 추이(2000년=100)

자료: 국가통계포털.

으로 판단된다. 또한 농어업 면세유의 경우 농업용 전력요금을 정상화시키지 않고 면세를 과세로 전환할 경우 이 글에서 강조하는 전력요금과 석유-가스 간의 상대가격 왜곡으로 인해 농어업의 전기사용량이 폭발적으로 증가하고 에너지 생산성과 탄소 배출에 악영향을 줄 가능성이 많다.

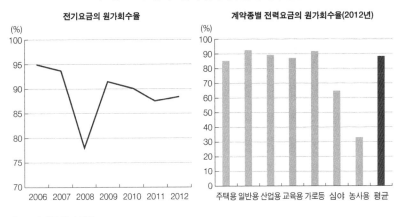

〈그림 3-14〉 전력요금의 원가회수율 추이와 현황

전기요금의 원가회수율

계약종별 전력요금의 원가회수율(2012년)

자료: 산업통상자원부.

승했다. 이에 비해 전력요금은 1.5배 상승하는 데 그쳤다. 우라늄을 제외한 주된 발전연료가 석탄, 가스, 중유임을 감안한다면 전력요금이 매우 강력하게 억제되었음을 알 수 있다.

이는 결국 전력요금의 원가회수율 하락과 한전의 적자로 나타났는데 <그림 3-14>는 이를 잘 보여주고 있다. 평균 원가회수율이 고유가가 시작된 2000년대 중반 이후부터 최근까지 지속적인 하락세를 보이고 있으며 2012년 기준으로 모든 용도별 요금이 적정 원가 이하인 것을 알 수 있다.[31] 최근 유가 하락으로 인해 원가회수율이 회복될 것으로 보이고 이로 인해 전력요금 인하론이 제기되고 있지만 현재의 발전원가에는 포함되지 않은 숨은 비용들이 많기 때문에 요금 인하는 적절하지 않다. 오히려 전력의 상대가격 개선 차원에서 뒤에서 서술하는 바와 같이 발전용 연료 과세 등을 통해 전력요금을 현실화하고 상대가격을 정상화하는 것이 바람직하다.

---

31) 전력요금의 원가회수율은 2012년이 최근 수치로서 산업용 요금의 원가회수율을 둘러싸고 사회적 논란이 발생하자 2012년 이후부터 정부가 관련 수치를 발표하지 않고 있다.

물론 물가 안정과 산업 경쟁력을 고려한 요금 규제의 취지는 이해할 수 있다. 하지만 한국의 경우 제조업의 총 제조원가에서 전력요금이 차지하는 비중은 지속적으로 하락하여 평균 1%에 지나지 않는다. 전기를 활용한 일부 제철업의 경우 6% 내외의 비중을 차지하지만 전력 비중이 다소 높은 산업을 생각해서 전체 전력요금정책의 방향을 정하는 것은 적절치 않다('꼬리가 개를 흔드는 방식'은 지양). 오히려 앞서 서술한 바와 같이 해당 산업 스스로 장기적 대응이 가능하도록 전력요금의 개선 신호를 정확히 주는 것이 해당 산업의 장기적인 경쟁력 제고는 물론 한국 경제 전체의 저탄소화에도 바람직하다.

이상에서 살펴본 바와 같이 한국의 에너지세제와 요금 운용은 세수확보와 물가 안정이라는 두 가지 측면에만 집중한 나머지 에너지세제와 요금이 한국 경제의 저탄소화의 수단이자 에너지정책 수단이라는 측면이 경시된 경향이 있다. 물론 세수확보와 물가 안정이 재정 운용의 중요한 과제이기는 하지만 한국 경제의 저탄소화를 위해서는 에너지정책 수단이라는 측면을 함께 고려할 필요가 있다. 오히려 그렇게 함으로써 이후 서술하는 바와 같이 세수의 안정적인 확보와 산업의 장기적 경쟁력 및 산업구조 개선 그리고 분배 개선을 도모할 수 있다. 이러한 취지에서 다음 절에서는 저탄소화를 위한 재정전략을 더한 에너지세제 개편 방안과 과세 시나리오를 다루기로 한다.

4. 한국 경제의 저탄소화를 위한 세제 개편 및 요금제도 개선

1) 에너지세제의 개편 방향: 발전용 연료과세

이상에서 살펴본 바와 같이 한국 경제의 저탄소화를 위해서는 전력문제,

특히 전력요금의 절대수준과 상대가격이 매우 중요하다. 따라서 전력요금의 절대수준은 물론 상대가격을 정상화시키기 위한 장기적인 로드맵을 설정하여 시장에 적절한 신호를 주면서 점진적으로 개선해나갈 필요가 있다. 이를 위해서는 에너지세제 개편이 필요하며 그 기본원칙은 다음과 같다

첫째, 무엇보다 발전용 연료, 특히 원전과 석탄에 대한 과세 정상화가 필요하다. 그 이유는 크게 두 가지인데 하나는 그동안 세제 혜택을 부여했던 우라늄과 석탄에 정상 과세하여 전력요금의 상대가격을 개선할 필요가 있기 때문이다. 또 다른 이유는 줄어드는 발전용 과세를 보전하고 추가적인 세수를 확보하기 위해서다. 이후 서술하겠지만 현재와 같은 세제가 지속되면 면세인 원전의 발전량 확대로 과세액이 점점 줄어들기 때문이다. 이를 보전하기 위해서라도 발전용 연료에 대한 추가 과세는 필요하다.

둘째, 전력요금의 상대가격 개선이 이루어질 때까지 발전용 세제와 열난방용 세제 간의 통합적인 접근이 필요하다. 즉, 발전용 연료에 과세하고 열난방용의 세제는 경감하여 전력과 비전력(석유/가스) 간의 상대가격을 개선하고 소비자의 경제적 부담도 줄여줄 필요가 있다.

셋째, 수송용 세제의 경우는 당분간 추가 증세 없이 수송용 내부의 과세형평성을 제고하는 방식으로 조정하는 것이 바람직하다. 이는 한국 에너지 세수가 총 조세수입에서 차지하는 비중이 다소 높은 편이고, 앞에서 살펴보았듯이 에너지 세수 대부분이 수송용 세제이기 때문이다(<그림 3-15> 참고).[32] 물론 이는 한국의 조세부담률 문제로 총 조세수입 자체가 낮은 것에 기인하

---

32) 공식통계상으로는 에너지 세수(교통·에너지환경세)가 총 조세수입에서 차지하는 비중이 7% 수준이지만 외형상 에너지 세수로 분류되지 않은 교육세, 주행세, 개별소비세 등도 사실상 에너지에 부과되는 것이다. 그러므로 이를 전부 포괄적인 차원의 에너지 세수로 재분류해보면 에너지 세수가 총 조세수입에서 차지하는 비중은 거의 12%에 근접하여 이른바 3대 세수에 이어 네 번째의 비중을 차지한다.

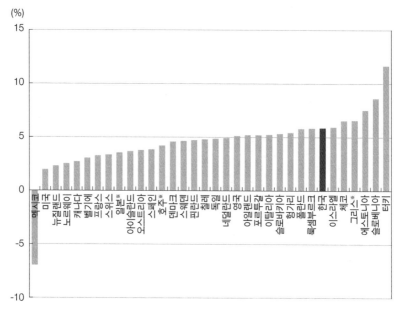

〈그림 3-15〉 OECD 국가별 에너지 세수/총 조세수입의 비율(2012년)

자료: OECD.

는 측면이 있고, 장기적으로는 수송용 세제 역시 여타 조세(법인세, 소득세, 자산세)의 증세와 함께 재정에 적절하게 기여할 필요는 있다. 하지만 당분간 부담의 형평성의 측면에서 수송용 연료의 증세는 바람직하지 않다.[33]

2) 발전용 연료의 과세 시나리오

이상의 원칙을 염두에 두고 발전용 연료의 과세 시나리오를 상정해보기로 하자. 우선 발전용 연료과세는 현재의 천연가스 세율을 기준으로 설정하는

---

[33] 수송용 세제 개편은 증세보다 기술 변화와 친환경자동차 문제와 관련하여 수송용 세제 내부의 형평성 제고가 더 중요하다.

〈표 3-3〉 LNG(개별소비세+수입부과금+관세) 기준의 동등과세 시나리오

구분	시나리오 A	시나리오 B	시나리오 C
우라늄	LNG 개소세 (8.7원/kWh)	LNG 개소세 (8.7원/kWh)	LNG 개소세+관세 (11.1원/kWh)
유연탄	현행 (19원/kg)	LNG 개소세 (27.5원/kg)	LNG 개소세+수입부과금+관세 (31.4원/kg)
비고	원전에 한해 LNG의 개소세와 동일한 열량과세 (괄호는 적용 세율)	원전과 유연탄 공히 LNG의 개소세와 동일한 열량과세 (괄호는 적용 세율)	LNG의 개소세, 관세, 수입부과금을 모두 적용하되 원전에는 수입부과금 미적용 (괄호는 적용 세율)
계산 기준			

<table>
계산기준 내용:
○ 시나리오별 천연가스 세율
  -개별소비세: 42+4.2=46.2원/kg
  -개별소비세+수입부과금: (42+24.2)+6.62=72.8원/kg
  -관세+개별소비세+수입부과금: (11.54+42+24.2)+7.77=85.5원/kg
  cf) 천연가스 관세의 종량세 의제화: 11.54원/kg(유가 60달러 및 환율 1000원)
      유연탄 관세의 종량세 의제화: 0.51원/kg(유가 60달러 및 환율 1000원)
○ 연료별 발열량
  -원자력: 변동비 3.67원/kWh(6차 계획 1490원/Gcal 기준)
  -유연탄: 5년간 발전용 평균발열량 5472kcal/kg
  -천연가스: 5년간 발전용 평균발열량 13180 kcal/kg
  cf) 원자력은 1400MW(대부분 1000MW), 유연탄/가스는 표준열량이 아닌 발
      전용 5년 평균치 적용
      세 가지 수치 모두 원전과 유연탄의 과세율을 낮추는 효과가 있으나 보수
      적 관점으로 접근
</table>

것이 바람직하다. 그 이유는 두 가지인데 하나는 같은 발전용 연료임에도 천연가스에 비해 우라늄과 석탄이 우대를 받고 있기 때문이다. 둘째, 천연가스에 대한 세제를 인상할 경우 가스가 발전용으로도 사용되지만 열난방용으로도 사용되기 때문에 전력과 비전력 간의 상대가격 개선 효과가 떨어지기 때문이다.[34]

한편, 천연가스에 부과된 세제만큼 동일 과세를 하더라도 과세기준과 적

---

34) 천연가스의 경우 석유류와 달리 도시가스용과 발전용의 유통 경로가 달라서 분리과세도 가능하다.

용범위가 문제가 된다. 과세기준은 한국에 배출권 거래제가 도입된 만큼 탄소기준이 아닌 '열량기준'을 적용한다. 열량기준으로 과세를 할 경우라도 동등과세의 범위를 추가로 결정해야 한다. 앞의 <표 3-2>에서 알 수 있는 바와 같이 천연가스에는 부과되어 있지만 우라늄이나 유연탄에는 부과되지 않거나 낮은 세수만 부과되어 있는 세목이 '개별소비세', '수입부과금', '관세'의 세 가지가 있기 때문이다(<표 3-3> 참고).

가장 높은 수준의 동등과세는 천연가스에 부과된 이들 세 가지를 모두 포함해서 우라늄과 석탄에 과세하는 것이고, 가장 낮은 수준의 동등과세는 현재 천연가스에 부과되어 있는 개별소비세만을 동등과세로 해서 우라늄이나 석탄에 과세하는 것이다. 다만 수입부과금은 연료수입의 안정성에 따른 과세이고 상대적으로 우라늄은 석탄이나 천연가스에 비해 수입 안정성이 높기 때문에 우라늄에 수입부과금을 과세하는 시나리오는 상정하지 않는다.[35]

한편, 관세의 경우 종가세이기 때문에 연도별 수입가격에 따라 달라진다. 그럼에도 이를 최소한의 종량세로 의제화하여 적용하는데, 2013년 유가 100달러 기준으로 석탄도입가의 1% 관세액과 가스의 2.5%(6개월 3%와 6개월 2%의 평균) 관세액을 유가 60달러를 기준으로 재산정한 값을 종량세로 적용한다.[36]

---

35) 그 대신에 현재 저평가되어 있는 원전보험료를 정정하기 위해 원자력에 '위험부담세'를 신설할 필요가 있다. 위험부담세의 적정 과세 수준은 별도의 연구과제이다.

36) 종가세인 관세를 이렇게 종량세로 의제화하여 시산(試算)하는 이유는 관세가 종가세인 관계로 가스에 매우 불리하게 작용하기 때문이다. 2013년 기준으로 가스에 부과되는 관세는 약 20원/kg으로 개소세의 거의 절반에 해당되는 수치이다. 이에 비해 석탄의 경우는 1원/kg으로 이를 열량과세기준으로 환산하면 가스 관세가 유연탄 관세의 11.3배에 해당한다. 한편, 관세의제화에 사용한 전제인 유가 60달러 기준은 향후 10년간 유가가 60달러를 유지한다는 것을 의미한다. 만일 유가가 60달러를 하회하면 이 글이 의제화한 관세액은 과대평가가 되고, 유가가 60달러를 상회하면 과소평가가 된다.

이러한 세율을 적용하여 향후 10년간 발생할 세수를 가늠하기 위해서는 연도별 발전량 수치가 필요한데, 이 글에서는 뒤에서 서술하는 바와 같이 보수적 관점에서 제6차 전력수급기본계획이 아니라 제5차 전력수급기본계획의 수치를 사용한다. 한편 과세가 되었을 경우 요금이 인상되어 전력 수요, 즉 발전량이 줄어들 가능성이 있으나 이는 다음과 같은 사항을 감안하면 큰 문제는 없을 것으로 보인다. 우선, 현재 과세 대상은 주로 원전과 유연탄이고 이들은 급전 순위상 기저발전이기 때문에 발전량 변동이 그리 크지 않다(특히 시나리오상 가장 많은 세수를 차지하는 원전의 경우). 물론 일부 발전원의 경우 세수액의 변동 가능성이 있는데(가스발전 및 일부 석탄발전), 이를 감안하여 최근의 제6차 전력수급기본계획보다 전력 수요를 낮게 전망한 제5차 전력수급기본계획의 원별 발전량 수치를 사용했다.[37]

이상의 전제를 토대로 각 시나리오별로 발생하는 발전용 세수의 총액 추이를 표시하면 <그림 3-16>과 같다. 앞서 서술한 바와 같이 현재의 발전용 세수를 그대로 유지할 경우 면세인 원전의 발전량이 증가하여 석탄과 천연가스 발전이 줄어들기 때문에 세수가 2015년 기준 약 2조 원에서 10년 뒤에는 약 1조 5000억 원 수준으로 감소하게 된다. 하지만 시나리오 A, B, C의 방식으로 과세를 하면 현재의 세수결손을 보충하면서 매년 세수가 증가하게 되는데 현행 세수 대비 추가되는 세수액을 연도별로 정리한 것이 <표 3-4>이다.

<표 3-4>에 따르면 시나리오 A의 경우 연간 1조 7000억~2조 6000억 원, B의 경우 2조 3000억~3조 1000억 원, C의 경우 3조 1000억~4조 원의

---

[37] 필자의 개인적인 판단이지만 제6차는 전력 수요가 다소 과대 전망된 측면이 있고, 제5차는 2020년 온실가스 감축 목표를 맞추기 위해 인위적으로 낮게 전망수치를 발표한 관계로 과소 전망된 측면이 있다. 따라서 보수적인 세수액 산정과 과세에 따른 수요변동을 감안하여 제5차 계획의 수치를 택한다.

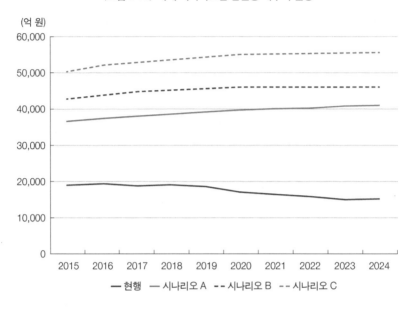

〈그림 3-16〉 과세 시나리오별 발전용 세수액 전망

(억 원)

— 현행   — 시나리오 A   -- 시나리오 B   -- 시나리오 C

세수가 매년 추가로 확보된다. 물론 이로 인해 전력요금도 상승하는데, 시나리오 A의 경우 3.7~5.1원/kWh, B의 경우 5.0~6.2원/kWh, C의 경우 6.6~8.1원/kWh의 평균요금 인상 요인이 발생한다. 2013년 평균요금 106.3원을 기준으로 하면 시나리오 A의 경우 3.5~4.8%, B의 경우 4.7~5.8%, C의 경우 6.2~7.6%가 상승한다.

물론 이와 같은 과세로 인한 요금 인상이 경제활동과 서민생활에 일부 부담을 주는 것은 사실이다. 하지만 이에 대한 완충방안은 있다. 우선, 최근 유가 하락기를 이용하면 발전용 연료가격이 하락하는 효과가 있기 때문에 현재의 요금제도하에서 추가적인 인상 요인을 일부 완충할 수가 있다.[38] 또한 과

---

[38] 이는 현재의 유가 하락이나 원전발전량 증대 요인을 요금 인하에 반영하지 않고 현재의 요금수준을 유지한다는 것을 전제로 하는 것이다.

<표 3-4> 시나리오별 발전용 세수의 추가액과 요금 인상 전망

연도	추가 세수액(억 원)			BAU 대비 요금 인상(원/kWh)		
	시나리오 A	시나리오 B	시나리오 C	시나리오 A	시나리오 B	시나리오 C
2015	17,495	23,578	31,195	3.71	5.00	6.62
2016	18,086	24,693	32,714	3.76	5.13	6.79
2017	19,026	25,518	33,745	3.91	5.24	6.94
2018	19,481	25,937	34,274	3.97	5.29	6.99
2019	20,493	26,789	35,331	4.14	5.41	7.14
2020	22,566	28,555	37,527	4.55	5.76	7.57
2021	23,497	29,248	38,369	4.73	5.89	7.72
2022	24,561	29,974	39,234	4.93	6.02	7.88
2023	25,613	30,750	40,172	5.14	6.17	8.05
2024	25,700	30,889	40,359	5.14	6.18	8.08

주: 송전 손실률(3.73%), 소내 손실률(원전 4.55%, 석탄 4.86%, 복합 2.48%) 적용.

세로 인한 원전과 석탄발전의 원가 인상은 요금 배분상 주로 기저 부하가 많은 산업용 요금, 특히 경부하대 시간대 요금 인상으로 귀결되기 때문에 주택용에는 상대적으로 영향을 적게 미칠 수 있다. 이와 아울러 앞서 서술한 발전용과 난방용의 통합적 관점에 입각하여 발전용 연료과세로 확보한 세수로 서민의 난방연료인 등유 및 LPG의 동절기 면세조치(연간 약 4000억 원 내외)나 에너지복지 등 저소득층 지원 그리고 산업체의 전력절감 지원을 병행하면 전력요금 인상이 주는 부담을 사후적으로 완충할 수 있다. 더구나 앞서 서술한 것처럼 제조업 원가 중 전력요금이 차지하는 비중이 대체로 1% 내외인 데다가 유가 하락으로 인한 물가 하락을 감안하면 그 부담은 그리 크지 않을 것으로 판단된다.

물론 이상의 시나리오만으로 전력요금의 상대가격 문제 등 에너지가격 구조 문제가 완벽하게 해결되는 것은 아니다. 이 글이 제시하는 시나리오에 더하여 장기적으로 발전용 연료의 외부비용 등을 부과하면 상대가격 개선과 함께 지속적인 세수확보도 가능하다. 하지만 이러한 재정전략이 실현되기 위해서는 다음과 같은 재정 운용의 원칙 및 제도 개선이 수반되어야 한다.

3) 에너지세제 및 요금정책의 제도적 개선

우선, '에너지세제 및 요금의 정책 위상'을 재설정해야 한다. 그동안 한국의 에너지세제 및 요금은 에너지 정책 수단이라기보다 세수확보, 물가관리, 산업지원, 사회정책 등을 위한 정책 수단으로 인식되었다. 앞으로는 세제와 요금에 에너지정책 수단으로서의 성격을 가미하여 운용할 필요가 있다.

둘째, '에너지세제와 요금의 운용방식' 문제로서 오랜 기간 에너지세제 정책이 전기요금 등 규제요금과 별도로 운용되면서 결과적으로 고탄소 에너지 체제를 촉발한 바 있다. 에너지가격 구조가 정상화될 때까지 에너지세제와 전력요금을 통합적으로 운용할 필요가 있다.

셋째, 앞서 서술한 문제들과 연관된 것으로 '에너지세제와 요금의 운용 메커니즘'을 개선할 필요가 있다. 세제를 담당하는 부처는 세수확보와 물가 안정, 산업정책을 담당하는 부처는 산업 경쟁력과 기업 지원, 환경문제를 관장하는 부처는 온실가스 감축에 주력하는 현재의 체계하에서는 장기적이고 일관된 에너지세제 및 요금정책, 나아가 패러다임 전환을 위한 재정전략을 구사하기가 어렵다. 국민경제의 에너지 생산성 제고와 효율적인 온실가스 감축이라는 관점에서 에너지세제 및 요금을 통합적으로 조정하는 메커니즘을 구축할 필요가 있다.

한편, 에너지 관련 세수로 증가한 재정 여력을 도로건설 등에 지원하기보다 에너지 생산성을 제고하고 분배 개선을 도모하는 곳에 지원할 필요가 있다. 엄청난 액수의 에너지 세수(목적세)를 도로 건설과 같은 곳에 지출하면 저탄소를 위한 재정전략의 의미는 반감된다.

에너지세제 정책의 개편과 함께 전력요금제도의 개편 역시 매우 중요하다. 예를 들어 발전용 연료에 대한 과세로 요금 인상이 이루어져야 함에도 여러 가지 이유로 요금을 규제하게 되면, 에너지가격 구조의 개선은 이루어지지 않고 사업자의 적자만 누적되기 때문이다. 이런 측면에서 지금과 같이 전력요금에 정부가 지나치게 개입하는 것은 바람직하지 않다. 전력요금을 산업경쟁력이나 물가 안정에 종속시키는 구조하에서는 에너지가격 구조의 개선과 저탄소경제로의 이행이 불가능하다. 이와 관련하여 현재 전력요금 결정의 원칙과 거버넌스를 개편하여 독립적인 규제기관이 요금준칙을 설정하여 운용하는 방안을 고려할 필요가 있다.

5. 맺음말

이상에서 살펴본 바와 같이 한국 경제의 에너지 생산성의 증대와 저탄소화를 위해서는 전력문제 및 에너지세제와 요금 개편이 매우 중요하다. OECD 국가에 비해 낮은 전력요금의 현실화와 전력과 비전력 간의 상대가격 개선이라는 에너지가격 구조 개편은 에너지 다소비 산업구조의 문제와 함께 한국 경제 저탄소화의 아킬레스건이라고 할 수 있다.

그 구체적인 방안은 원전 및 석탄에 대한 과세 정상화를 통해 전력과 비전력 간의 상대가격 개선에 주력하고 이 과정에서 확보한 세수로 기술지원이나 분배 개선 등에 지출하는 것이다. 즉, 원전/석탄에 대한 과세로 전력소비를 줄이고(환경＝저탄소화) 그 과정에서 확보한 세수를 국내 산업의 고부가가치화/전력 절약을 위한 지원(성장＝에너지 생산성 및 경쟁력 제고), 고용촉진과 복지 확대를 위한 지출(분배＝고용촉진 및 양극화 축소)에 활용하는 재정전략이다. 그 첫 번째 조치로 현재 천연가스에 부과된 세금과 동등한 수준의 열량과세를 원전과 유연탄에 과세하면 시나리오별로 다소 차이는 있지만 연간 1조 7000억~2조 6000원에서 3조 1000억~4조 원의 세수확보가 가능하다. 여기에 장기적으로 발전용 연료가 유발하는 여러 가지 사회적 및 환경적 외부비용까지 세금으로 부과한다면 더욱 안정적인 세수확보가 가능하다.

물론 과세로 인한 전력요금 인상 요인이 발생할 수 있으나 OECD 국가의 거의 절반 가격에 지나지 않는 전력요금을 정상화시키는 것은 한국 경제의 에너지 생산성 제고 및 경쟁력 강화에 필수적이며, 최근 논의되고 있는 증세 논란과 세수 부족을 해소하는 데에도 도움이 된다. 더구나 최근 유가 하락 시기를 이용하면 요금 인상의 부담을 완화하면서 안정적인 세수기반을 확보할 수 있다. 그런 측면에서 최근 유가 하락기는 전력요금 인하가 아니라 오히려 발전용 연료과세를 통해 전력요금을 정상화시킬 수 있는 적기라고 판단된다.

참고문헌

국세청. 각 연도. 『국세통계연보』.

김수이·김현석. 2011. 「LMDI 방법론을 이용한 국내제조업의 에너지 소비요인 분해 분석」. ≪에너지경제연구≫, 제10권 제1호.

김수이·정경화. 2010. 「LMDI 방법론을 이용한 국내제조업의 온실가스배출요인 분해분석」. ≪자원환경경제연구≫, 제20권 제2호.

김종호. 2008. 「국민경제의 환경경제효율성 분석」. 『환경정책의 새로운 과제와 방향』. 환경정책평가연구원.

_____. 2009. 「산업부문 온실가스 배출량에 대한 분해분석」. 2009년 자원경제학회 공동학술대회 자료집.

나인강·이성근. 2008. 「산업부문 에너지효율 변화요인 분석」. ≪자원환경경제연구≫, 제17권 제2호.

노동운. 2013. 『녹색선진국 진입을 위한 Post-2012 에너지산업부문 저탄소전략 연구』. 에너지경제연구원.

류덕현. 2012. 「내생적 경제성장모형을 활용한 사회간접자본 투자 적정성 평가」. ≪국토연구≫, 제73권.

메리츠증권. 2014. 「중국석탄화학의 화려한 등장」.

박정욱·김수이. 2013. 「한국과 일본의 산업부문 에너지 소비에 대한 LMDI 요인분해 분석」. ≪에너지경제연구≫, 제12권 제1호.

오형나. 2011. 『제조업부문 에너지수요에 대한 연구』. KDI.

온실가스 종합정보센터 정보관리팀. 2014. 「국가온실가스 배출구조 변화요인 분석」. 『기후변화와 녹색성장』, 제7권. 온실가스종합정보센터.

온실가스 종합정보센터. 각 연도. 「국가온실가스 인벤토리 보고서」.

이성인. 2011. 『저소비 고효율 경제사회구축을 위한 국가에너지효율화 추진전략연구』. 에너지경제연구원.

_____. 2012. 『저소비 고효율 경제사회구축을 위한 국가에너지효율화 추진전략연구』. 에너지경제연구원.

조영탁. 2007. 「지속가능한 에너지체제를 위한 에너지세제 및 보조금 정책: 정책과제와 방향모색」. 『지속가능발전을 위한 에너지세제 및 가격정책의 개선방향』. 한국재정학회 에너지세제 정책세미나.

_____. 2009. 「이명박 정부의 녹색뉴딜과 한국 경제의 생태적 뉴딜: 지속가능한 발전과 관류혁신을 위한 문제 제기」. 『경제위기와 현 정부의 경제정책 평가』. 한울.

_____. 2013. 『한국경제의 지속가능한 발전 전략: 생태경제학의 기획』. 한울

조영탁·김창섭. 2008. 「심야전력제도의 문제점과 개선방향: 경제성·환경성·형평성 및 에너지안보」. ≪자원환경경제연구≫, 제17권 제2호.

최정수·김종호. 2004. 「환경계정과 지속가능지표: 한국의 직접물질유입량지표를 중심으로」. 2004년 경제학 공동학술대회 자료집.

하나금융경영연구소. 2012. 「석유화학 원료변화에 따른 파급효과 분석」.

한국전력공사. 각 연도. 『한국의 전력통계』.

행정자치부. 각 연도. 『지방세정연감』.

국가통계포털(KOSIS). www.kosis.kr
전력통계정보시스템(EPSIS). epsis.kpx.or.kr

Daly, H. and Farley, J. 2006. *Ecological Economics: Principle and Application*. Island Press.
IEA. 2014a. *Energy Balances of OECD*.
_____. 2014b. *Energy Prices and Taxes*.

OECD StatExtract. http://stats.oecd.org

제2부 경제 개혁과 정책 선택

제4장

한국 자본주의의 과거, 현재, 미래 그리고 정책 선택*

이　근 | 서울대학교 경제학부 교수

1. 머리말

　　한국 자본주의는 일본의 식민지로부터 독립하고, 전후 1960년대부터 급
속하게 도약했고, 1990년대 중반까지 고도성장을 하다가 1997년 외환위기
를 맞았다. 그러나 외환위기 직전 이미 선진국 클럽인 OECD에 가입하고 국
민소득이 1만 달러를 넘는, 세계은행 기준으로 고소득국에 속하게 됨으로써
전후에 독립한 많은 후발국가 중에서 가장 빈곤한 국가에서 고소득군에 속하
는 극소수의 성공적 추격국가에 들어간다. 이근·이헌창(2001)에서는 지난
1000년의 한국 경제사의 네 가지 쟁점을 논한 바 있다. 첫째, 조선 사회 정치
론과 내재적 발전론의 대립, 둘째, 식민지 수탈론과 식민지 공업화론의 대립,
셋째, 박정희 시대 고도성장의 원인에 대해서 시장주의적 입장과 정부개입주
의적 입장의 대립, 넷째, 20세기 말에 온 외환위기 원인론으로써 정부의 과다

---

*　　이 글은 서울대학교 경제학부 발전기금의 지원을 받아 이루어졌다.

개입론과 과소개입론의 대립이 그것이다. 한국 경제가 외환위기를 맞은 지약 20년이 되어가는 이 시점에서 볼 때, 앞서 언급한 네 가지 쟁점은 여전히 타당하나, 21세기 한국 자본주의의 본질이 무엇인가 하는 새로운 문제 제기가 필요하다고 본다. 그래서 앞서서 언급한 네 개의 쟁점을 한국 자본주의의 본질론이라는 시각에서 다시 보면, 첫째, 식민지 시기의 한국 자본주의의 본질은 무엇인가, 둘째, 해방 이후 외환위기까지 한국 자본주의의 본질은 무엇인가, 셋째, 외환위기 이후 새롭게 형성되고 있는 한국 자본주의의 본질은 무엇인가 하는 근본적 질문을 해볼 수 있다.

　이 글에서는 이러한 문제 제기를 하면서 이를 한국 자본주의의 과거, 현재 및 미래라는 시각에서 살펴보고자 한다. 식민지 이전 시기는 차치하고 일단 이 글의 제2절에서는 해방 이후 외환위기까지의 한국 자본주의의 성격을 간단히 규정해본다. 그리고 제3절에서는 외환위기 이후 영미식 자본주의가 급속히 도입됨에 따라 새롭게 형성되어온 21세기 한국 자본주의의 성격 규정을 시도한다. 기본적으로 외환위기 이전의 자본주의를, '추격형 동아시아 자본주의'라고 보고, 외환위기 이후의 자본주의를 '추격 정체형 동아시아와 영미식 혼합 자본주의'라고 규정한다. 그래서 이 글에서는 외환위기 이후 영미식 주주 중심 자본주의가 급속히 들어옴에 따라 투자보다는 배당을 중시하는 성향이 생겼고 이것이 한국 자본주의의 저성장 성향을 낳는 원인 중의 하나라고 주장한다. 이어서 제5절에서는 영미식 주주자본주의보다는 관계자 중심 자본주의로(stake-holder capitalism) 가야 하며, 한국 자본주의가 지속가능한 성장과 안정된 분배 및 고용을 목표로 해야 한다고 주장한다. 그리고 이를 위해서는 어떤 식의 개혁이 필요한지를 제시한다. 그렇지 않고 한국 자본주의가 영미식 자본주의화의 길을 계속 걸을 경우 저투자·저성장·낮은 고용이라는 경향성을 갖게 될 우려가 있다고 주장한다.

2. 한국 자본주의의 과거: 추격지향의 동아시아 자본주의

해방 이후, 특히 1960년대 이후, 한국은 눈부신 고속성장을 해왔다. 압축성장이라고 불릴 정도로 선진국이 100년 이상 걸린 과정을 몇십 년 만에 달성하는, 그래서 선진국과의 격차를 급속히 줄이는 추격형 성장을 해왔다. 이러한 추격형 성장의 핵심은 소위 선도형 추격으로서, 추격을 선도한 주체는 대기업, 제조업 부문, 수출산업 및 정부 부문이었다. 반면에 뒤처진 분야는 중소기업, 서비스업, 내수산업, 시민사회라고 할 수 있다.

1960년대 이후 한국 자본주의의 추격형 성장의 기회의 창은 첫째, 제2차 세계대전 종전 이후, 새롭게 등장한 팍스 아메리카나라는 정치 패러다임과 둘째, 아날로그 전기전자 기술에 기초한 포드주의적 소품종 대량생산 체제의 등장이라고 불 수 있다(이근 외, 2013). 이런 외부 환경하에서 한국은 전략과 정책의 선택 차원에서는 국가의 자원을 총동원하는 권위주의적 국가 개입과 일본을 모방함으로써 성공적 추격을 했다고 볼 수 있다.

1960년대 이후, 1997년 금융위기까지의 한국 자본주의는 기본적으로 추격형이지만, 1980년대 중후반을 기점으로 그 이전에는 저임금·저가품 위주의 전형적 수출주도형 성장에 기반을 두는 단순 추격형 자본주의라고 볼 수 있고, 그 이후에는 좀 더 고부가가치품 및 혁신에 기반을 둔 성장에 기반을 두는 심화된 추격형 자본주의라고 볼 수 있다.

즉, 1980년대 이전 한국의 경우, 다른 개도국들과 마찬가지로 저가의 수출품을 만들기 위해 선진국으로부터 자본재 및 고급부품을 수입해서 조립 생산하는 체제여서, 1960년대와 1970년대에 항상 무역적자 등 대외불균형에 처해 있었다. 그러나 1970년대 중반부터 정부는 기술발전을 중요시하기 시작했는데 1970년대에는 정부가 R&D 투입을 늘리고 성과는 민간기업에 이전

했으며, 1980년대에는 세금 인센티브를 통해 민간기업들의 R&D 투자를 촉진하는 한편, 크고 위험한 프로젝트에서는 정부와 민간의 합작 R&D를 추진하기도 했다. 1980년대 중반에 이르러서 한국 경제는 대내적으로는 임금 상승과 대외적으로는 동남아 등 후발국가의 등장으로 기존의 노동집약적인 저가품의 수출 경쟁력이 급속히 압박받는 소위 중진국 함정에 빠졌다. 중진국 함정의 요체는 특정 나라의 제품이 아직도 저임금에 기초하는 반면, 좀 더 고가의 차별화된 제품을 만들 수 없는 상황에서 임금이 상승하기 때문에 발생한다. 그래서 많은 국가들이 중진국에 도달해서 성장이 정체되는 상황이 종종 발생하곤 한다. 이 현상은 최근에 세계은행(World Bank, 2010) 등 많은 연구에서 매우 중요한 과제로 인식되고 있다.

한국과 대만이 이러한 중진국 함정을 넘어서서 선진국 수준에 도달할 수 있었던 것은 1980년대 중반부터 혁신, 즉 연구개발투자에 집중한 덕이라고 볼 수 있다. 이때부터 한국의 R&D, 즉 연구개발투자 대비 GDP 비율은 1%를 넘어서고 전체 R&D 중에서 민간 R&D의 비중이 공공 R&D를 넘어서는 현상이 발생했다(Lee and Kim, 2009). 이러한 한국과 대만의 경험은, 중진국 함정을 넘어설 수 있는 근본적인 해결책은 결국 기술혁신을 통해 좀 더 고가의 차별화된 제품을 만들 수 있는 혁신 능력이라는 것을 시사한다. 이로써 한국 자본주의는 더욱 성공적인 추격의 길을 걷게 된다. 그리고 특히 한국 전기전자산업의 경우, 일본을 추격 내지 추월하게 되는 결정적 기회의 창이 아날로그에서 디지털로의 패러다임 변화였다. 여기에 일본이 더디게 반응하는 사이 한국기업들은 신속히 이 신기술을 채택하면서 세계시장에서의 경쟁을 주도권을 잡아 나갔고 이것이 국민경제의 향상으로 귀결되었다.

R&D 지출 강화와 대학 교육에 대한 중시는 지식기반 성장의 기초를 마련했는데 이는 한국인이 미국에서 출원한 특허 건수의 증가에서 잘 볼 수 있다.

이근·김병연(Lee and Kim, 2009)에서 보듯이 1980년대 초반 한국인의 미국 특허 출원 건수는 기타 개도국들의 미국 특허 출원 건수 범위(약 50건)를 초과하지 못했으나 1980년대와 1990년대를 거쳐 그 수는 급속히 증가해 기타 중진국들의 평균 출원 건수의 10배를 초과했다. 이에 반해 기타 중진국들은 제자리에 머물러 있었다. 2000년, 한국과 대만은 5000건이 넘는 미국 특허를 출원했으나 기타 중진국 혹은 저소득층 국가들은 한 해의 출원 건수가 500건이 채 되지 않았다. 이 간과되기 쉬운 정책의 추진으로 한국은 1980년대 말 역사적으로 처음 성공적인 무역흑자를 맛보았고 1990년대 중반부터는 안정적으로 무역흑자를 기록함으로써 장기간 지속되어온 대외무역불균형 또는 무역과 개혁의 스톱 앤드 고(stop and go) 사이클을 극복했다. 한국과 달리 대부분의 라틴아메리카 나라들은 R&D 지출을 늘리지 않았고 심지어 2000년까지도 R&D/GDP 비율이 1%를 넘는 나라는 하나도 없었다. 이에 반해 한국의 R&D/GDP 비율은 1990년대 초반에 이미 2%를 넘겼고 민간 R&D 지출 비율이 80%를 차지했다. 즉, 한국 경제의 성장의 원천은 고정자본투자와 아울러 1980년대 중반 이후로 급격히 상승한 연구개발투자라는 양축을 가지게 되었다.

이러한 혁신에 기반을 둔 성공적 추격형 동아시아 자본주의는, 정부와 대기업의 수출 제조업 중심의 성장동맹이 주도하는 자본주의였고, 여기서는 고도성장이 임금 상승을 낳고 이에 따른 분배 호전이라는 성과 속에, 복지는 일자리 제공으로 대신하는 체제였다. 대기업은 오너 가족이 지배적 주주인 아시아형 가족 경영이었고, 이는 고투자, 저배당 및 매출 성장을 추구하고 연공서열 임금제를 채택했다. 국제화 면에서는 국내 임금 상승 압박으로 인해 한계를 맞이한 중소기업이 공장을 외국으로 보내는 형태의 국제화가 일부 진행되었으나, 대부분은 중소기업은 내수지향에 머물렀다.

그러나 1980년대 이후의 성공적 '추격형 동아시아 자본주의'는 그 한계가 존재했고, 이는 결국 1997년 외환위기로 귀결된다. 즉, '정치적 권위주의와 전략적 개방'을 그 핵심요소로 하는 동아시아 모델의 위기는 바로 그 성공 그 자체로부터 나왔다. 다시 말해, 경제성장의 성공에 따라 개발독재의 변화, 즉 민주주의로의 요구가 증대되고 국제사회로부터 시장 개방과 금융자유화를 요구받게 된 것이다. 1992년 군사정권에서 문민정부로 이행하면서 민주화의 수준이 높아지고 자본시장을 포함한 개방도가 급상승했다. 소득재분배 요구를 포함하는 민주화와 개방은 이 과정에서 외환관리와 대외적 안정성 관련 정책 실패와 연결되면서 외환위기를 낳았던 것이다. 즉, 성공적 후발국의 지속적인 성장의 두 목표 조건 중 내재적 혁신 능력은 향상되었으나, 첫 번째 조건인 외환 확보라는 전제 조건이 개방정책을 둘러싼 정책 실패로 인해 깨지면서 한국 경제는 순식간에 위기에 빠진 것이다(이근 외, 2013).

3. 한국 자본주의의 현재: 동아시아와 영미식 혼합자본주의와 추격의 정체

외환위기 이후 한국 자본주의는 IMF 주도의 개혁을 거치면서 급속히 개방화와 세계화의 길을 걷게 되고, 그 주요 내용은 영미식 주주 중심 자본주의 요소의 대거 도입이었다. 이에 따라, 이전 단계의 추격형 자본주의의 핵심 요소인 한국 대기업의 특징도 변화했다. 즉, 과거 은행에 의존하던 자본 조달에서 자본시장 의존형이 되었고, 과거의 장기고용 관행이 이제는 단기화되었으며, 일본식의 연공서열형 보상체제에서 미국식의 강력한 성과 보상체제가 정착되었다.[1] 이렇듯 몸체는 영미식 자본주의 기업이 되었는데, 여전히 오너체제라는 면에서 속과 머리는 한국식인 새로운 하이브리드형 대기업 체제가 된 것이다(이근, 2014). 이런 체제의 유지가 가능한 것은 오너 1인 체제라기보다는, 오너와 강력한 권한 위임을 받은 전문경영자라는 투톱(two-top) 혹은 쌍두마차형 지배구조가 형성되었기 때문이라고 볼 수 있다. 과거 외국인 지분 비율이 5%도 되지 않던 한국 자본주의가 세계 최고 수준인 40%에 육박하면서 이들 주주들에 의한 배당 요구 및 자사주 매입 등으로 잉여 이윤이 지출되었고, 투자율이 하락하는 영미식 자본주의의 비용을 치르게 된 것이다. 즉, 한국의 대기업은 외환위기 이후 영미식 자본주의의 외피를 입어서 겉은 영미식, 속은 오너 가족 지배의 동양식이라는 이상한 혼합 자본주의 형태를 띠게 되었고 그 대가는 투자의 하락이었다. 근본적으로 영미식 자본주의는 주주 중심 자본주의로서 투자보다는 배당이 미덕이라는 가치를 지향하고 있다.

1) 영미식 자본주의와 저투자 성향

실제로 GDP 대비 총자본 형성의 비율은 1990년대에 35% 이상에 도달했지만, 2000년대에는 30%에 머물러서 5%p 정도라는 추세적 하락을 경험했다(<그림 4-1>). 이 하락분은 외국인 지주의 등장, 즉 영미식 자본주의의 도입 비용이라고 할 수 있는데, 그나마 이 30%대의 투자율도 20%의 일본보다는 높다. 일본과의 차이는 아마도 오너 체제에서 나오는 높은 투자 동기에 기인한 것이라고 볼 수 있다.

---

1) 이영훈(2015)에 인용된 통계에 의하면, 2009년 종사자의 근속연수는 정규직의 경우 평균 6.2년으로, OECD 내에서 가장 짧은 편이다. 전체 피용자 가운데 1년 미만 근속자의 비율은 36.2%나 되어, OECD 내에서 단연 최고다. 반면 10년 이상 장기근속자의 비중은 16.9%로 최저다.

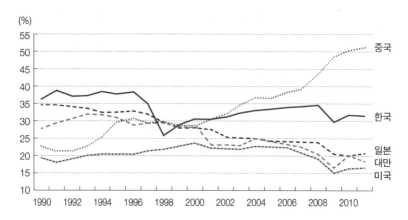

〈그림 4-1〉 각국의 GDP 대비 고정자본 형성 비율

자료: World Bank, World Development Indicators 자료를 이용하여 필자 계산.

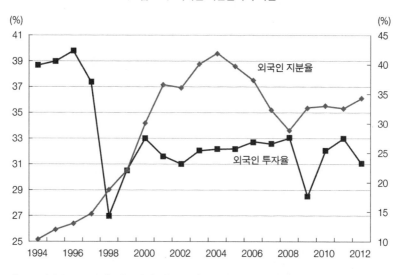

〈그림 4-2〉 외국인 지분율과 투자율

자료: 투자율은 IMF(2014), 외국인 지분율은 금융감독원 금융통계월보(시가총액 기준).

〈표 4-1〉 외국인 지분 비율과 고정자산 투자

구분	종속변수: 유형고정자산 증가율						
	모형 (1)	모형 (2)	모형 (3)	모형 (4)	모형 (5)	모형 (6)	모형 (7)
절편	0.08535*** (6.74)	-9.23738*** (-769)	-9.01947*** (-7.68)	-8.98760*** (-7.66)	-9.01840*** (-7.68)	-8.99258*** (-7.66)	-9.06522*** (-7.71)
외국인 지분	-0.19359 (-1.42)	-0.37921*** (-2.78)	-0.38901*** (-2.85)	-0.33591** (-2.35)	-0.37973*** (-2.76)	-0.35333** (-2.50)	-0.37637*** (-2.73)
5% 이상 외국인 주주 유무				-0.05595 (-1.29)			
전략적 투자더미					-0.05061 (-0.66)		
포트폴리오 투자더미						-0.04840 (-1.02)	
배당							-1.54077 (-0.79)
기업 규모		0.81865*** (7.96)	0.80598*** (7.83)	0.80355*** (7.80)	0.80621*** (7.83)	0.80362*** (7.80)	0.81095*** (7.86)
Tobin's Q		0.11297*** (3.36)	0.11811*** (3.51)	0.11783*** (3.50)	0.11735*** (3.48)	0.11870*** (3.52)	0.12223*** (3.59)
현금 흐름		0.20300* (1.77)	0.20494* (1.78)	0.20429* (1.78)	0.20309* (1.77)	0.20610* (1.79)	0.21774* (188)
이익의 변동성		-0.21482 (-1.57)	-0.20424 (-1.50)	-0.20795 (-1.52)	-0.20422 (-1.50)	-0.20742 (-1.52)	-0.20406 (-1.50)
부채비율		-0.09631* (-1.90)	-0.11399** (-2.23)	-0.11339** (-2.22)	-0.11473** (-2.24)	-0.11278** (-2.20)	-0.12232** (-2.34)
대주주 지분율			-0.20585** (-2.42)	-0.20406** (-2.40)	-0.20501** (-2.41)	-0.20512** (-2.41)	-0.20514** (-2.41)
기관투자자 지분율			-0.05659 (-0.55)	-0.06009 (-0.58)	-0.05869 (-0.57)	-0.05770 (-0.56)	-0.05216 (-0.51)
R-sq	0.0010	0.0346	0.0374	0.0382	0.0376	0.0379	0.0377
F Value	2.02	12.48	10.14	9.20	9.06	9.13	9.09

주: 1) ( )은 t- 값.
   2) ***는 1%, **는 5%, *는 10% 유의수준.
자료: 김아리·조명현(2008: 36).

제4장 · 한국 자본주의의 과거, 현재, 미래 그리고 정책 선택   193

<그림 4-2>에서는 한국 상장기업의 평균 외국인 지분율 추세와 GDP에서의 투자 비중, 즉 투자율을 보여주고 있다. 집계적 변수들이라서 그 상관관계가 뚜렷하진 않지만, 외국인 지분율과 고정자산 투자율 간의 역(-)의 상관관계가 나타나고 있다. 가령, 2000년대 중반에 외국인 지분율이 하락할 때, 투자율이 상승했으며, 2000년대 초반에는 외국인의 지분율이 상승할 때 투자율이 감소했다. 또한, 2010~2012년 사이에도 외국인 지분율의 상승과 투자율의 감소가 관측되고 있다. 상장기업 차원에서 외국인 지분과 해당 기업의 투자율 간의 관계에 대한 좀 더 엄밀한 분석은 김아리·조명현(2008)에서 볼 수 있다. 이 논문에서는 해당 기업의 유형고정자산 증가율을 종속변수로 해서, 여러 통제변수를 넣고 회귀분석을 한 결과, 외국인 지분의 지수는 매우 강건하고 유의미하게 음의 부호를 보여주고 있다. 즉, 외국인 지분의 비율이 높은 기업일수록 투자를 적게 한다는 관계가 이미 실증이 된 셈이다(<표 4-1>).

2) 현 단계 한국 자본주의의 성장과 분배

<그림 4-3>에서는 한국에서 소득 상위 1%가 전체 소득의 몇 %를 차지하고 있는지를 장기에 걸쳐 보여준다. 상위 0.1% 또는 상위 10%의 경우에도 그 양상은 크게 다르지 않다. 자료의 제약으로 한국의 경우 고도성장기가 공백으로 남아 있지만, 근로소득에 한정한 상위 1%의 소득 비중은 1963년까지 시계열을 연장할 수 있다(김낙년, 2012). 이에 따르면 상위 1%의 소득 비중은 1960년대 이후 5%대로 안정적으로 추이하다가 1990년대 중엽부터 상승으로 돌아섰다. 즉, 한국이 외환위기를 맞아 영미식 자본주의를 본격적으로 도입한 이후에, 상위 1%의 소득 비중이 급상승하고 있는 것을 보여준다.

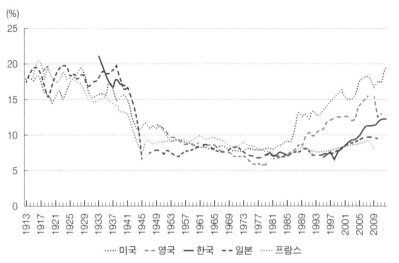

〈그림 4-3〉 각국의 상위 1% 소득자가 전체 소득에서 차지하는 비중

······미국 ‑‑영국 ━한국 ‑‑일본 ······프랑스

자료: 김낙년(2014).

이 그림은 미국, 영국, 프랑스, 일본 등도 보여주고 있는데, 상위 1%의 소
득 비중은 영미식 자본주의 대표라 할 수 있는 미국과 영국에서 15%에 육박
할 정도로 압도적으로 높다. 반면, 유럽 대륙식 자본주의의 유형에 속한다고
볼 수 있는 프랑스 경우가 제일 낮다.

<그림 4-4>는 피케티(Piketty, 2014)에 나오는 그림으로서, 각국의 GDP
대비 민간자산(wealth)의 크기를 보여주고 있다. 이 비율이 높을수록 자산소
득 비중이 높아서 소득분배가 바람직하지 않은 편이라고 할 수 있는데, 기간
에 따라 조금 차이가 있지만 영국의 비율이 가장 높고, 역시 산업자본 중심인
독일이 가장 낮은 경향이 나타난다. 즉, 금융자본 중심의 영미식 자본주의 경
제에서 분배가 제일 취약하다는 것을 보여준다 하겠다.

분배에 대한 또 다른 지표는 노동소득분배율인데, <그림 4-5>는 홍장표
(2014)에 나오는 그림으로서 , 한국에서 1975년 이후 노동소득분배율의 추세

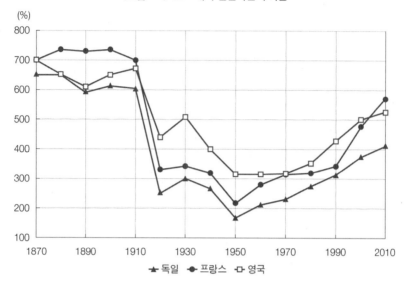

〈그림 4-4〉 GDP 대비 민간자산의 비율

자료: Piketty(2014).

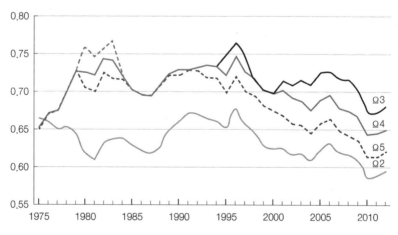

〈그림 4-5〉 한국의 노동소득분배율의 추이

주: Ω4, Ω5는 수정치이다.
자료: 홍장표(2014: 113).

를 보여주고 있다. 노동소득분배율은 자영업자의 소득을 자본소득이냐 노동소득이냐 어느 쪽으로 얼마만큼 볼 것인가에 따라 추정치에 많은 차이가 나는 경향이 있다. 이 그림에서 보면, 여러 추정치 간의 차이에도 불구하고 한국에서 혁신주도의 고성장이 이루어진 1985년과 1995년 사이의 노동소득분배율이 일관되게 상승함을 보여주고 있다. 그러나 동시에 모든 추정치가 금융위기 이후 영미식 자본주의가 들어서면서 노동소득분배율은 일관되게 하락하고 있음을 알 수 있다.

3) 성장과 분배에서 대기업의 역할

한국 자본주의에서 성장과 분배를 논할 때 중요한 쟁점은 그동안 성장의 주역인 대기업 집단, 즉 재벌이 성장과 분배에 어떤 영향을 미쳤는가이다. 이런 문제의식을 가지고 필자가 중진국 이상, 선진국 자료를 가지고 수행한 연구에서는, 대기업의 효과를 대기업의 절대 수 증가 효과와 대기업이 경제에서 차지하는 비중, 즉 대기업 집중도 효과로 분리해서 보고 있다(Lee et al., 2013; 이근 외, 2014b). 또한 직간접 효과를 동시에 살펴야 하는데, 통상적으로 대기업의 팽창은 직접적으로는 분배를 악화시키는 경향이 있지만, 간접적으로는 성장을 증가시켜 이에 따라 분배가 호전되는 효과가 있으므로 서로 반대 방향의 직간접 효과가 서로 상쇄되면, 그 총 효과는 불확정적일 수 있다.

이를 종합해보면 첫째, 어떤 한 국민경제가 포천 글로벌 500(Fortune Global 500)급의 초우량 기업을 더 창출하면 그 나라 경제성장에는 도움이 되는 반면, 노동소득분배율은 약간 감소하고, 지니계수에는 별 영향이 없는 것으로 나타난다. 둘째, 대기업 집중도의 증가는 노동소득 비중을 증가시키는 효과가 있는 반면에, 지니계수는 악화시키는 측면이 있다. 즉, 분배의 기준을 불평등도의 척도인 지니계수로 보느냐, 아니면 전체 국민소득에서 노동소득이 차지하는 비중으로 보느냐에 따라서 대기업 집중도의 효과는 상반된 결과를 나타낸다.

왜 이러한 결과가 나오는 것일까? 집중도의 증가가 노동소득의 비중을 호전시키는 것은 대기업은 상대적으로 자본집약적인 생산방식을 택하는 경향이 있어 노동 1인당 자본 장비율이 높고, 따라서 노동 1인당 부가가치가 높으며, 결과적으로 1인당 임금이 높기 때문에 노동소득 비중을 증가시키기 때문이다. 쉽게 말하면 삼성과 같은 대기업이 차지하는 비중이 높을수록 고임금이 지급되기 때문에 노동소득 비중은 늘어나는 것이다. 여러 나라 자료를 보아도, 우량 대기업이 없는 나라들, 가령, 말레이시아, 태국 등에서는 노동소득분배율은 30%대이거나 더 낮게 나타난다. 임금수준이 낮을 수밖에 없는 중소기업만 가지고는 노동소득분배율을 올리는 데는 한계가 있다. 한편, 대기업 집중도의 증가가 지니계수를 증가, 즉 불평등도를 심화시키는 것은 대기업은 상대적으로 숙련 노동을 고용하는 경향이 있기에 비숙련 노동과의 임금 격차, 즉 불평등도를 심화시키는 경향이 있기 때문이다.

필자가 여러 나라에 대한 비교 연구를 한 결과, 한국은 대기업 집중도와 경제 규모 대비 대기업 수 측면에서 일본, 대만과 비슷한 위치를 점하고 있다(<그림 4-6>). 가령 프랑스나 영국에 비해서 대기업 집중도도 낮고 경제 규모 대비 창출한 대기업 수도 적은 위치에 있다. 일반적으로 과거 한국이나 최근의 BRICS와 같은 추격형 성장 패턴 국가의 경우에는 경제성장에 따라서 절대적인 대기업 수도 늘고, 대기업 집중도도 증가하는 현상이 나타났다. 한편, 독일은 대기업 집중도 면에서는 한국과 비슷한 수준이나, 한국보다 경제 규모 대비 절대적 대기업 수가 상당히 많은 편이다. 다음 절에서 논하겠지만 향후 한국은, 한국보다 수직으로 위에 위치한 독일 방향으로 가는 것이 바람

〈그림 4-6〉 경제 규모 대비 대기업 수와 경제력 집중도

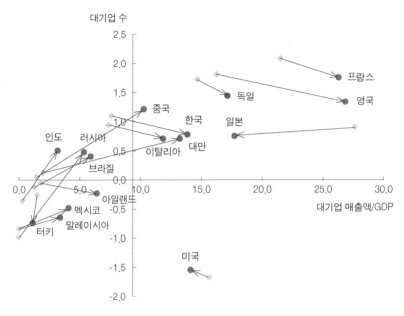

자료: 이근 외(2014b), Lee et al.(2013).

직하다. 즉, 현재보다 더 많은 수의 대기업을 창출하되, 경제적 집중도는 높이지 말아야 한다.

4) 국제화와 고용

혹자는 공장의 해외 이전 등의 국제화가 국내 고용을 감축시킬 것이라는 우려를 제기할 수 있지만, 유럽이나 일본 등 여러 나라의 연구는 이런 우려와는 다른 결과를 보여주고 있다. 한국의 경우도 이와 크게 다르지 않으며, 그것들이 시사하는 바는 국내 고용의 유지나 창출을 결정하는 것은 공장이 해외에 있느냐, 국내에 있느냐가 아니라 관련 기업이나 산업이 계속 경쟁력을

제4장 · 한국 자본주의의 과거, 현재, 미래 그리고 정책 선택   **199**

유지하느냐 못하느냐이다(Lee and Jung, 2015). 기업의 생산량과 매출이 계속 늘어나기만 한다면, 그에 따라 고용은 자연스럽게 늘어난다. 한 예로 삼성전자의 휴대전화 사업을 보면 1990년대 이후 전 세계 8개 지역에 공장을 세웠지만, 이에 따른 경쟁력 증가로 2002년 6000명 정도이던 국내 고용이 2012년 2만 명이 넘는 수준으로 약 4.7배 증가했다. 물론 미숙련 노동인 조립직은 정체되었으나, 고급 노동인 연구개발직은 1500명에서 1만 명 이상으로, 디자인은 60명에서 500명 이상으로, 마케팅은 230명에서 1300명 정도로 늘어났다. 특히 이런 대기업에서 국제화의 최상 시나리오는 부품 협력사와의 동반 진출로서 협력사 차원에서도 비슷한 고용창출이 되었다. 삼성전자의 휴대전화 케이스를 만드는 I사의 경우는, 2009년에 900명이던 고용이 2012년에는 1500명 정도로서 3년 만에 60% 이상 증가했다. 과거 중소기업이었던 이 회사는, 이제 매출이 1조 원을 넘어서 이제는 대기업으로 분류되었다. 그에 따라서 외국인 노동자를 고용하는 데 규제를 받게 되어 불편하다고 호소하기에 이르렀다.

이러한 국제화와 고용 관계 측면에서 삼성과 애플을 비교해보자. 두 회사 모두 해외 공장에 의존하는 오프쇼링(off-shoring)을 한다. 하지만 삼성은 자체 공장이라는 면에서 아웃소싱(out-sourcing)이 아닌 인소싱(in-sourcing)인 반면, 애플은 남의 공장에 일감을 준다는 면에서 아웃소싱이다. 이는 국내 고용창출력 측면에서 큰 차이가 있다. 삼성의 경우 해외 공장을 확대함에도 불구하고 국내 공장이 늘어나는 것은, 삼성의 국내 파트에 소속된 직원들이 8개가 넘는 해외 공장에 계속 교대로 다니면서 계속 공장을 점검·수리하고, 라인을 교체하는 인력이 계속 늘어나기 때문이다. 이런 성격의 고용창출이 애플에는 없다. 그리고 삼성의 경우 구미의 공장을 일종의 어머니공장(mother-factory)으로서 해외 공장에 대한 선도 공장의 역할을 하게하고, 수원의 글로벌 제조센터가 여러 해외 공장의 생산을 통제·관리한다는 전략을 가지고 제조업 차원의 암묵적 지식과 경쟁력을 유지하고 있는 것이다. 즉, 이를 통해 공장 해외 이전에도 불구하고 기술 공동화와 기술 단절을 방지하고 있다.

이상에서 살펴본 것처럼 한국의 대기업 집단은 국제화가 진행되었음에도, 해외 공장을 직접 통제하는 방식으로 국내 고용을 유지하고 동시에 기술 공동화를 방지하고 있다는 면에서, 오프쇼링과 아웃소싱을 동시에 추구하여 공장의 암묵적 지식으로부터 멀어지고 있는 선진국의 제조 기업들과는 일정한 차이가 존재한다.

4. 한국 자본주의의 미래와 정책과제

1) 바람직한 한국 자본주의의 미래상과 정책과제

바람직한 방향으로의 한국 자본주의의 미래상은 '지속가능한 성장, 안정적 고용과 분배를 축으로 한 이해관계자 자본주의'일 것이며, 이를 위한 정책과제에 대해 논해보자.

지난 외환위기는 기본적으로 영미의 금융자본에 의한 한국 산업자본의 포획 과정이었으며, 지난 2008년 이후 세계금융위기는 그런 금융자본주의의 위험성을 알린 경고였다. 이에 대해 유럽 산업자본의 종주국인 독일과 프랑스가 금융자본에 대한 각종 규제를 선도하고 있는 것은 과도한 금융자본의 지배성에 대한 산업자본의 반발이라고 할 수 있다. 한국은 후발 산업자본의 한 축으로서 영미보다는 이러한 유럽대륙의 산업자본과 국제적 정책 공조를 하는 것이 필요하다. 한국 자본주의가 계속 성장하면서 일자리를 창출하기 위해서는 지속적인 투자가 중요한데 투자 환경 개선 등 외부적 조건뿐만 아니라 이런 영미식 자본주의가 부과하는 기업 지배구조 차원의 요구를 적절히 견제할 수 없다면, 한국에는 저성장 체제가 정착될 것으로 보인다. 이를 막기 위해서는 의결권을 주식 보유 기간에 비례하게 하는 것이 방안이 될 수 있다. 즉, 의결권과 배당권을 주식 보유 기간에 비례하게 하여, 과도한 주주자본주의를 견제하고, 이해관계자형 자본주의로 가야 한다.

근본적으로 영미식 자본주의는 주주 중심 자본주의로서 투자보다는 배당이 미덕이라는 가치를 지향하고 있고, 이는 결국 저성장 경향성을 준다는 면에서도 글로벌 차원의 저성장·저일자리의 원인을 제공한다고 볼 수 있다. 이런 상황하에서 현 정부가 소득주도 성장을 한다면서 들고 나온 것이 배당소득 증대라는 점은 부자의 소득 증대라는 면에서 소비 및 성장 효과도 작을 뿐 아니라 저투자·저성장 경향성을 더 강화하는 정책이라고 할 수 있다. 분배나 복지 측면에서 효과를 얻기 위해서는 오히려 금융자산에 대한 세금이나 각종 단기/투기성 파생상품이나 자본거래, 오바마식 은행세 등 금융자산과 관련된 조세 강화가 더 효과적일 것이다. 즉, 금융소득에 대한 과세 및 단기투기 자본 규제 및 과세 강화로 위기 방지형 거시금융체제를 완성하고, 소득주도 성장은 배당주도가 아니라 투자에 따른 고용창출과 임금주도로 이루어지는 것이 정답이다. 소득주도 성장에 대한 또 다른 대안은 환율 절상을 용인하여 실질임금 인상 및 물가 안정 효과를 얻어내 내수를 진작하는 것이다. 또한 해외 공장 투자도 소득환류세에서 빼주어야 애플과 같이 위탁공장형 해외 생산이 아닌, 자가(자기 소유) 공장형 해외 생산이 유지될 수 있고, 그래야 생산의 국제화에도 불구하고 고용창출이 가능하다. 또한 중소기업 - 대기업 동반 국제화로 중소기업의 국제화를 완성하고, 혁신력을 제고해야 한다. 현재와 같은 국내 시장 안주형 중소기업 정책은 지속이 어렵다. 실제로 이영훈(2015)은 수출에서 차지하는 중소기업의 비중이 2000년대에 급감하고 있음을 지적하고 있다.

(1) 대기업 지배구조 문제

이제, 한국의 과거 추격형 성장의 주역이던 대기업은 영미식 외피를 입으면서 저투자라는 경향성을 띠게 되고, 이는 한국 경제 차원의 저성장 경향성의 원천이 되고 있다. 이는 과거 성장 주도 세력인 재벌이 일정 정도 월스트리트식 자본주의에 포획되었다고도 볼 수 있다. 하지만 미국의 구글 같은 기업이 IT기업으로 출발했으나 우주 개발도 하고, 무인차도 개발하고, 드론도 개발하는 등 그야말로 문어발식 확장을 할 수 있는 것은, 구글의 지배구조가 기업 창업자에게 막대한 의결권을 주는 황금주를 허용했기에, 지배구조 측면에서 주주들의 눈치를 덜 보고 적대적 인수합병 요구에 덜 노출될 수 있기 때문에 가능했던 것이다. 반면에 한국 재벌은 평균 절반이 넘는 외국인 주주 비율과 이들의 배당 요구 및 적대적 인수합병에 노출되어 있다는 점이 기업 차원의 저투자의 한 원인이 되고 있다.

실제로 구글의 경우 창업주인 래리 페이지(Larry Page)와 세르게이 브린(Sergey Brin)이 총주식의 약 15%만을 보유하면서 약 56%의 의결권을 행사하는데 이는 1주당 10배의 의결권을 가지는 차등의결권 주식을 보유하기 때문이다. 미국에서는 차등의결권 관련 논의가 1920년대부터 이어져 오고 있는데, 1926년에 이미 1주 1의결권 원칙을 도입한 뉴욕증권거래소는 적대적 인수합병이 만연한 1980년대 많은 기업들의 요구로 1994년 차등의결권 제도를 허용한 이후 지금까지 허용하고 있으며 나스닥 또한 차등의결권 제도를 허용하고 있다(기업지배구조원, 2014). 2012년 기준 S&P 1500 기업 중 차등의결권을 도입한 기업은 79개 사에 지나지 않지만, 차등의결권제도를 도입한

〈표 4-2〉 차등의결권 제도를 도입한 미 IT기업 대주주의 의결권 현황

2013년 4월 기준	기업 공개일	발행 주식 수	창업자* 보유 주식 수 (총 의결권 비중)
구글	2004.8.19.	보통주A(1주 1의결권): 270,987,899 보통주B(1주 1의결권): 60,722,225	보통주A: 93,420 보통주B: 49,263,925 (56.1%)
링크드인	2011.5.19	보통주A(1주 1의결권): 91,400,638 보통주B(1주 1의결권): 18,887,435	보통주B: 17,073,237 (60.9%)
질로우	2011.7.20	보통주A(1주 1의결권): 27,208,820 보통주B(1주 1의결권): 7,268,626	보통주B: 7,268,626 (72.8%)
그루폰	2011.11.4	보통주A(1주 1의결권): 658,824,902 보통주B(1주 1의결권): 2,399,976	보통주A: 196,198,554 보통주B: 1,399,992 (54.6%)
징가	2011.12.16	보통주A(1주 1의결권): 606,894,493 보통주B(1주 1의결권): 165,808,221 보통주C(1주 1의결권): 20,517,472	보통주B: 74,085,846 보통주C: 20,517,472 (61.0%)
페이스북	2012.5.18	보통주A(1주 1의결권): 1,740,598,009 보통주B(1주 1의결권): 670,450,341	보통주A: 1,939,987 보통주B: 607,599,549 (67.2%)

주*: 창업자가 다수인 경우는 모두 포함하고, 기타 경영진 및 이사는 포함하지 않음.
자료: 한국기업지배구조원(2014: 11). http://www.cgs.or.kr/CGSDownload/eBook/REP/R004003002.pdf.

구글이 2004년 상장한 이후, 페이스북, 징가, 그루폰 등 IT기업을 필두로 차등의결권 제도를 도입한 신규 상장기업이 증가하고 있다(<표 4-2> 참조). 이러한 차등의결권주의 도입으로 주주의 간섭으로부터 좀 더 자유로워지고, 경영권이 안정될 경우에는 과감한 투자를 자극하는 효과가 있다.

한국의 경우, 1주 1의결권이 마치 글로벌 스탠더드인 것처럼 상법에 규정되고 있어 스스로 발목을 잡고 있는 셈이다. 한국은 좀 더 창의적으로 스스로의 자본주의를 창조해나갈 필요가 있다. 그 방향은 신생기업의 경우 차등의결권을 허용하고, 성숙기업의 경우, 의결권을 주식 보유 기간에 비례하여 부여하는 것이다.

(2) 동반 국제화

여기서, 대기업과 경제력 집중, 이에 따른 분배 차원을 고려해볼 때, 한국의 향후 성장 경로의 선택에는 서너 가지 대안이 존재한다(이근 외, 2014b). 첫 번째는 영국, 프랑스 방향으로 성장하는 것으로서 대기업 집중도가 늘어나면서 더 많은 대기업을 창출하는 경로이다. 이 경우, 추가적인 성장 효과도 있지만, 지니계수 등 불평등도가 악화된다. 두 번째는 더 많은 대기업을 창출하지 못하면서 집중도만 더 심화시켜 불평등도를 심화시키는, 바람직하지 않은 내수 의존형 성장 패턴이다. 반면 바람직한 세 번째 시나리오는, 독일을 벤치마킹하여 집중도는 늘리지 않으면서도 더 많은 대기업을 창출하는 것이다

〈그림 4-7〉 성장의 여러 유형

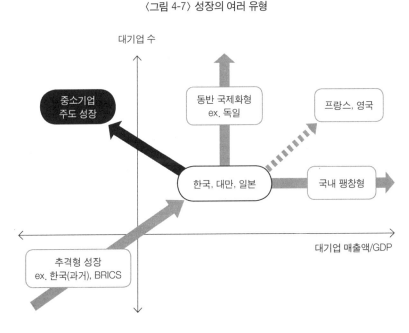

자료: 이근 외(2014).

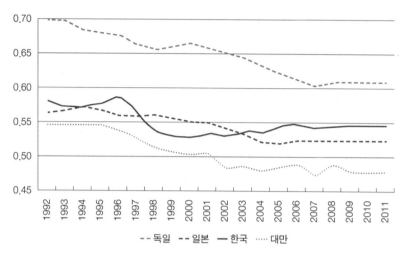

〈그림 4-8〉 주요국의 노동소득분배율 추이

자료: Penn World 8.0 자료 이용.

(<그림 4-7> 참조). 이 시나리오의 경우는 성장과 분배에 대한 효과 면에서 집중도가 늘어나지 않아 지니계수의 악화는 없고, 노동소득분배율만 약간 하락할 수 있다. 이런 식의 국제화 성장전략에서 노동소득분배율이 하락하는 것은 해외의 값싼 노동력을 이용하여 공장을 돌리므로 이윤율이 상승하고, 즉 자본소득 비중이 상승하기 때문이다(이근 외, 2014b). 그러나 이는 큰 문제가 되지 않는데, 이런 자본소득에 대해 세금을 부과하여 이를 사회 복지에 지출한다면 노동소득 비중 감소에 대한 보상은 충분히 가능하기 때문이다.

또한 한국의 노동소득분배율은 55% 수준으로 60%인 독일보다는 낮지만, 대만이나 일본보다는 높은 수준이라는 점에서도 수용 가능한 선택이라고 할 수 있다(<그림 4-8>). 이 시나리오 안에서 세금 부과를 높이는 합리적인 방안은 나라 간의 법인세 경쟁을 고려할 때, 법인세보다는 개인 소득세의 누진성을 높이는 것이다. 실제로 한국은 조세에 의한 재분배 정도가 OECD 국가들 중에서 최하위이며, 이 때문에 조세에 의한 재분배 효과라는 고전적인 정책 수단을 제대로 활용할 필요가 있다.

집중도를 늘리지 않고, 어떻게 추가 대기업을 창출하는 것이 가능한지 의문을 가질 수 있지만, 그것이 가능한 시나리오는 대기업이 내수에 의존하지 않고 해외시장 의존형으로 더 국제화하여 팽창하거나, 그런 유형의 대기업이 창출되는 경우이다.[2] 그런데 현실적으로 제조업 분야에서 삼성, 현대자동차 같은 초우량 기업이 추가로 나오기는 어려워 보이고, 가능성 있는 것은 IT 서비스 분야이다. 실제로 네이버는 이미 1조 원이 넘는 매출액을 달성하여 대기업군에 들었는데, 기존 제조업 분야에서는 이런 신생 대기업의 탄생이 매우 드물다. 이미 중국도 알리바바(전자상거래), 바이두(검색엔진), 텐센트(SNS) 등 3대 IT서비스 기업을 창출하여 이미 뉴욕 등 해외 증시에 상장한 바 있다. 그런데 이러한 기업이 중국에서 나오게 된 것은 중국 정부가 신생 산업 분야에 대한 규제를 최소화한 유연한 정책이 주요했기 때문이다. 실제로 중국 정부는 기존 은행들의 성과 개선이 미흡하자 대신에 이런 IT 서비스 기업에게 금융업을 허용하는 결단을 내렸다. 그리고 수상이 직접 최초의 온라인 대출 허가 버튼을 누르는 세레모니를 한 바 있다. 그러나 한국에서 핀테크산업의 상황은 아직 초보 단계로 결제 단계에 머무르고 있는 수준이다. 다음카카오 같은 기업들에게 모바일 은행업을 허가하기에는 한국은 금산 분리 등 너무 많은 규제의 산이 놓여 있다. 제1차 디지털 혁명은 한국이 아날로그에 머무른 일본을 추월하는 계기가 되었고, 이제 제2차 디지털 혁명이 다가오고 있다. 제1차 디지털 혁명이 여러 전자제품의 디지털화였다면, 제2차 디지털 혁

---

2) 이영훈(2015)은 개방도가 높을수록 해외에서의 매출이 많을 것이므로 매출 대비 GDP로 잡은 대기업 집중도는 높기 마련이라고 지적한다. 즉, 국내 매출만 잡으면 집중도는 작게 나올 것이다.

명은 IT와 다른 산업 분야의 융합이다. 즉, IT와 헬스가 융합하고, IT와 운송업이 융합하고, IT와 금융이 융합하는 것인데, 이런 제2차 디지털 혁명에 한국이 뒤처져 있는 것이 걱정스럽다.

이상의 시나리오에서는 국제화를 통해 추가적 대기업이 나오고, 동시에 중소기업도 동반으로 해외로 진출하는 동반 국제화도 가능하다. 물론, 락앤락, 오로라월드 같이 중소기업이 독자적으로 국제화하여 한국에서 좀 더 중소기업의 비중이 높아지는 시나리오도 가능하다(그림 <4-7>에서 중소기업 주도 성장형). 그러나 많은 경우 중소기업에게 국제화는 리스크가 크기 때문에 대기업과의 동반 국제화가 대안인 경우가 많다. 어쨌든 한국의 과거 추격형 성장의 주역이던 대기업은 영미식 외피를 입으면서 저투자라는 경향성을 띠게 되었고, 이런 이유에서도 중소기업, 서비스업 등 새로운 성장 원천이 한국 자본주의에 필요하게 된 셈이다. 즉, 과거 대기업, 정부, 제조업, 수출주도라는 선도 추격 모델에서 중소기업, 민간, 서비스업, 내수라는 새로운 추격 동력을 육성하여 동반 추격, 동반 국제화로 가야 하는 것이 한국 자본주의의 현 단계이다. 한국의 국제화 정도의 척도라 할 수 있는 GDP 대비 대외 순수취 요소소득은 0.5% 부근이어서 2%가 넘는 일본 및 대만에 비해서 매우 낮은 수준이다. 즉, 한국 산업은 더 국제화할 여지가 있다고 볼 수 있는 것이고, 특히 중소기업이 그렇다.

(3) 수요 지향적 산업정책

마지막으로 정부의 역할에 대해 논할 때 가장 중요한 변화는 유럽과 미국 등 선진국에서의 '산업정책'의 부활이다(이근, 2014; 이근 외, 2014a 참조). 유럽의 신산업정책에서 가장 중요하고 새로운 점은 혁신형 공공조달 정책이다. 이 정책은 공급정책인 R&D 지원 정책과 수요정책인 공공조달 정책을 연결시킨 것으로 시장(공공기관 구매자) 확보를 통해 공급업체의 혁신에 대한 동기 유발을 높이고, 공급업체들이 연구개발한 결과물을 쉽게 상업화할 수 있도록 했다. 즉, R&D 과정(R&D 서비스 조달, Pre-Commercial Procurement), 상업화, 조달 과정(혁신 제품 및 서비스 조달, Product Procurement of Innovation)까지 일련의 과정을 전부 연결시키고 있다. 이렇게 볼 때, 정부정책 면에서 한국에 필요한 것은 신성장산업 분야에 대한 신산업정책의 적용이라고 할 수 있다(이근, 2014). 과거의 기술 공급 지향형 산업 정책에서 유럽식의 혁신 조달형, 즉 수요 지향형 정책으로의 이행이 필요하다. 과거에는 이미 입증된 기술의 상용화를 위해 민관이 공동 연구개발을 하는 것이 위주였다면 향후에는 시장의 불확실성을 해결하기 위한 유럽형 혁신조달 정책이 필요하다. 이미 유럽에서는 공공기관의 조달에서 태양광과 바이오플라스틱의 사용을 의무화하여 국내 수요를 창출하고 있다. 한국에서 유럽형 혁신조달 정책을 실시할 경우 상업화 이전 단계에서는 많은 자본력이 필요한 응용기술 개발을 위해 대기업, 대학, 정부출연 연구소 등 모두에게 참여가 허용되는 컨소시엄방식이 R&D서비스를 책임지도록 하고, 이 결과물을 상업화하는 공공 혁신 조달(Public Procurement of Innovation: PPI) 단계에서는 중소기업에게 직접적 결과물에 한해 우선 실시권을 부여하는 방식이 가능하다.

한편, 한국이 미국에서 배울 것이 있다면 그것은 국방고등연구기획국(DARPA)의 프로젝트 관리자(Project Manager: PM) 같은 제도를 도입하는 것이다. 그래야 고위험, 고성과, 돌파형 기술(파스퇴르형) 및 가교(bridge) 기술(중장기 기반) 개발이 가능하다. 한국에서도 이런 식의 프로젝트 관리자 제도를 모방하여 시행하려고 하고 있으나 이름만 같고 실제로는 자문위원 활동 수준으로 연구 기획의 전 주기(예산 포함)를 통제하는 권한과 책임이 없다. 즉, 한국에서는 정부 부처가 예산 및 프로젝트 주제를 선정 후 이를 수행할 연구자를 모집하는 방식 위주이나 그 반대로 해야 한다. 즉, 그 분야 전문가에게 예산을 먼저 주고 이것을 가지고 자기가 하고 싶은 것을 추진하게 해야 한다. 단, 여기서 프로젝트 관리자는 순수과학자가 아니라 전문가(Expert)＋기업가(Entrepreneur)＋중개자(Broker)＋경계 파괴자(Boundary spanner)의 성격을 겸비한 연구자여야 한다. 현재와 같은 정부 관료 주도 선정 방식으로는 항상 선진국 모방형/위험 회피형 기술 쪽으로 머무를 가능성이 크다. 반면에 현 연구재단과 같이 단순한 과학자 응모방식은 순수과학위주로 흐를 가능성이 크고 실제로 현실이 그렇다.

2) 미래의 한국 자본주의상: 바람직하지 못한 경우

별로 바람직하지 않은 한국 자본주의의 미래상은 본격적으로 영미식 자본주의가 되는 경우이다. 구체적으로는 외국인 중심으로 주주자본주의 득세하에 소유와 경영이 분리되고, 과거 오너 일가는 경영 참여 없이 투자자화, 즉 배당만 챙기고 금융자본화하는 것이다. 이에 따라 기업은 영미식 저투자, 단기투자화 경향이 정착한다. 또한 자기 공장이 아닌, 애플식 위탁 생산방식의 국제화로 기술 단절, 기술공동화가 일어나고, 자기 공장 국제화 시절의 고용 창출 효과도 단절된다. 즉, 한국 자본주의는 '탈산업화, 금융화, 서비스화'를 완성하고, 금융자산의 소유 양극화에 따른 분배의 추가적인 악화, 대기업에 대한 외국인 주주 입김 강화로 국적 없는 시장지향적 글로벌 조달체계가 강화되며, 과거 국내 중소기업을 부품 공급자로 하는 관계형 조달체계가 붕괴되고, 국내 산업 및 고용 효과는 대폭 축소된다. 이영훈(2015)에서 지적된 2000년대 이후 중소기업의 수출 비중의 급감과 대기업-중소기업 연계 약화 추세는 이미 이런 방향으로 변화가 시작되지 않았나 하는 우려를 갖게 한다.

5. 맺음말

한국 자본주의는 과거의 '추격형 동아시아 자본주의'에서 1997년 외환위기 이후 현재, 추격이 정체되면서 동아시아식과 영미식이 혼합된 자본주의로 이행해왔다. 전자인 추격형 동아시아 자본주의는, 정부와 대기업의 성장동맹이 주도하는 가족 경영형 자본주의로서, 고도성장에 따른 임금 상승과 일자리 제공으로 복지를 대신하는 체제였다. 외환위기 이후, 급속한 대외 개방과 외국인 자본의 유입으로 등장한 현재의 자본주의는 추격정체형 동아시아와 영미식 혼합자본주의라고 규정할 수 있다.[3] 현재 한국의 대기업은, 집합적으로 다수이면서 배당을 중시하는 외국인 주주와 소수지분이면서도 경영권을 쥔 오너 가족 사이의 타협적 가족 경영 체제하에서, 이제 고투자-고성장-저배당보다는 저투자-고이윤-저배당을 추구하면서, 미국식 강한 인센티브 임금제를 채택하는 영미식 외피를 입었다. 이런 미시적 변화의 결과는 국민경제 차원의 저성장과 이에 따른 분배악화(저성장과 금융화), 저고용으로 인한 복지의 취약화 등이다. 국제화도 이제 대기업 중심으로, 자기 공장을 해외에 운영하는 자가공장형 주력기업 국제화가 진행되었고, 중소기업 내에서도 양극화 및 일부 국제화가 진행되었다.

이에 향후 미래의 한국자본주의도 두가지 유형을 상정할 수 있다.

---

3) 한편, 지금까지 설명한 변화에도 불구하고, "자율적인 사회의 성립이 미약한 가운데 시장에 대한 관료제의 통제와 개입이 강하다는 점에서, 한국 자본주의를 '국가주의적 시장경제'라고 보는 견해"도 존재한다(이영훈, 2014). 즉, '자본주의 다양성'인데, 논자들이 구분한 4개의 자본주의는 영국을 모델로 하는 '자유시장경제(liberal market economy)', 독일을 모델로 하는 '조정시장경제(coordinated market economy)', 1990년대 이전의 프랑스를 모델로 하는 '국가관리주의(etatism)', 이탈리아를 모델로 하는'보상국가(compensating state)'이며 이 중 한국은 '국가관리주의'의 일종에 속한다는 것이다. 필자는 동아시아형이라는 표현 속에 이 국가주의적 특질이 포함되고 있다고 본다.

첫째 시나리오는 별로 바람직하지 않은 경우로, 영미식 자본주의의 정착이다. 즉, 주주자본주의 득세하에 소유와 경영이 분리되고 오너 가족은 투자자화, 즉 배당만 챙기는 금융자본화하는 것이다. 이에 따라 기업에는 저투자·단기투자화 경향이 생기고, 국제화도 자기 공장이 아닌, 애플식 위탁 생산 방식의 국제화가 진행되어 기술 단절 및 기술공동화가 일어나고, 고용창출 효과도 단절된다. 즉, 한국자본주의는 '탈산업화·금융화·서비스화'를 완성하고, 금융자산 소유의 양극화에 따른 분배의 추가적인 악화, 국적 없는 시장지향적 글로벌 조달체계 강화되어, 과거 국내계 중소기업을 부품 공급자로 하는 관계형 조달체계가 붕괴 되고, 국내 산업 및 고용 효과는 대폭 축소된다.

둘째의 좀 더 바람직한 자본주의로의 시나리오는, '지속가능한 성장, 안정적 고용과 분배'를 목표로 하며 이를 위한 정책과제는 다음과 같다. 첫째, 의결권과 배당권을 주식 보유 기간에 비례하게 하여, 과도한 주주자본주의를 견제하고, 이해관계자형 자본주의로 가는 것이다. 금융소득에 대한 과세 및 단기투기자본 규제 및 과세강화로 위기 방지형 거시금융체제를 완성해야 한다. 소득주도 성장은 배당주도가 아니라 투자에 따른 고용창출과 임금주도가 정답이며, 환율 절상을 용인하여 실질임금 인상 효과 및 물가 안정 효과를 내서 내수를 진작해야 한다. 해외공장투자도 소득환류세에서 빼주어야 위탁 공장형 해외 생산이 아닌, 자가공장형 해외생산이 유지되고 고용 창출도 가능하다. 한편, 현재와 같은 국내시장 안주형 중소기업 정책은 지속가능하지 않기에, 중소기업의 국제화 및 혁신력을 제고해야 한다.

위에서 바람직하지 않은 자본주의로서 영미식 자본주의를 예로 들었으나 혹자는 한국이 선진국인 영미식 자본주의로 되는 것이 뭐가 문제냐고 의문을 가질 수 있다. 그러나 이미 피케티가 분석했듯이 영미식 자본주의는 불평등을 심화시킨다는 점에서 바람직하지 않은 속성을 가지고 있다. 그리고 한국은 영미 중에서 미국보다는 영국식으로 갈 가능성이 더 높으며, 미국은 금융산업, 교육산업, 국방산업이라는 추격이 불가능한 난공불락의 산업을 가지고 있다. 그 외에도 미국은 역동적인 벤처자본과 창업생태계가 존재하며, 매우 유연한 노동시장을 가진 것이 성장의 원천이다. 이런 점에서 한국은 미국과 다르다. 성장의 원천이 취약한 상태에서 주력 대기업 부분마저 주주자본주의 하에 들어서면 성장이 급속히 정체되고 이에 따라 분배도 악화되는 최악의 상황이 나올 수 있다.

참고문헌

기업지배구조원. 2014. 「차등의결권 제도 관련 국내외 동향」. ≪CGS Report≫, 제4권 제3호.

김낙년. 2012. 「한국의 소득불평등, 1963~2010: 근로소득을 중심으로」. ≪경제발전연구≫, 제18권 제2호.

_____. 2014. 「역사적 관점에서 본 한국 자본주의」. 21세기 한국자본주의 대논쟁 발표문.

김아리·조명현. 2008. 「외국인 투자유형과 기업의 배당 및 투자의 관계에 관한 연구」. ≪전략경영연구≫, 제11권 제1호.

이 근. 2014. 『경제추격론의 재창조: 기업·산업·국가차원의 이론과 실증』. 도서출판 오래.

이 근 외. 2013. 『국가의 추격, 추월, 추락: 아시아와 국제비교』. 서울대학교 출판부.

_____. 2014a. 『산업의 추격, 추월, 추락: 산업주도권과 추격사이클』. 21세기북스.

_____. 2014b. 「혁신주도 성장을 위한 한국 경제 및 대기업의 역할」. 경제추격연구소 연구보고서.

이 근·이헌창. 2001. 「지난 1000년 한국 경제사의 네 가지 쟁점: 통합적 접근의 시도」. ≪경제논집≫, 제40권 제2·3호, 197~219쪽.

이영훈. 2014. 「한국 사회의 역사적 특질: 한국형 시장경제체제의 비교제도적 특질」. 이영훈 엮음. 『한국형 시장경제체제』. 서울대학교출판문화원.

_____. 2015. 「한국 시장경제의 특질: 지경학적 조건과 사회·문화의 토대에서」. ≪제도와 경제≫, 제9권 제1호, 19~49쪽.

홍장표. 2014. 「한국의 노동소득분배율이 총수요에 미치는 영향」. ≪사회경제평론≫, 제43호, 101~138쪽.

IMF. 2014. World Economic Outlook Database(October).

Lee, Keun and Kim, Byung-Yeon. 2009. "Both Institutions and Policies Matter but differently for Different Income Groups of Countries: Determinant of Long run economic growth revisited." *World Development*, Vol.37, No.3, pp. 533~549.

Lee, Keun. et al. 2013. "Big Businesses and Economic Growth." *Journal of Comparative Economics*, Vol.41, No.2, pp. 561~582.

Lee, Keun and Jung, Moosup. 2015. "Overseas Factories, Domestic Employment, and Technological Hollowing out: A Case Study of SAMSUNG's Mobile Phone Business." *Review of World Economics*, Vol.151, Issue.3.

Piketty, T. 2014. *Capital in the Twenty-First Century*. The Belknap Press of Harvard University Press.

World Bank. 2010. "Exploring the Middle-Income_Trap." *World Bank East Asia Pacific Economic Update: Robust Recovery, Rising Risks*, Vol.2. Washington DC: The World Bank.

제5장

중국형[中國特色] 발전전략의 등장과 그 의미*

지만수 ｜ 한국금융연구원 국제금융·연구실 연구위원

1. 머리말

중국은 최근 자신의 장기 발전전략과 관련한 중요한 방향 전환을 시도하고 있다. 이는 중국 내부적으로는 30년 이상의 고도성장이 낳은 경제적 불평등을 치유하면서 지속가능한 경제성장 모델을 만들어내야 한다는 과제에 대한 응답이다. 동시에 이른바 '중국 모델'이 새로운 경제발전의 길을 제시할수 있을 것이냐는 국제적인 관심에 대한 대답이기도 하다.

그런데 중국 공산당은 매 10년마다 정권교체와 함께 국가전략의 큰 흐름을 제시하는 이른바 '중요문건'을 제시해왔다. 2013년 11월에 열린 중국공산당 18기 3중전회(제18기 중앙위원회 제3차 전체회의)에서도 「개혁의 전면적

* 이 글은 2013년 12월 현대중국학회 추계학술대회에서 발표한 「18기 3중전회의 경제부문 함의 및 전망」과 2014년 8월 서울사회연구소 Working Paper Series, No.328·329에 게재된 「중국특색 경제발전 모델의 본격적 추구: 중국 공산당 18기 3중전회를 중심으로」의 내용을 수정·보완한 것이다.

심화를 위한 몇 가지 중대한 문제에 관한 결정」이 발표되고 통과되었다. 이 결정의 내용을 분석해보면 중국 공산당은 중국의 체제 전환, 경제성장, 경제시스템 구축에 대한 인식을 체계화하고 있는 것으로 보인다. 특히 과거 계획경제체제에서 탈피하여 시장경제체제를 구축하는 과정에서 지향했던 개혁개방 담론이 각각 시장화[改革]와 세계화[開放]라는 추상적이고 막연한 지향에 머물러 있었던 것에 반해, 시진핑(習近平) 정부의 출범을 전후하여 중국은 본격적으로 중국의 실정에 맞는 시장경제체제를 구축하는 작업에 나선 것으로 보인다.

이는 18기 3중전회에서 공식적으로 제시된 개념인 "중국특색 사회주의의 제도화"라는 표현에 집약적으로 나타나고 있다. 중국 공산당은 1978년 개혁개방정책이 본격화된 이후 중국 경제체제가 계획경제에서 시장경제로, 불완전한 시장경제에서 완전한 시장경제로 가는 일종의 항상적인 "과도기적 상태"에 있다는 인식을 유지해왔다. "중국특색 사회주의의 제도화"는 중국 공산당이 이러한 과도기적 중국 경제관에서 탈피하기 시작했음을 보여준다는 데 큰 의미가 있다. 또한 중국특색을 가진 경제시스템의 구체적 내용 역시 글로벌 경제위기 이후 중국의 경제정책과 18기 3중전회의 「결정」 문건의 내용을 통해 구체화되고 있다.

그중에서도 특히 2010년 이후 공식화된 이른바 "성장전략의 전환"은 수출과 투자 중심의 고도성장을 포기하는 대신 이른바 소득주도(income-led growth) 성장을 통해 지속가능한 성장의 기반을 구축하겠다는 것으로, 이는 누적된 경제적 불평등을 완화하기 위한 중국의 경제정책이 중대한 인식 전환을 이루는 데 성공했다는 중요한 의의를 가지고 있다.

또한 중국이 앞으로 건설하고자 하는 경제시스템의 내용도 분명해지고 있는데, 특히 국유기업에 대한 평가와 그 활용 방향, 시장의 기능을 확대하는 방향, 도시-농촌 이원구조의 해결 등에 대해 새로운 정책 방향이 제시되고 있다. 각 이슈는 중국의 경제시스템의 장기적 성격을 규정하는 중요한 분기점에 위치하고 있어서, 이들 분야의 장기적 정책 방향이 결정되고 제시된다는 것은 결국 중국형 경제시스템이 점차 '제도화'되고 있음을 보여준다고 말할 수 있다.

2. 중국공산당 18기 3중전회와 「결정」의 의미

중국공산당은 새로운 최고 지도부가 출범한 직후에 개최된 3중전회(1978년 11기, 1993년 14기, 2003년 16기 3중전회)를 통해 체제개혁 및 장기 경제 운영 방향에 관한 중요한 이론적 지침을 제시해왔다. 그동안 매 10년마다 발표된 이러한 지침은 실제로 해당 지도부의 집권 기간 내내 최상위 정책지침으로 사용되었다.

마오쩌둥(毛澤東) 사후 덩샤오핑(鄧小平)의 권력이 확고해진 이후 개최된 1978년 12월 11기 3중전회에서는 개혁개방(改革開放)이 중국 사회주의의 새로운 발전 방향으로 공식적으로 선포되었다. 장쩌민(江澤民) 집권 초[1] 개최된 14기 3중전회(1993년 12월)에서는 「사회주의 시장경제체제의 건립에 관한 몇 가지 문제에 대한 결정」[2]이라는 이른바 중대문건(重大文件)이 통과되

---

[1] 장쩌민은 1989년 6·4 톈안먼(天安門) 사태 직후 실각한 자오쯔양(趙紫陽) 총서기의 뒤를 이어 공산당 총서기에 취임했다. 하지만 당시는 톈안먼 사태 이후 형성된 일종의 비상시국이었기에 덩샤오핑의 총괄적인 지도 아래 1993년까지 국가주석으로 양상쿤(楊尚昆), 전인대 상무위원장으로 완리(萬里) 등 원로 그룹이 재임하다가 1993년 3월부터 장쩌민이 국가주석에 취임하여 당과 국가 최고위직을 겸임하기 시작했다.

[2] 「中共中央關于建立社會主義市場經濟體制若干問題的 決定」(1993.11).

었다. 이 문건은 1989년 톈안먼 사태 이래 중국 공산당 내의 보수파와 개혁파 사이에서 이루어진 격렬한 논쟁을 정리하고 '사회주의 시장경제'라는 개념을 공식적인 지도이념으로 제시하여 중국이 본격적으로 시장경제를 추진하기 시작한 계기를 마련했다고 평가된다. 실제로 장쩌민 집권 후 중국은 덩샤오핑 이래의 개혁개방(개혁은 시장화, 개방은 세계화를 의미한다)을 가속화하는 한편 고도성장에 매진했고, 2001년 12월에는 중국의 WTO 가입을 성사시킴으로써 계획경제에서 시장경제로의 체제전환을 대체로 완료했다.

2003년 장쩌민-주룽지(朱鎔基) 정부를 승계한 후진타오(胡錦濤)-원자바오(溫家寶) 정부도 집권 첫해 개최된 16기 3중전회에서(2003년 10월) 「사회주의 시장경제의 완성을 위한 몇 가지 문제에 대한 결정」[3]을 통과시켰다. 여기에는 후진타오 집권 기간 가장 중요한 정책적 화두가 되었던 '균형적 성장'의 필요성에 관한 인식이 이른바 "전면적 샤오캉(小康) 사회의 건설"이라는 개념 속에 담겨 있었다. 또한 후진타오 총서기가 2007년 당대회를 통한 중국공산당 당장(黨章)에 삽입시킨 과학적 발전관[科學發展觀]이라는 개념의 핵심적인 내용인 "민생 중심·전면·조화·지속가능한 발전"이라는 표현도 이미 이 2003년 문건에 등장한다.

이러한 선례 때문에, 시진핑-리커창(李克强) 체제가 출범한 2013년 11월에 개최된 18기 3중전회에서도 향후 중국공산당의 장기적 정책 방향을 예측할 수 있게 해주는 중요한 지도이념이 제시될 것이라고 기대되었다. 그리고 실제로 18기 3중전회에서는 「개혁의 전면적 심화를 위한 몇 가지 중대한 문제에 관한 결정」[4](이하 「결정」)이 통과되었다.

---

3)　「中共中央關於完善社會主義市場經濟體制若干問題的決定」(2003.10).

4)　이 "개혁의 전면적 심화"라는 개념은 전 국가체제개혁위원회 부주임이었던 가오상취안(高尙全)의 제안으로 알려지고 있다(高尙全, 2013a, 2013b).

마침 시진핑은 2012년 10월 공산당 총서기에 취임한 직후부터 위로부터의 종합적인 개혁을 의미하는 정층설계(頂層設計, top level design)의 중요성을 강조하고 각 분야에 개혁의 로드맵과 시간표를 제시하라는 지시를 내리는 등 강력한 하향식 개혁을 예고한 바 있었다. 이 때문에 그 개혁의 방향이 18기 3중전회를 통해 제시될 것이라는 기대가 컸다.

3. 2013년 「결정」의 주요 내용

이 「결정」은 정치·경제·사회·문화를 망라하는 총 16개 분야(50개 항목)를 다루고 있는데, 이 중 "1. 개혁의 의의와 지도사상, 2. 기본경제제도(소유제) 개선"과 "3. 현대적 시장체제 개선, 7. 개방형 경제체제"의 총 18개 항목과 "4. 정부기능의 변화, 5. 재정-조세 개혁, 6. 도시농촌 일체화, 12. 사회사업 개혁과 혁신" 등 분야의 일부 항목들이 경제개혁과 직접 관련되는 내용으로 채워져 있다.

여기서는 향후 중국의 경제개혁의 기본방향으로 ① 시장에 자원배분의 결정적 기능을 부여, ② 기본경제제도(소유제)의 개선을 지속, ③ 현대적 시장/거시조정/개방경제체제의 개선을 지속, ④ 성장전략의 전환을 가속, ⑤ 혁신형 국가 건설, ⑥ 효율/공평/지속가능 발전 추진 등을 제시했다. 여기에 민생 개선, 소득분배 제도 개혁, 공동 부유 추진, 사회제도 혁신, 공공서비스의 보편적 제공 등도 강조했다. 또한 중국의 개혁이 이제 "공세기[攻堅期]이자 깊은 물[深水區]에 진입"했으며, 앞으로 "정층설계와 강바닥 더듬기의 결합"을 통해 개혁을 가속화할 것임을 천명하고, 특히 2020년을 주요 영역에서 "결정적 성과"를 거두는 목표 연도로 제시했다.

18기 3중전회 이후 그 내용에 대한 내외의 평가는 엇갈린다. 특히 시장주의적 개혁을 강화할 것이라고 기대했던 외부의 관찰자들은 기대했던 획기적인 민영화·자유화·전면적 시장개방 등이 제시되지 않아 실망스럽다는 평가를 내놓았다.[5] 그러나 중국 내에서는 중국 경제가 직면한 복잡한 구조적 문제들[6]에 대한 해결 방향을 제시함으로써 덩샤오핑 집권 초 11기 3중전회에 버금가는 중대한 방향 전환이 이루어졌다고 하면서 그 의의를 높이 평가하고 있다.

그런데 과거 14기 및 16기 3중전회의 사례와 비교해서 18기 3중전회의 「결정」에서 우리가 주목해야 할 것은 분야별 구체적 개혁조치보다는 과연 지난 시기와 구별되는 중대한 인식상의 변화가 있었느냐이다. 즉, 1993년 14기 3중전회의 「결정」에서 중국이 처음으로 시장경제를 공식적으로 수용했다는 사실이나, 2003년 16기 3중전회의 「결정」에서 균형 있는 성장의 필요성에 대한 인식이 본격적으로 등장하고 그 정책기조가 지금까지 이어지고 있다는 점에 주목해야 한다는 것이다. 따라서 2013년 「결정」 문건에서도 경제시스

---

5) 매우 적극적인 '시장친화적(시장주의적)' 개혁이 나타날 것이라는 전망은 이러한 방향의 개혁 내용을 담은 「383 방안」이라는 문건이 당대회 문건의 초안이라고 언론에 유포되면서 크게 확산되었으나, 실제로 「결정」은 이 「383 방안」과는 다른 내용이었으며 오히려 이 현상은 중국 내외에 형성된 다양한 이해집단들이 자신의 이익을 반영하기 위해 치열한 내부 이론논쟁을 전개했음을 보여주는 사례라고 평가되고 있다. 그 내용에 관해서는 한국금융연구원(2013b)을 참조할 수 있다.

6) 현재 중국의 정책 결정에는 국유부문-민간부문, 시장-국가, 개혁-보수, 좌-우, 성장-균형, 기득권-비판세력 등 다수의 2분법이 중첩된 복잡한 이해관계 조합들이 형성되어 있고, 이러한 이해관계가 주요한 엘리트 정치구조와 결합되어 있다고 평가된다. 이 때문에 과거 3중전회 결정문의 초안 작업반 팀장은 국무원 총리가, 부팀장은 국무원 부총리가 맡아왔으나 18기 3중전회의 초안 작업반은 시진핑 총서기가 직접 팀장을 맡았으며 이를 굳이 스스로 언론 기고를 통해 밝혔다. 이러한 역할 조정에 대해 개혁의 과제가 복합적이고 중국 정부의 개혁 의지가 그만큼 더 강력하다는 것을 시사한다는 것이 공식적인 평가지만 권력구조 내에서 리커창 총리의 역할이 축소된 것이 아니냐는 관측도 대두되었다.

템에 관한 중국 공산당의 중대한 방향 전환이 나타나고 있느냐를 살펴볼 필요가 있다.

4. '중국특색 사회주의의 제도화'의 내용과 의미

2013년 「결정」에서 나타난 가장 눈에 띄는 변화는 '중국특색 사회주의(中國特色 社會主義, socialism with Chinese characteristics)'라는 개념의 재등장이다. 비록 1980년대부터 지속적으로 사용되었으나 한동안 그 의미가 퇴색했던 '중국특색 사회주의'라는 개념이 중국공산당이 지향하는 중국 경제의 미래상을 대표하는 새로운 의미를 갖게 되었다는 것이다.

'중국특색 사회주의'라는 개념7)은 1978년 등장한 개혁개방과 함께 가장 오랫동안 중국공산당의 공식 슬로건으로 사용되어왔다. 1980년대 개혁개방이 본격화되면서 중국은 당시까지도 사회주의 체제의 근간이라고 믿어왔던 계획경제와 단절하고 시장경제를 도입하기 시작했다. 그리고 국민에게 주는 이념적인 충격을 완화하기 위해서 "사회주의에도 다양한 형태가 있으며" 중국은 중국의 현실에 맞는 사회주의를 추진한다는 논리를 제시하면서 사용된 이념적 장치가 바로 중국특색 사회주의였다. 또한 이는 1990년대 들어 공산당 통치의 해체나 급진적인 사유화가 이루어진 구소련 및 동구권의 개혁과 중국의 개혁개방과의 차이를 강조하는 데도 사용되었다.

---

7) 이 용어는 1980년대에는 '중국특색을 가진[有中國特色的] 사회주의'라는 형태로 사용되다가(1982년 9월 1일 12차 당대회, 덩샤오핑), 1990년대에는 '的'이 빠졌고, 2002년 16차 당대회부터 '有'가 빠진 현재의 표현으로 사용되고 있다[바이두 백과사전(baike.baidu.com)].

그러나 1993년부터 '사회주의 시장경제'라는 개념이 본격적으로 사용되면서 중국특색의 사회주의 개념의 중요성은 크게 떨어졌다. 사회주의 시장경제가 더 구체적으로 중국 경제의 방향을 설명해주었기 때문이다. 나아가 2000년대 들어서면 2001년 WTO 가입 등을 계기로 중국의 경제개혁이 결국은 각 분야에서 글로벌 스탠더드를 도입하는 것이라는 인식이 확산되었다. 이 과정에서 중국특색 사회주의라는 개념의 위상은 더 약화되었다. '중국특색'도 '사회주의'도 글로벌 스탠더드와 양립하기 어렵기 때문이다.[8]

그런데 2013년 11월 18기 3중전회에서는 중국특색의 사회주의에 대한 대대적인 재정의와 내용적 확충이 이루어졌다. 특히 그것은 "중국특색 사회주의 제도의 발전"이라는 표현에서 집약적으로 나타난다. 즉, 「결정」의 첫 문장은 "개혁개방은 …… 새로운 위대한 혁명이자, 현대 중국의 가장 선명한 특색"이라는 구절로 시작했다. 개혁개방 35년의 성과를 중국적 특색의 형성이라는 개념과 등치(等値)시키고 있는 것이다. 나아가 본문에서는 중국특색 사회주의 개념에 더 강력한 의의를 부여하고 있다. 즉, "개혁개방의 가장 중요한 성과는 중국특색의 사회주의를 창조하고 발전시켰다는 것"이라는 언급이다.

중국특색의 사회주의 개념의 적극적인 복권은 18기 3중전회 1년 전인 2012년 11월 후진타오와 시진핑 사이의 공산당 최고권력(총서기)의 승계가 이루어진 중국공산당 제18차 전국대표대회에서 이미 시작되었다. 동 대회의 후진타오 총서기 보고 「흔들리지 말고 중국특색 사회주의의 길을 걸어, 전면

---

8) 실제로 2000년대 내내 중국특색 사회주의 개념에는 적극적인 의미가 부여된 바 없다. 가령 2003년 「결정」에서 '중국특색 사회주의'는 "사회주의 시장경제, 사회주의 민주, 사회주의 법제, 사회주의 선진문화의 조화로운 발전"을 추구하는 것이라는 언급이 1회 등장할 뿐이며, 2010년 12차 5개년 계획 「건의」에서도 '중국특색 사회주의'는 당시까지 이루어진 중국사회의 변화를 종합적으로 지칭하는 개념으로 사용되고 있다.

적 소강사회의 건설을 위해 분투하자」9)에서는 중국특색 사회주의라는 개념을 이번 18기 3중전회와 같은 맥락에서 여러 차례 사용했다. 즉, 2012년 중국 공산당 18차 전국대표대회 보고에서는 "2. 중국특색 사회주의의 새로운 승리 쟁취"라는 별도의 항목을 두고, 중국특색 사회주의의 "도로, 이론체계, 제도, 실천"이라는 구조를 제시했으며10) 이 중국특색 사회주의야말로 "당과 인민이 사회주의를 건설하는 장기적 실천 속에서 형성된 가장 선명한 특색"이라고 강조한 바 있다.

그러나 2013년 18기 3중전회 「결정」에서는 여기서 한 걸음 더 나아가, 미래 중국 경제의 장기적 운영 방향을 제시하는 개혁개방의 새로운 목표로서 중국특색 사회주의를 재정의하고 있다. 즉, 「결정」은 앞으로 중국은 "중국특색의 사회주의의 경로에 대한 확신[自信], 이론에 대한 확신, 제도에 대한 확신을 강화"할 것이라고 말하고 "개혁의 전면적 심화는……중국특색의 사회주의 기치 아래……그 총목표는 중국특색의 사회주의 제도의 발전"이라고 밝히고 있다. 18기 3중전회 문건의 제목이자 핵심적 개념인 "개혁의 전면적 심화"가 최종적으로 중국특색 사회주의 제도의 발전을 목표로 삼고 있다는 것이다. 나아가 결정에서는 "전당과 전사회의 지혜를 모아……모든 힘을 동원해……딱딱한 뼈를 씹는 심정으로[敢于啃硬骨头]……사상적 속박을 벗고,……기득권을 돌파해……중국특색 사회주의 제도를 개선하고 발전시키자"고 선언하고 있다.

---

9)　「全面建設小康社會, 開創中國特色社會主義事業新局面」(2012.11).

10) 후진타오의 당시 보고에 따르면, 중국특색 사회주의의 길[道路]이란 공산당 지도하에 개혁개방 이후 중국체제가 걸어온 길을 의미하고, 이론체계란 덩샤오핑 이론, 장쩌민의 삼개대표 사상, 후진타오의 과학적 발전관 등을 의미하며, 제도란 중국의 정치·당·민족자치·법률·소유제 등 정치·경제·사회·문화와 관련된 일체의 제도이다. 이 3자(도로·이론·제도)의 통일이 바로 중국특색 사회주의의 실천이다.

그 전까지 중국특색 사회주의는 체제전환 과정의 특수성을 옹호하고 지난 시기의 성과를 총괄하는 수동적이고 기술(記述)적인 개념이었다. 그런데 18기 3중전회에서는 이것이 중국의 미래를 개척하는 데 지침으로 삼아야 할 공세적이고 확장적인 개념으로 재정의된 것이다. 그 전환의 고리 역할을 하는 것이 중국특색 사회주의 '제도의 발전'에 대한 강조이다.[11] 즉, 제도에 대한 강조를 통해 앞으로 구체적인 경제제도로서 '중국특색'의 내용을 구축하겠다는 선언을 한 셈이다.

시진핑 시대 중국 경제의 근본적 과제가 중국특색 사회주의의 제도화라는 선언의 의미는 다층적이다. 우선 내적으로는 중국이 개혁개방, 즉 시장화와 세계화라는 체제이행의 과제를 완료한 이후[12] 앞으로 어떤 시장경제(경제체제)를 건설할 것인가라는 문제를 놓고 후진타오가 제시한 화두인 '과학적 발전관'의 문제의식을 계승한다. 후진타오의 과학적 발전관이란 중국의 발전이 향후 "민생중심의 전면적이고, 조화롭고 지속가능한 경제발전"이어야 한다는 일종의 필요조건을 제시하는 것이었다.[13]

그렇지만 실제로 그러한 요구에 맞는 경제발전 모델을 제시하는 것은 시진핑 시대의 과제였다. 시진핑 정부는 그 첫 3중전회를 통해 후진타오의 과학적 발전관이 제시한 과제에 답하면서, 앞으로 각 분야에서 그 구체적인 모색에 나서고 이를 제도적으로 완성할 것임을 약속한 셈이다. 또한 과거에는

---

11) '중국특색 사회주의'의 '길'이라는 표현을 넘어 '제도'와 중국특색 사회주의가 처음 결합되어 사용된 것은 2011년 7월 1일 중국공산당성립 90주년 기념대회에서 후진타오 총서기 연설이라고 소개되고 있다(바이두 백과사전).

12) 중국에서 시장화와 세계화라는 과제는 대체로 2001년 12월 중국의 WTO 가입 및 가입 후 5년간의 가입 양허 이행기(~2006년 12월까지) 기간에 완료되고, 그 완료가 국내외적으로 공인되었다고 볼 수 있다.

13) 후진타오의 '과학적 발전관' 개념의 의미에 대해서는 지만수(2008)를 참조할 수 있다.

다양한 모색과 실험 과정에서 결과적으로(ex-post) 중국의 특수성이 형성되었다면, 앞으로는 더욱 명시적이고 의도적으로 경제체제의 구축에 임할 것이라는 의미도 담고 있다.

외적으로는 지난 10년간 당 외와 해외에서 논의되었던 '베이징 컨센서스'니 '중국모델'이니 하는 논의에 대한 중국공산당의 공식적인 응답이다. 즉, 중국공산당은 개혁의 최종 목표가 중국특색의 사회주의 제도를 발전시키는 것이라고 선언함으로써, 중국은 더 이상 시장경제/선진경제의 특정한 형태를 모방하고 추격하지 않겠다는 것을 분명히 했다. 중국의 주어진 현실에 맞는 독자적인 경제발전의 모델을 탐색해갈 것임을 선언한 것이다.

한편 이는 글로벌 경제위기 이후 중국이 '체제의 우위' 또는 '제도적 우위'이라는 단어를 사용하면서 중국의 경제체제가 갖고 있는 강점을 인식하기 시작한 흐름과도 일치한다.[14] 즉, 글로벌 경제위기를 계기로 중국공산당은 중국의 경제체제가 단지 변화하고 개혁해야 할 대상이 아니라 나름의 장점을 가진 체제이며, 그 장점을 적극적으로 활용할 필요가 있다는 시각을 갖기 시작했다는 것이다.

---

14) 같은 표현이 과거에는 주로 경제특구 등 중국 내 특정 지역 혹은 부문이 다른 지역/부문에 대해서 갖는 제도상의 이점을 가리키는 용어로 사용되었으나, 글로벌 경제위기 이후 중국의 경제체제 자체의 장점을 지칭하는 개념으로 사용 범위가 확대되었다. 2011년 후진타오의 7·1 연설에서도 "중국특색 사회주의의 제도가 …… 중국특색 사회주의의 특징과 경쟁력에 집중적으로 체현"되고 있다고 언급하고 있으며, 이보다 빠른 용례는 다음에서 찾을 수 있다. "如何从新中国辉煌的60年看中国特色社会主义的制度优势", ≪人民日报≫, 2009년 8월 24일 자.

5. 중국의 발전전략: 성장전략 전환의 세 가지 인식 전환

이처럼 「결정」은 중국특색 사회주의의 제도 발전이라는 개념을 통해 중국이 독자적인 경제발전 모델의 구축을 차기 지도부의 장기적 과제로 삼을 것이라고 밝히고 있다. 그렇지만 그 독자적 경제발전 모델의 내용까지 전체적으로 보여주고 있는 것은 아니다. 중국이 추진하는 발전모델의 내용을 이해하기 위해서는 2010년에 발표되고 2011년부터 집행된 12차 5개년계획(2011~2015년)으로 거슬러 올라가, 당시부터 중국이 추진한 '성장전략의 전환'을 함께 이해해야 한다.

중국특색의 경제발전 모델을 구축하는 데 '성장전략 전환'으로 대표되는 경제정책의 방향 전환이 차지하는 의미는 매우 크다. 성장전략의 전환이란 10%대의 높은 성장률을 7%대 혹은 그 이하로 안정화하면서, 수요 측면에서는 해외 수출과 높은 투자 증가에 의존한 성장을 내수소비를 중심으로 한 안정적 수요 육성으로 전환하고, 공급 측면에서는 산업구조조정과 제도개혁을 통해 산업의 효율성을 높이겠다는 것이다. 이 성장전략의 전환은 전임 후진타오 정부 시기에 발표된 12차 5개년 계획을 통해 제시된 것이기는 하지만, 글로벌 경제위기와 중국의 국내 불평등 확대라는 장기적이 경제환경 변화에 대한 대응전략이라는 성격을 가진다. 2013년 시진핑-리커창 정부가 출범한 이후에도 리커노믹스(Likenomics)라는 이름으로 그 내용이 계승되었으며, 2014년부터는 시진핑 주석이 직접 중국의 '뉴 노멀[新常態]'라는 표현을 쓰면서 그 전환을 공식화하고 있다는 점에서 중국 공산당의 장기적인 발전전략의 전환을 의미한다고 볼 수 있다.

그런데 이 성장전략 전환과 관련해서는 그 구체적 내용[15]보다는 그 전환이 포함하고 있는 몇 가지 인식론적 돌파에 주목할 필요가 있다.

첫째, 불균형 문제의 원인을 성장전략 차원에서 인식하기 시작한 것이다. 2003년 후진타오 주석 취임 이후 중국 지도부는 심각한 경제적 불균형 문제를 해결하기 위해 백방으로 노력을 기울였다. 그렇지만 다양한 정책적 시도에도 불구하고 2010년까지 각종 경제적 불균형의 지표들은 오히려 악화되었다. 이러한 실패를 경험하면서 중국은 경제적 불균형이 중국이 추진해온 수출 지향 투자의존형 성장전략이 낳는 불가피한 결과라는 점을 인식했다. 이후 균형회복을 위한 대증(對證)적이고 개별적인 정책을 도입하는 것은 한계가 있으며 결국은 성장전략 자체를 바꿀 필요가 있다는 결론을 내렸다. 그리고 12차 5개년 계획을 통해 실제로 성장전략의 전환에 나서고 있다.

둘째, 성장전략의 전환이 분배구조의 변화의 수반한다는 것을 인식했다. 즉, 글로벌 경제위기를 전후하여 중국은 안정적이고 지속가능한 성장 원천을 내수소비 확대를 통해 육성하겠다고 판단했다. 그런데 일시적인 소비 부양이 아닌 '장기적인 소비 확대 메커니즘'을 구축하기 위해서는 가계소득이 늘어나야 한다. 이는 2000년대 이후 급격히 악화된 가계-기업 간 소득분배(가계소득 비중의 감소) 구조를 역전시켜야 한다는 의미다. 실제로 중국의 12차 5개년 계획에는 "국민소득분배 중에서 가계소득이 차지하는 비중을 높인다", "국민소득분배 중에서 노동소득이 차지하는 비중을 높인다"는 목표가 명시되어 있다. 그리고 이를 최저임금의 빠른 인상과 노동자의 임금 협상력 강화를 통해 추진하고 있다.[16] 즉, 성장전략의 전환을 위해서는 그 근저의 분배구조에서부터 변화가 필요하며, 특히 가계 내 소득분배나 조세를 통한 재분배가 아

---

15) 성장전략 전환의 내용에 관해서는 지만수(2013) 참조.

16) 2009년 이후 중국의 지역별 명목 최저임금 인상률은 14% 수준을 유지하고 있다. 또한 2013년 2월에 발표된 국무원(國務院)의 「소득분배제도 개선에 관한 의견[深化收入分配制度改革若干意見的通知]」에서는 2015년까지 단체협상 적용 사업장의 비율을 80%까지 높인다는 목표를 제시했다.

니라, 가계-기업 간의 초기 분배(primary distribution)의 변화가 필요하다는 인식에 도달한 것이다. 이는 분배구조의 변화, 특히 가계소득의 증가를 통해 성장을 촉진하자는 소득주도 성장론(income-led growth)의 중국판이라고 할 수 있다.

셋째, 성장전략 전환을 추진하는 과정에서 성장률의 하락을 감내하는 정치적인 선택을 했다. 2012년 들어 성장전략과 분배구조의 (연계된) 변화가 가진 의미가 분명해지면서 중국 민간기업의 투자는 빠르게 둔화되었다.[17] 반면 성장전략의 전환과 분배구조의 변화를 통해 기대하는 가계소비의 회복은 더디게 나타났다. 그 결과 2012년부터 중국의 경제성장률이 급격히 둔화되었다. 후진타오 집권 기간 평균 10.7%에 달했던 경제성장률은 2012년과 2013년 7.7%에 머물렀고 2014년에는 7.4%로 떨어졌다. 그렇지만 중국 지도부는 7%대의 성장률이 중국에 적정한 수준이며 성장률을 높이기 위한 경기부양은 없을 것이라고 공언하고 있다. 나아가 향후 중국의 잠재성장률은 더 떨어질 수 있으며, 경제주체는 성장률 둔화를 '뉴 노멀'로서 받아들이고 이에 적응해야 할 것이라는 입장이다. 공산당 지도부가 성장률 둔화를 용인하겠다는 정치적 결단을 한 셈이다.[18] 이 성장률 둔화가 성장전략 전환과 분

---

17) 중국 국가통계국이 발표하는 고정자산투자 총액에서 민간기업이 차지하는 비중은 전체 고정자산투자의 2/3 수준에 달하는데, 민간 고정자산투자 증가율은 2012년 3월 30.9%에서 2014년 3월에는 20.9%로 떨어졌다.

18) 7%대로의 성장률 둔화가 후진타오 집권 마지막 해인 2012년부터 나타났지만 7%대 성장률을 장기적 기조로 정착시키고 있는 것은 시진핑-리커창 지도부이다. 이러한 선택이 정치사회적으로 가능했던 것은 성장률 둔화에도 불구하고 중국의 고용 및 취업 상황이 안정적이기 때문이다. 중국의 도시등록 실업률은 성장률이 10%대에서 7%대로 떨어진 2010~2013년 기간 4.1% 선에서 안정되어 있고, 7.7%의 성장을 기록한 2013년 도시 신규 취업자 수는 1331만 명에 달해 10.4%의 성장률을 기록했던 2010년의 1168만 명보다 오히려 늘어났다. 대졸자 취업률이나 구인구직 배율 등 다른 지표 또한 2012~2013년 기간 중 악화되지 않았으며, 오히려 개선되고 있다. 이는 서비스산업의 성장 등 산업구조의 변화와

〈표 5-1〉 성장전략과 분야별 제도 변화 방향

영역	투자-수출 중심	내수소비 중심	개혁 진행 상황
금융	낮은 대출금리	높은 예금금리	예금금리 상한 확대(2012년 7월)
환율	고환율	시장환율	자본시장 개방 → 변동성 확대 [인민은행 로드맵(2012년 2월), 귀수칭(郭樹淸) 증감회 주석, "QFII 10배 확대 기대"(2013년 1월)]
대외 안정성	외환보유고 축적	경상수지 흑자 감소 가능성에 대비	위안화 국제화
노사 관계	통제(조직률 제고)	임금 인상 제도화	단체협약 적용률 80%(2015년까지) [국무원, '소득분배 개혁 의견' (2013년 2월 3일)]
도시화	도농 분리/농민공	시민화, 소비자화	호구(戶口)제도 변화 모색
기업	외자기업 우대	국유기업 유지 민영기업 육성	민영기업 금융·접근 확대 모색 [금융·발전 12차 5개년계획 (2012년 9월)]
산업	자유 진입/경쟁시장	대기업 육성/M&A	9개 중점 산업 구조조정(2013년 1월)
사회 보장	제도 확충	재원 확보	국유기업 상장수익 전환 논의

배구조 변화의 불가피한 결과라는 점에서 성장률 둔화 자체가 새로운 발전모델의 한 구성요소라고 볼 수 있다.

또 하나 유의할 점은 이러한 성장전략 전환이 중국의 경제 각 분야의 제도 개혁을 촉진하고 그 방향을 제시하는 효과가 있다는 점이다. 가령 중국은 아직 금리자유화 등 금융시장의 시장화와 개방을 하지 않고 있으며, 환율에 대한 통제도 지속하고 있는 것으로 알려져 있다. 노사관계 역시 이른바 총공회(總工會) 시스템을 통해 정부가 주도하고 있으며, 도시와 농촌 요소시장의 이원구조도 유지하고 있다. 기업의 퇴출 시스템도 제대로 갖추지 못했다고 평

생산가능인구의 감소 등 인구학적 변화의 결과라고 해석되고 있다.

가된다. 즉, 중국은 아직까지 많은 분야에서 시장화 개혁이 지체되고 있다. 그런데 지금까지 이들 분야의 개혁이 지체되었던 것은 단순히 시장경제 완성의 지체가 아니라, 오히려 중국이 지향하던 수출과 투자 중심의 고도성장 전략을 뒷받침하기 위해 자원배분을 의도적으로 왜곡한 결과였다고 볼 수 있다. 사실 금리와 환율의 통제, 노동 통제, 도시-농촌 간 노동시장 분리 등은 모두 수출과 투자를 지원하기 위한 과거 성장전략의 구성요소들이었다.

따라서 그동안 각 분야의 개혁을 막아왔던 성장전략 자체가 변화하면 분야별 개혁이 촉진될 수 있는 계기가 마련된다. 특히 새로운 제도 구축이 추구해야 할 방향이 분명해짐으로써 개혁이 속도를 낼 수 있게 되었다.

다만 18기 3중전회의 「결정」은 일반적인 경제성장의 과제와 체제개혁의 과제를 의도적으로 분리한 다음, 주로 후자에 서술을 집중하고 있다. 이 때문에 글로벌 경제위기 이후 중국이 추진하고 있는 성장전략의 전환은 「결정」에서는 거의 언급되고 있지 않다.[19]

이에 관해 3중전회 개막 직후 시진핑 주석은 별도의 언론기고를 통해 「결정」 문안의 작성과정과 작성취지를 이례적으로 상세히 설명했다(习近平, 2013). 이에 따르면 「결정」은 종합적이고 자기완결적인 개혁안이 아니며, 작성 의도 자체가 중국의 향후 발전전략을 종합적으로 담는 것이 아니다. 시진핑 주석은 "개혁의 전면적 심화에 관한 새로운 조치를 분명히 드러내되[突出], 일반적인 조치는 서술하지 않고[不寫], 중복되는 조치도 서술하지 않으며, 순수하게 경제발전을 촉진하기 위한 조치[純屬發展性]도 서술하지 않았다"고 특별히 언급하고 있다.[20] 여기서 "순수하게 경제발전을 촉진하기 위

---

19) 실제로 「성장전략의 전환」의 핵심 내용을 언급하면서도 매우 간략하게 다루어지며, 2013 년 내내 강력하게 집행된 과잉 설비 폐쇄 및 산업구조 고도화 노력에 관해서도 거의 언급 하고 있지 않다.

한 조치는 서술하지 않았다"는 언급은 12차 5개년계획 이후의 성장전략의 전환이나 시진핑-리커창 정부 출범(2013년 3월) 이후 각 분야에서 진행된 다양한 경제개혁 정책을 중복 서술하지 않았다는 이야기다.

6. 중국의 경제시스템: '과도기' 인식에서 탈피

한편, 18기 3중전회 「결정」과 그 이후의 중국 구조개혁의 방향은 현재 중국 사회 내에서 첨예한 논란이 진행되고 있는 분야에서 중국공산당의 제도개혁 방향을 드러내고 있다.

1) 국유기업의 활력·통제력·영향력 강조

중국은 동구와는 달리 주요 분야에서 대형 국유기업을 즉각 민영화하지 않았다. 그 대신 상당수 대형 국유기업을 주식회사로 전환시킨 다음 정부가 그 지분을 보유해왔다. 국유기업 체제가 유지된 것이다. 그런데 글로벌 경제위기 이후 막대한 규모의 경기부양책을 집행하는 과정에서 금융, 인프라, 원자재 등 분야의 국유기업들이 주로 수혜자가 되었다. 이 때문에 2010년 이후 중국에서는 이른바 '국진민퇴(國進民退)' 논란이 벌어졌다. 국유기업이 각 분

---

20) 또한 3중전회의 결정을 구체화하기 위해 조직한 새로운 기구인 개혁영도소조[全面深化改革領導小組] 역시 경제정책을 총괄하는 리커창이 아니라 국정 전반을 책임지는 시진핑이 그 조장을 맡았다. 최고 지도층 내에서 경제정책과 개혁정책 사이에 일종의 업무 분담을 시도한 것이다. 개혁영도소조는 2014년 1월 22일 첫 회의를 개최했다. 조장은 시진핑, 부조장은 리커창 총리, 류윈산(劉雲山) 정치국 상무위원, 장가오리(張高麗) 상무 부총리 등 3명이며 총 23명의 조원으로 구성되어 있다. 이 소조 안에는 다시 6개의 전문소조를 두고 있는데, 각각 경제, 생태문명, 민주법제, 문화, 사회, 당, 기율검사 등의 분야이다.

야에서 독점적 구조를 빠르게 형성하면서 민영기업의 성장을 가로막고 있다는 것이다.

그런데 18기 3중전회에서 중국공산당은 국유기업을 더욱 강화하겠다는 입장을 밝힘으로써 국유기업 과잉 팽창 논란에 종지부를 찍었다. 즉, "국유기업의 활력, 통제력, 영향력[21]을 강화하고 공유제의 주도적 지위를 유지"함을 명시하고, 이를 위해 다수의 '국유자본 운영회사'와 '국유자본 투자회사'를 설립하기로 했다. 또한 다양한 소유제 기업들 사이의 상호 지분 참여를 통한 혼합소유제 발전을 장려하겠다고도 밝혔다.[22]

더불어 2020년까지 국유자본 수익의 30%를 공공재정으로 흡수하여 사회보장과 민생 개선에 사용하고, 일부 국유자본의 지분을 사회보장기금으로 전환하며, 종업원지주제를 확대하겠다고 발표했다. 국유자본의 공공성을 강화하겠다는 것이다. 국유기업 수익과 사회보장 재원이 제도적으로 연계됨으로써 국유기업이 전체 경제체제에서 차지하는 역할과 위상은 한층 강화되었다.

2) 시장 및 금융개혁

시장체제를 어떠한 방향에서 강화할 것인가도 중요한 관심사였다. 특히

---

21) 활력·통제력·영향력 강화라는 표현은 2012년 11월 18기 당대회 당시 등장했으며, 2013년 4월 15~18일 4회에 걸친 ≪인민일보≫ 특집기사를 통해 그 내용이 구체화되었다. 가각 기업내부 효율성 강화, 해당 산업 내의 위상 확보, 경제 전반에 대한 기여 등을 의미하는 것으로 해석된다(한국금융연구원, 2013a 참조).

22) 혼합소유제는 중국의 현실에서 국유기업의 민영기업 인수 및 민영기업의 농촌토지 진출로 귀결될 가능성이 크다. 또 국유자본 투자회사는 결국 국유기업의 관련영역 투자를 장려하여 다각화 및 영향력 확대를 유도하겠다는 것으로 해석될 수 있다. 국유자본 운영회사는 국유자본에 대한 통제 체제 재정비를 의미하는 것으로 해석할 수 있으며, 특히 지금까지 국유기업의 소유권을 관리하고 행사해온 국유자산관리위원회의 역할을 부분적으로 대체할 것으로 보인다.

중국의 1인당 GDP가 7000달러 수준에 도달함에 따라 이른바 중진국 함정(middle income trap)에 대한 우려가 제기되는 상황이다. 따라서 어떻게 자원배분의 효율성을 강화하고 이른바 개혁배당[改革紅利, reform dividend]을 만들어낼 것인가도 18기 3중전회의 쟁점이었다.

18기 3중전회에서는 시장이 자원배분에서 '결정적' 역할을 수행하겠다는 방향을 제시했다. 시장이 자원배분의 '기초적' 역할을 수행하겠다는 기존의 표현에 비해 시장의 역할을 더 강조한 것이다.

그런데 중국은 이미 1990년대 중반 이후 대부분의 상품가격을 자유화한 바 있다. 따라서 시장의 역할 강화는 단순히 가격자유화를 더 확대하겠다는 것만은 아니다. 가령 「결정」에서는 요소가격 자유화를 위해 수자원·석유·천연가스·전력·교통·통신 등 분야의 가격개혁을 추진하되, 공공서비스 및 자연독점 분야의 가격통제는 유지하겠다고 밝혔다. 기존 입장의 반복이다.

오히려 「결정」이 강조하고 있는 것은 가격 이외의 영역에서 시장의 자원배분 기능을 강화하겠다는 것이다. 가령 「결정」은 경제 각 영역에 남아 있는 진입장벽을 철폐하고 지방보호주의를 없애며 반독점 및 공정 경쟁 환경을 조성하겠다는 방향을 밝혔다. 이를 위해 지방정부의 각종 불법 우대정책을 금지하고, 각종 인허가를 간소화하며, 기업 퇴출 시스템을 정비하기로 했다. 상품시장에서의 가격 경쟁에 그치는 것이 아니라, 그 경쟁의 공정성을 보장하고 경쟁의 결과가 기업의 생사를 결정하도록 하겠다는 것이다.

한편, 금융개혁과 자본시장 개방에 대한 기대도 컸다. 중국 금융은 아직도 국유은행 시스템과 금리 규제에 묶여 있는 상황이다. 자본시장 개방도 지연되고 있다(한국금융연구원, 2012). 이미 자본의 가격인 금리의 자유화를 요구하는 목소리도 높아지고 금융 통제의 각종 부작용이 나타나는 상황이었다. 성장전략의 전환에 따라 투자촉진에만 초점을 맞춘 금융시스템이 변화해야 하는 시점이기도 했다.

그렇지만 「결정」은 금리 및 환율자유화와 자본시장의 개방이라는 기본적인 방향을 재확인했으나, 그에 대한 구체적 추진일정과 방식을 제시하지는 않았다. 그 대신 점진적으로 관련 분야의 제도를 정비하고 실험적인 조치들을 취할 것임을 강조했다. 우선 금리자유화와 금융시장 경쟁 도입의 전제로서 예금보호제도의 구축과 금융기관 퇴출 시스템 정비를 제시했다.[23] 또 금융시장 개방에 앞서 상해자유무역실험구(상하이 FTZ)를 통해 충분한 실험을 진행할 것이라고 밝혔다. 개방보다는 속도 조절과 관련 제도정비를 강조한 것이다.

3) 도-농 이원구조 유지

기존 중국 경제체제의 가장 중요한 특징 중 하나는 도농(都農) 이중구조였다. 도농이 분리된 호구(戶口)제도 및 농촌집체토지소유를 통해 농촌에서 도시로의 인구이동을 막는 구조다. 이 중에서 호적분리 문제는 농민의 중소도시로 이주가 허용되는 등 점진적인 통합이 이루어지고 있다. 그러나 농촌토지소유권을 촌락공동체에 부여하고, 개별 농민에 대해서는 농촌거주자에 대해서만 점유권을 인정하며, 그 개별적인 매각은 허용하지 않는 현행 농촌 토지소유제도는 농민의 거주이전의 자유를 제약하고 농촌 노동력의 자유로운 이동을 막고 있다.[24] 또한 농민의 토지에 대한 권리가 불분명한 상황에서 지

---

23) 그 밖에도 주식 및 채권시장을 통한 장기자금시장 육성, 중소민영은행의 설립, 다층적 자본시장 육성 등을 강조했다.

24) 중국 인민대학의 원톄쥔(溫鐵軍) 교수는 이 도농 이중구조와 농민에 대한 구조적 수탈이 1949년 중화인민공화국 성립 이래 지금까지 유지되고 있는 가장 근본적인 문제라고 지적한다(원톄쥔, 2013).

방정부와 부동산개발업자에 의한 농민토지의 수탈 현상도 중요한 사회문제였다.

그런데 마침 신임 총리인 리커창은 집권 초부터 이른바 '신형도시화'를 강조하고 공간의 도시화보다 농민을 도시민으로의 전환시키는 인간의 도시화가 중요하다고 주장했다. 이 때문에 농촌토지제도의 변화에 대한 기대가 높았다. 변화의 핵심은 농촌토지에 대한 농민 개인의 권리를 어떤 방식으로 강화할 것인가였다.

18기 3중전회는 농촌토지에 대해 농민 개인의 소유권(처분권)을 인정하는 급진적인 토지 사유화 방안을 제시하지는 않았다. 그 대신 농촌공동체(촌락)의 집체토지소유를 유지하면서 농민 개인의 토지에 대한 권리를 지분화함으로써 재산권 행사를 활성화시키는 방안을 제시했다. 즉, '농민지분합작'을 강조하여, 집체토지에 대한 개인 지분을 확정하는 형태의 토지제도 개혁을 예고하고 있다. 농민의 경작토지에 대한 권리가 일종의 지분으로 전환되면(농민지분합작) 그 지분의 매매, 저당, 기타 활용이 가능해질 수 있을 것으로 기대된다. 나아가 "농촌집체가 상업적 용도로 건설용지를 출양, 임대, 지분 전환하는 것을 허용"하는 형태로 집체토지의 활용도를 높이는 방안도 제시했다. 활용은 집체단위로 하되 농민이 그 수익을 얻을 수 있도록 하겠다는 것이다. 또한 도시와 농촌의 토지시장을 통합하여 농촌의 집체소유 토지도 도시지역과 동일한 방식으로 재산권 행사와 가격수취가 가능하도록 유도하기로 했다.[25]

---

25) 농민에게 자유로운 농지처분권을 허용했을 경우, 토지를 매각한 농민들이 급격하게 도시 빈민화[농촌토지, 매각대금, 도시주택을 모두 상실한 삼무농민화(三無農民化)]할 것이라는 우려가 작용한 것으로 보인다. 그렇지만 집체토지의 자체적 활용을 강조하는 농촌토지 제도의 변화 역시 비록 종래와 같은 지방정부의 자의적 농지 수용은 어느 정도 억제하겠지만, 농촌 엘리트에 의한 집체토지의 사실상 수탈이 큰 사회문제로 등장할 가능성을 내

<表 5-2> 중국 발전모델의 분야별 내용

영역	내용	비고
소유제	국유제 유지, 발전(활력·통제력·영향력)	1950년대 유럽
자원배분	시장이 자원배분에서 결정적 기능 가격뿐 아니라 경쟁과 리스크 도입	가격통제 개도국 포퓰리즘 배제
성장전략	수출-고투자 성장에서 소비-안정적 투자 성장으로 전환	성장률 둔화 감수
소득분배	초기 분배: 노동소득 비중 확대에 국가 개입	소득주도 성장
	재분배: 사회보장제도 단일화 국유기업(공유제)과 연계(복지사회 언급은 없음)	개도국형 사회보장, 증세 언급 없음
노사관계	조직률 제고 → 단체 협상률 제고	고(高)조직 고협상형
노동시장	도시-농촌 노동시장을 점진적으로 통합	이원구조 존속
농촌토지	집체소유제 유지, 자체적인 개발권 부여	수탈형 → 개발형
대외개방	국내 안정과 위험관리를 우선시 전면 심화 개혁개방(당대회, 2012) → 전면심화개혁(3중 전회, 2013)	점진주의 유지
기타	교육제도, 경쟁정책, 금융구조, 연구개발	모색 중

4) 기타

그 밖에도 「결정」은 재정, 조세, 소득분배, 대외개방 등과 관련된 중요한 정책 방향을 제시하고 이를 추진할 별도의 개혁영도소조 설립을 결정했다. 우선 최근 문제가 된 지방정부 채무 급증 문제와 관련하여 중앙과 지방재정의 역할을 엄밀하게 재정립하는 한편, "중앙의 장려정책 때문에 형성된 지방 재정의 부족은 원칙적으로 (중앙의) 이전지출을 통해 조절"한다고 언급하여, 중앙정부가 책임을 수용하고 직접 해결하겠다는 의지를 밝혔다.[26]

포하고 있다.

26) 그 밖에 지방정부 채권발행 허용, (사회간접자본투자와 관련된) 정책금융기관 건립, 민간

또 대외개방과 관련하여 ① 국제경제협력 참여와 주도를 통한 경쟁력 확보, ② "진입전 내국민대우"와 "네거티브 리스트" 도입, 환경보호/ 투자보호/ 정부구매/ 전자상거래 등 의제 수용, 각국과의 투자협정 체결, ③ WTO 체제 견지 속에서 주변 지역을 기초로 한 고품질의 FTA 전략 실시 등을 중국의 향후 대외개방정책의 주요 방향으로 제시했다. 다만 "개혁개방의 전면적 심화(18차 당대회, 2013년 정부공작보고)"라는 관례적 표현이 「결정」부터는 "개혁의 전면적 심화"로 바뀌었음에 유의할 필요가 있다. 즉, 대외적 개방보다는 내부적 개혁을 중시하는 변화가 나타나고 있는 것이다.

7. 중국특색의 시장경제에 대한 평가

이상을 바탕으로 현시점에서 중국이 추진하고 있는 중국특색의 사회주의 혹은 중국 경제발전 모델의 내용을 확인해보면 다음과 같다. 첫째는 성장전략의 전환이다. 즉, 수출과 고율의 투자가 주도해온 고도성장 전략을 내수소비와 안정적인 투자가 이끄는 지속가능한 성장전략으로 전환하는 것이다. 이 과정에서 중국 정부는 최저임금의 지속적 인상이나 노동자의 임금 협상력 강화를 통해 가계-기업 간 소득분배의 구조를 가계소득이 더 빨리 증가하는 방향으로 유도하고 있다. 이는 국가가 조세를 통한 재분배뿐 아니라 시장에서의 초기 분배에도 적극적으로 개입하겠다는 의미이기도 하다. 또한 내수소비의 기반을 튼튼히 한다는 차원에서 그동안 사회보장에서 사실상 배제되었던 농민에 대한 사회보장제도의 확대도 서두르고 있다. 나아가 최근 이 성장전

자본의 사회간접자본투자 방식 개발 등 지방정부의 인프라 및 주택 건설 자금조달 방식을 제시했다.

략 전환은 시진핑이 최근에 강조하는 '뉴 노멀'이라는 메시지를 통해 중국 경제시스템 내로 정착되고 있는 것으로 보인다.

이 성장전략의 전환은 중국이 이른바 '소득주도형 성장'을 시도하고 있다는 의미이다. 다만 이는 '내수 중심의 성장'을 통해 경제성장을 촉진하기 위한 성장촉진 전략이라기보다는 성장의 둔화를 감수하면서도 장기적 성장기반을 마련하기 위한 구조조정 전략이라는 데에도 유의할 필요가 있다.

둘째는 중국형 경제시스템을 구축하기 위한 노력을 본격화했다는 것이다. 18기 3중전회의 「결정」은 중국 경제체제 각 분야의 미래 구조와 관련해 중요한 방향을 제시하고 있다. 우선 국유기업 및 공유제를 유지하고 그 역할(활력·통제력·영향력)을 오히려 확대한다고 밝혔다. 앞으로 중국에서 대규모 사유화가 나타날 가능성은 크게 줄어들었다고 볼 수 있다. 오히려 국유기업이 주도하는 산업생태계가 형성될 가능성이 커졌고 그 안에서 공정한 경쟁을 유지하는 것이 어려운 과제로 대두되고 있다. 또한 국유자산 및 수입과 사회보장 재원을 연계하는 구체적 방안을 밝혀 경제체제 전체 구조에서 국유기업의 역할을 오히려 강화했다고 해석할 수 있다.

또 시장의 '결정적' 기능을 강화한다는 방향 제시는 지금까지의 가격자유화를 넘어 기업의 진입과 퇴출을 포함한 시장의 자원배분 기능을 강화하겠다는 선언이다. 과잉 설비에 대한 구조조정 강조 역시 그 일환이다. 또한 농촌 토지의 집체소유를 중심으로 한 도농 이중구조는 상당 기간 유지하면서 점진적으로 제도적 격차를 해소하기로 했다. 이는 최종적인 해결 방향 제시라기보다는 당분간 현상을 유지하면서 점진적인 변화를 유도하겠다는 의도로 해석된다. 그렇지만 소득분배와 내수소비 기반 확대를 강조하고 있음에도 불구하고 증세를 통한 획기적 사회보장제도 구축 등은 약속하지 않았다.

이처럼 성장전략 전환과 중국특색 사회주의제도의 발전을 통해 중국이 독

자적인 경제발전의 모델을 형성하고자 하는 사실이 갖는 역사적 의미를 좀
더 검토해볼 필요가 있다. 이는 기존 후발개도국들이 선발 시장경제 선진국
의 경제모델을 다양한 방식으로 모방하고 추종해왔던 오래된 경향을 근본적
으로 뒤집는 것이다.

실제로 선진 시장경제를 보면, 각국의 성장전략, 사회보장체제, 교육제도,
노사관계, 산업정책, 금융시장 개별 구성요소들은 나라별로 매우 상이하다.
사실 거의 공통점이 없다.[27] 그렇지만 그 요소들이 일국 내에서 매우 효율적
이고 지속가능한 방식으로 통합되어 있다는 것이 선진 시장경제들이 가진 공
통점이다. 이 차이와 공통점이 발생하는 것은 각국이 자국의 경제발전의 각
단계마다 자신의 현실에 맞는 제도를 구축하고 장기간에 걸쳐 그 제도들 사
이의 결합과 조화를 강화해왔기 때문이다. 각국은 모두 다른 경로와 방식으
로 경제구조를 만들어왔지만 결과적으로는 모두 상대적으로 효율적인 나름
의 경제체제를 구축한 것이다.

달리 말하면, 경제성장이 경제발전의 양적 측면이라면, 효율적이고 지속
가능한 체제의 구축은 그 질적 측면이다. 그런데 기존의 선진 시장경제에서
관찰되는 바와 같이, 질적 측면의 발전은 그 결과(효율성, 지속가능성)는 유사
하지만 그 형성 과정이나 내용은 나라마다 제각기 다르다. 특히 많은 경우에
이 형성 과정은 특정 국가 내에서 장기간의 역사적·정치적 모색과정을 거친
다. 가령 미국의 현재 경제체제는 미국 근현대사 전체의 산물이지 특정 정부
의 정책적 고안물이 아니라는 것이다. 이 때문에 이 질적 발전은 본질적으로
모방이 불가능하다.

---

27) 물론 통화정책, 재정정책, 통상정책, 금융규제 등 글로벌 경제와의 공조나 협력이 필요한
부분에서는 각국이 동일한 목표나 운영원리를 공유하기도 한다. 그러나 그것은 제도적 공
통점이라기보다 행위규범의 공유에 가깝다.

중국이 18기 3중전회를 통해 중국특색 사회주의 제도를 발전시키겠다고 선언한 것은 중국공산당이 이와 같은 경제발전의 질적 측면의 특징에 대해 분명한 인식에 도달했다는 것을 보여준다. 즉, 중국 경제 시스템의 질적 발전 역시 선진 시장경제와 마찬가지로 중국에 고유한 제도적 유산들 사이의 정합성을 높이는 과정이라는 인식에 도달한 것이다. 그런 의미에서 중국의 경제 시스템은 '중국특색'을 가질 수밖에 없는 것이다.[28]

개혁개방 이후 중국은 시장화와 세계화라는 시장경제의 보편적인 과제를 성공적으로 수행했다. 즉, 성공적으로 계획경제에서 탈피했으며, 그 과정에서 장기 고도성장에도 성공했다. 마침 그 시점에서 선진국발 금융위기가 발생함으로써 글로벌 스탠더드라는, 특정 발전모델의 개별성을 과도하게 보편화시키는 경향에서도 벗어날 수 있었다. 이제 중국 공산당이 바라보는 중국 경제체제는 어떤 이상적인 시장경제를 지향하지만 현실적 한계 때문에 어느 정도의 속도 조절이 필요한 '과도기'적인 경제가 아니다. 앞으로 중국 경제는 과거처럼 기존의 경제이론이나 경제이념이 지시하는 방향을 지향하는 것이 아니라, 중국 경제의 현실에 입각해서 지속적으로 시스템 내의 정합성을 높이는 방향으로 나아갈 것이다.

이 과정에서 중국공산당이 태생적으로 가지고 있는 사회주의 정체성은 중국공산당이 좀 더 적극적으로 여타 시장경제와 구별되는 자신만의 독자적 발전모델을 모색하도록 만드는 정치적 동기와 정책적 내용을 제공하고 있다. 그 결과가 '중국특색 사회주의의 제도' 발전이라는 18기 3중전회의 이론적

---

28) 다만 중국은 공산당이 그 형성 과정을 직접 관리하고자 한다는 면에서 많은 선진 시장경제의 사례와 크게 다르다. 선진 시장경제에서 시장제도가 구축되는 과정은 특정 정부의 경제적·정책적 의사결정 과정이라기보다는 시민사회, 선거, 정권교체, 혁명, 전쟁까지 포함하는 역사적이고 정치적인 과정이다.

발전이다. 사실 중국특색의 사회주의는 사실상 중국특색의 시장경제와 같은 말이기도 하다. 그리고 그런 의미에서 이는 공산당 통치와 시장경제의 발전이라는 근본적 딜레마를 해결하기 위한 중국공산당의 도전이다.[29]

---

29) 이를 중국 현대사를 관통해온 '실용주의'라는 맥락에서 해석해볼 수도 있다. 마오쩌둥의 '신민주주의론'이나 덩샤오핑이 제창한 '중국특색 사회주의', '사회주의 시장경제'는 모두 특정한 이론이나 이념에 구애받지 않고 중국의 현실에 맞는 변형을 시도하고 있다는 점에서 실용주의적 사고의 결과이다. 나아가 이 실용주의는 중국 시스템이 체현하고 있는 독특한 창의성과도 연결된다.

참고문헌

원톄쥔(溫鐵軍). 2013. 『백년의 급진』. 돌베개.

지만수. 2008. 「중국의 과학적 발전관의 내용과 함의」, ≪아태연구≫, 제15권 1호.

_____. 2013. 「중국의 성장전략 전환이 초래하는 도전과 대응」, 한국금융연구원, ≪주간금융브리프≫, 제22권 4호.

한국금융연구원. 2012. 「중국 자본계정 자유화 추진 내용과 전망」, ≪주간금융브리프≫, 제21권 47호.

_____. 2013a. 「중국 국유기업의 역할에 대한 재조명 움직임」, ≪주간금융브리프≫, 제22권 18호.

_____. 2013b. 「중국 '383방안' 논란: 경제개혁의 로드맵?」, ≪주간금융브리프≫, 제22권 44호.

高尙全. 2013a. 「凤凰网访谈: 全面深化改革领导小组组长建议由总书记担任」(2013.11.14).

_____. 2013b. 「关于十八届三中全会主题的建议(总第947期)」(2013.6.15). www.cird.org.cn.

习近平. 2013.11.15. "关于 ≪中共中央关于全面深化改革若干重大问题的决定≫的说明". ≪新华网≫.

제6장

남북관계의 미래와 남북경협 추진 방향*

김석진 | 통일연구원 연구위원

1. 머리말

최근 '통일 대박론'이 제기되면서 남북한 경제통합이 남한 경제에 커다란 이익을 가져다줄 것이라는 기대가 커지고 있다. 남북한 경제통합은 통일 이후에 본격적으로 진행할 수 있겠지만, 통일 이전에도 적극적으로 경제협력을 해야 한다는 의견이 많다. 남북경협이 남한 경제의 중요한 성장동력 중 하나가 될 수 있다는 생각은 새삼스러운 것이 아니라 남북경협이 시작된 1990년대 초부터 생겨난 오래된 통념이기도 하다.

하지만 많은 사람들의 노력에도 불구하고 남북경협의 성과는 기대에 미치지 못하고 있는 것이 현실이다. 그동안 수많은 경협 제안과 계획이 나왔지만 성사된 사업은 많지 않고 그나마 진행되던 사업도 대부분 중단되어버렸다. 남아 있는 유일한 사업인 개성공단도 개발 초기 단계에서 벗어나지 못하고

---

* 이 글은 서울사회경제연구소 제22차 심포지엄 발표문(2015.3.13)을 수정·보완한 것이다.

있다.

이처럼 남북경협이 잘 진행되지 못한 것은 경협사업 자체의 경제성이 부족해서였다기보다는 북한체제와 남북관계의 정치적 제약을 넘어서기가 어려웠기 때문이다. 남한 주도로 통일이 이루어진다면 정치적 제약은 해소되겠지만, 그 대신에 통일 과정의 사회정치적 혼란이나 통일비용 같은 새로운 문제들이 나타날 것이다. 또 가까운 시일 내에 통일이 이루어질 수 있다는 전망을 자신 있게 내놓기는 힘들다.

이 글에서는 앞으로도 상당 기간 현재의 분단 상태가 유지된다는 전제 아래 남북경협의 전망과 추진 방향을 살펴본다. 통일 이후의 북한개발과 남북한 경제통합은 별도의 상세한 논의를 필요로 하는 주제이므로 이 글에서는 다루지 않는다. 이 글의 주제는 이미 많은 보고서와 논문에서 다루어졌으며 필자도 여러 차례 연구에 참여한 바 있지만, 선행연구를 요약·수정·보완하여 종합적 개요를 제시한다는 의미에서 여기에서 다시 논의를 전개한다.[1] 많은 선행연구와 비교할 때 이 글의 논의는 몇 가지 차별성이 있다.

첫째, 이 글에서는 남북경협의 정치적 제약과 경제적 한계를 강조한다. 남북경협은 정치적 문제 때문에 성사시키기 어렵고 성사되더라도 경제적 효과가 제한적일 가능성이 높다. 이런 상황에서는 다수의 이상적 사업안을 백화점식으로 제안하기보다는 비교적 현실성이 높은 소수의 사업을 집중 추진하는 것이 더 바람직해 보인다.

둘째, 남북경협은 북측이라는 파트너와 함께 하는 사업이므로 남측 입장만이 아니라 북측의 수요와 수용 가능성도 고려해야 한다는 점을 강조한다. 현실적인 경협정책과 전략은 남북 양측의 의사를 적절히 반영한 교집합을 찾

---

[1] 이 글의 논의는 필자의 여러 선행연구에 기초하고 있음을 미리 밝혀둔다. 관련 연구는 해당 부분에서 적절히 인용할 것이다.

아내는 데서 출발해야 할 것이다.

셋째, 기업이 주도하는 상업적 경제협력만이 아니라 정부와 시민사회가 주도하는 비상업적 개발협력(개발 지원)도 중시하고 두 유형의 협력을 조화롭게 추진할 것을 주장한다. 특히 기업과 정부가 함께 추진하며 경제협력과 개발협력의 성격을 공유하는 민관협력 사업의 중요성을 강조한다.

이상의 관점에서 볼 때, 통일 이전 단계에서 남북경협은 남한 경제의 중요한 성장동력이 되기는 어려울 것으로 전망된다. 하지만 일부 부문 및 일부 기업들에게는 의미 있는 경제적 성과를 가져다줄 가능성이 있다. 또한 제한적인 규모로 경협이 진행된다 하더라도 장기적으로 사업을 계속 확대해나간다면 북한 경제와 사회에 바람직한 영향을 미칠 수 있다. 제약과 한계를 강조하면서도 여전히 남북경협을 추진해야 한다고 주장하는 이유가 바로 여기에 있다.

2. 남북관계 전망과 남북경협의 정치적 제약

1) 북한체제와 남북관계 전망

북한이 심각한 체제위기에 빠진 1990년대 초중반 이후, 북한체제와 남북관계의 미래에 대해서는 흔히 세 가지 시나리오가 거론되고 있다. 첫 번째는 체제 붕괴 시나리오다. 북한 사회주의 체제가 옛 소련, 동유럽, 동독처럼 붕괴하고 그 결과 남한이 주도하는 한반도 통일이 이루어진다는 전망이다. 두 번째는 개혁·개방 시나리오다. 북한 정권도 중국이나 베트남처럼 개혁·개방을 실시하고 남북한은 화해 협력과 남북연합 단계를 거쳐 평화통일을 이루게 된다는 내용이다. 세 번째는 현상유지 시나리오다. 북한 사회주의 체제가 큰 변화 없이 현상을 유지하며 남북관계에도 큰 진전은 나타나지 않을 것이라는 예상이다.

1990년대에는 이상의 세 시나리오 중에서 첫 번째 체제 붕괴 시나리오의 실현 가능성이 가장 높다는 것이 다수 의견이었던 것으로 보인다. 두 번째 개혁·개방 시나리오는 정부의 공식 통일방안인 '민족공동체 통일방안'[2]의 전제가 되었다. 하지만 20여 년의 세월이 흐른 오늘까지 체제 붕괴와 개혁·개방 시나리오 둘 다 실현되지 않았다. 이제까지의 현실은 세 번째 현상유지 시나리오와 가장 가깝지만, 어떤 의미에서는 이 시나리오도 역시 실현되지 않았다고 할 수 있다. 지난 20여 년 동안 사회주의 정권이 계속 권력을 유지했지만 사회경제적으로는 의미 있는 변화가 나타났기 때문이다. 북한은 공식적으로는 사회주의 제도와 이념을 유지하고 있고 국영기업, 국가기관, 협동농장 등 기본 경제조직 체계도 살아 있지만, 다른 한편으로는 사경제와 시장 활동이 활발하게 확산되었다. 많은 주민들이 사경제와 시장을 통해 생계를 해결하고 있고 북한 당국도 사경제를 대체로 묵인하고 있으며 국영기업 명의와 자산을 빌린 사기업 활동까지 널리 퍼지고 있다.

요컨대 오늘의 북한체제는 중국식 개혁·개방에는 미달하지만 전통적 사회주의에서는 많이 벗어난 상태이고, 이런 변화와 적응을 통해 체제 붕괴라는 최악의 상황을 모면하고 기본적인 사회 안정을 유지할 수 있었던 것으로 보인다. 물론 지금도 체제 붕괴 시나리오를 배제할 수는 없으나, 그렇다고 해서 붕괴 가능성이 높다고 볼 만한 뚜렷한 근거도 찾기 힘들다. 북한체제의 미래

---

[2] 1989년에 노태우 정부는 대통령 특별선언 형식으로 '한민족공동체 통일방안'을 발표했으며, 국회에서는 여야 4당 합의로 이 방안을 채택했다. 1993년 김영삼 정부는 이를 계승·발전시킨 '민족공동체 통일방안'을 제시했으며, 그 후 역대 정부도 이를 공식 통일방안으로 삼고 있다(통일부 통일교육원, 2014: 129~142 참조).

를 확실히 예측하기 어려우므로 여러 가능한 시나리오를 상정하고 각각의 경우에 대한 대응 방안을 모색하는 것이 현명한데, 이 글에서는 일단 붕괴 시나리오는 논외로 하고, 분단 상태가 장기간 유지된다는 전제 아래 남북경협 추진 방향을 살펴본다.

통일 이전 단계, 즉 북한 정권이 독립적 국가권력을 유지하는 상황에서 남북경협은 북한 정권의 정책과 정치적 남북관계의 영향을 강하게 받을 수밖에 없다. 잘 알려져 있다시피 남북한 당국은 각자 상대방에 대해 강경한 대결정책과 온건한 협력정책을 번갈아 사용하고 있으며, 남북경협은 남북협력 국면에서는 확대·발전하다가 대결 국면에서는 축소·중단되는 양상을 보여왔다. 2015년 초 남북관계는 2008년에 시작되고 2010년에 심화된 대결 국면의 연장선상에서 개성공단의 현상유지와 소규모 인도적 지원을 제외한 모든 경제협력은 중단된 상태이다.

따라서 남북경협 추진 방향을 논의하기에 앞서, 향후 남북관계가 개선될 여지가 있는지, 얼마나 개선될 수 있는지 먼저 따져볼 필요가 있다. '한반도 신뢰 프로세스'를 통해 남북관계를 개선할 의지를 밝힌 박근혜 정부가 출범한 지 2년이 지났지만 여전히 대결 국면이 지속되고 있는 데서 알 수 있듯이, 남북관계 개선은 결코 쉬운 일이 아니다. 하지만 남북 양측의 대내외 여건을 고려할 때, 장기적으로는 남북관계가 개선될 가능성을 충분히 생각해볼 수 있다.

먼저 북측의 김정은 정권은 권력기반을 다지기 위해 경제적 이익을 챙기려는 동기를 가지고 있다. 2000년대 중후반 이래 중국의 해외 자원 수입 수요 증가와 국제 원자재가격 상승 덕분에 북한은 대중국 광산물(주로 무연탄과 철광석) 수출을 크게 늘릴 수 있었으며, 이런 대외 여건의 변화가 정권의 재정 사정을 개선하는 데 큰 도움이 되었다. 그러나 최근 중국의 성장 둔화와 에너지 절감 정책으로 자원 수입 수요가 2012년부터 정체하기 시작했고 광산물 가격도 2011년에 정점을 지난 후 하락세를 보이고 있다. 이로 인해 북한산 광산물의 수출은 2014년에 뚜렷이 감소했으며 향후 전망도 밝지 않다. 북한 정권에게는 광산물 수출 감소를 상쇄할 수 있는 새로운 외화 수입원으로 남북경협이 유력한 대안이 될 수 있다.

남한 정부 입장에서는 한편으로는 한반도 긴장을 완화하고 평화 분위기를 정착시키기 위해, 다른 한편으로는 통일 준비 차원에서 북한 개발과 남북 경제통합을 진전시키기 위해 남북경협을 추진하고자 하는 동기를 가지고 있다. 또한 많은 남한 기업, 특히 노동집약 업종의 중소기업들에게 북한은 새로운 저비용 생산기지로서 매력적인 투자처가 될 수 있다. 2000년대 중반 이후 중국 및 동남아의 급속한 임금 상승으로 해외진출 여건이 나빠지고 있기 때문에 새로운 투자처의 필요성은 점점 커지고 있다.

물론 남북관계는 남북 양측의 경제적 이해관계보다는 정치군사적 입장에 의해 좌우되는 측면이 강하므로 경제적 필요성이 커진다고 해서 남북관계가 반드시 개선되리라는 보장은 없다. 북한의 김정은 정권은 출범 초기 경제적 필요성을 무시한 채 매우 강경한 군사적 대결 노선을 추구했는데, 이는 권력 승계 후 자칫 흐트러질 수 있는 북한 내부 통치권을 다잡기 위한 정치적 책략일 수 있다. 하지만 이제는 어느 정도 통치기반을 다졌으므로 점점 경제적 이익을 챙기는 쪽으로 정책의 중심을 옮길 가능성이 있다. 남한에서도 대북정책은 국내정치의 영향을 강하게 받는다. 대선과 총선을 통해 어느 정당이 집권하느냐에 따라 대북정책은 크게 달라질 수 있다. 북한의 대남정책이 남한의 대북 여론을 바꿔 놓음으로써 대북정책에 큰 영향을 미칠 수도 있다.

이처럼 남북관계는 남북 양측의 정치 상황에 따라 결정되므로 장기적 전개 방향을 예측하기 어렵다. 만약 현재와 같은 대결 국면이 장기적으로 지속된다면, 의미 있는 규모의 남북경협은 추진되지 못할 것이다. 따라서 남북경협 추진 방향을 모색하는 이 글에서는 대결 국면이 협력 국면으로 전환되는 상황을 전제하고 논의를 전개한다. 하지만 그 경우에도 '민족공동체 통일구상'이 상정하는 장밋빛 미래, 즉 북한의 근본적 개혁·개방과 남북연합을 기대하기는 어렵다고 본다. 남북경협은 전면적으로 전개되기보다는 남북 양측의 줄다리기 속에서 부분적·실험적인 방식으로 전개될 가능성이 더 높아 보인다.

2) 남북경협의 정치적 제약[3]

남북관계가 협력 국면으로 전환하더라도 남북경협이 전면적으로 전개되기 어렵다고 보는 것은, 북한정권이 독립적 권력을 유지하는 한, 남북경협은 북한체제와 남북관계의 특수성으로 인한 근본적인 정치적 제약을 벗어날 수 없다고 보기 때문이다.

북한 당국은 남북경협을 통해 경제적 이익을 얻고 싶어 하지만, 동시에 남북교류의 확대가 정치적 위협 요인으로 작용할 가능성을 경계한다. 따라서 북한 정권은 남북경협이 비교적 활발하게 진행되던 시기에도 다음과 같은 몇 가지 규제를 가했다. 첫째, 남북 간의 육로 운송 및 통행을 허용하지 않았다. 둘째, 남측 기업가나 기술자의 북한 상주를 허용하지 않았고 일시적 방북조차도 제한적으로만 허가했다. 셋째, 남측 기업 관리자가 북측 인력을 직접 통제하는 것을 허용하지 않았다.

이런 식의 비정상적 규제는 상업적 경제협력, 즉 무역 및 투자의 수익성을

---

3) 이 절의 논의는 김석진(2009, 2013b)에 기초하고 있지만, 이 글의 논지에 맞게 적절히 요약·재구성했다.

크게 떨어뜨렸으며, 이 때문에 남북경협은 발전 잠재력에 크게 못 미치는 제한적 수준에 머무를 수밖에 없었다. 한 가지 다행스러운 점은 북한 정권이 경제특구로 지정한 사업, 즉 개성공단과 금강산 관광에서는 첫째와 둘째 규제를 대체로 철폐했다는 것이다. 즉, 경제특구라는 형식을 통해 북한 내부 사회와 분리시킨 지역에서는 기본적인 사업 환경을 갖춰준 것이다. 물론 경제특구의 사업 환경도 국제관례에 비춰보면 크게 미흡한 상태여서 앞으로 개선해야 할 부분이 많다.

비상업적 개발협력에서도 북한 당국의 정책은 대단히 문제가 많다. 국제사회(선진국 정부, 국제기구, 민간단체 등)는 저소득 개발도상국에 대해 다양한 개발협력 사업을 실시하고 있는데, 해당 국가 정부가 유능하고 청렴하며 협조적일수록 개발 효과가 커진다. 그러나 북한 당국은 북한을 지원하려는 국제사회를 상대할 때 진정한 개발 효과보다는 정권의 통치력 강화에 도움이 되는 물자(식량, 비료, 석유 등) 획득에만 초점을 맞춘다.

대북사업을 해보려고 하는 기업 입장에서는 정치적 리스크를 우려하지 않을 수 없다. 북한은 여전히 사회주의 제도와 이념을 고수하고 있고 남한 및 국제사회에 대해 기본적으로 적대적인 자세를 유지하고 있다. 일시적으로 남북관계가 개선되더라도 언제 상황이 역전될지 모르며 북한 당국이 사업의 지속성·안정성을 보장해주리라고 기대하기는 어렵다.

남한 정부의 남북경협 지원 정책은 핵 문제라는 근본적인 장애 때문에 일정한 한계 안에서만 작동한다. '햇볕정책'을 표방한 김대중·노무현 정부조차도 대규모 재정자금이 소요되는 신규 경협사업은 핵 문제 해결의 진전 상황과 연계하여 진행한다는 원칙을 가지고 있었다. 핵무기 및 관련 시설의 즉각 폐기를 경협의 전제 조건으로 내건 것은 아니었지만, 6자회담 등 핵 협상에 계속 임하고 핵 실험과 핵 개발 프로그램을 중단하는 등 북측의 협조가 있어야 대규모 경협사업을 진행할 수 있다는 입장이었다. 주지하다시피 이명박 정부 출범 후 남한 정부는 경협 추진과 핵 문제 해결을 더 강하게 연계했으며, 현재의 박근혜 정부도 이명박 정부보다는 덜 강경하지만 기본적으로는 같은 입장이라고 볼 수 있다.

오랫동안 핵 문제를 두고 대치하는 사이, 북한의 핵 개발 프로그램은 이제는 돌이키기 어려울 정도로 너무 많이 진행되어버린 상태이며, 남한과 국제사회가 아무리 큰 당근을 준다 해도 북한은 이미 개발해놓은 핵무기 및 시설만큼은 포기하지 않을 가능성이 높아 보인다. 이렇게 핵 문제의 근본적 해결이 어려워진 상황에서 남한 정부가 과연 얼마만큼 남북경협을 적극적으로 추진하고 지원할 수 있느냐는 국민적 합의를 보기 어려운 난제가 아닐 수 없다.

이런 여러 가지 사정을 고려할 때, 앞으로 남북관계가 어느 정도 개선되더라도 과거에 많은 사람들이 기대했던 것 같은 전면적 남북경협의 발전은 어려울 것으로 전망된다. 소요자금과 파급효과가 제한적인 사업들은 어느 정도 진행할 수 있겠지만, 대규모 사업을 확대·발전시키려는 시도는 남과 북 모두에서 심각한 정치적 반대에 부딪힐 것이다.

3. 북한의 경제적 잠재력[4]

남북경협은 남한 기업이 북한의 경제적 자원을 활용하는 사업으로 구성된다. 남한은 선진국인 반면 북한은 저소득 개발도상국에 지나지 않으므로 남

---

4) 이 절의 내용은 김석진(2012a: 60~76; 2014: 49~51)의 논의에 기초하고 있다. 김석진(2012a, 2014)은 북한 경제의 장기적 성장 잠재력을 평가하는 차원에서 논의를 전개했으나 이 글에서는 남북경협에 임하는 남한 기업 입장에서 해당 논의를 대폭 수정·보완했다.

북경협의 주도권은 자본과 기술이 우수한 남한 기업이 가질 수밖에 없다. 남한 기업은 북한의 무엇을 활용할 수 있는 것일까? 북한의 경제적 잠재력을 고려할 때, 유망한 경협사업은 무엇일까?

1) 인적자원

선진국 기업이 저소득 개발도상국에 진출하는 가장 중요한 이유는 저임금 노동력의 활용이다. 남한 기업의 대북사업에서도 이 점은 마찬가지이다. 이제까지 진행된 남북경협 중 가장 중요한 사업인 개성공단이 대표적이다. 개성공단에서는 노동집약 업종의 기업들이 북한의 저임금 노동력을 활용해 가공무역 방식으로 사업을 진행하고 있다. 즉, 남한에서 설비, 원료, 부품, 자재를 공급하고 개성공단에서 조립·가공 후 제품을 다시 남한으로 들여오는 방식이다. 남북한 간 임금 격차가 매우 크기 때문에 이러한 방식의 사업은 상당히 큰 수익을 올릴 가능성이 높다. 더욱이 최근에는 중국과 동남아의 임금이 많이 올라 북한과의 임금 격차가 커졌으므로 북한 사업의 상대적 수익성은 더욱 높아졌다고 할 수 있다.

북한의 총인구는 남한의 1/2이나 되어 노동력이 풍부하다. 더구나 오랜 경제위기로 국영산업 부문이 쇠퇴해 있기 때문에 남한 제조업이 활용할 수 있는 유휴인력이 매우 많다. 남한에 비해 고령화 속도가 느려 청년층 인구 비율이 비교적 높다는 점도 주목할 만하며, <표 6-1>에서 볼 수 있듯이 시간이 흐를수록 청년층 인구 비율의 남북 간 격차는 더욱 커질 것으로 전망된다. 북한의 군대 규모가 커서 청년층 남성 인력이 부족하다는 문제가 있긴 하지만, 노동집약 제조업에서 필요로 하는 청년 인력의 대부분은 여성이므로 큰 문제가 되지는 않을 것이다. 또 언어적·문화적 동질성과 지리적 인접성을 고려할

〈표 6-1〉 남북한 연령별 인구구조 전망

(단위: %)

구분		2010년	2015년	2020년	2025년	2030년	2035년	2040년
남한	0~19세	23.1	20.0	17.4	16.1	15.4	14.8	14.2
	20~39세	30.6	28.4	26.8	24.3	22.5	20.0	17.9
	40~59세	30.9	33.1	32.7	31.7	29.7	28.5	27.8
	60세 이상	15.4	18.5	23.1	27.9	32.4	36.7	40.2
북한	0~19세	30.9	28.4	26.7	26.2	26.1	25.8	24.7
	20~39세	30.5	29.3	29.8	29.0	28.0	25.8	24.8
	40~59세	25.1	28.9	28.5	27.9	26.6	25.9	27.1
	60세 이상	13.5	13.4	15.0	16.9	19.3	22.6	23.4

자료: 통계청, 「장래인구추계 및 북한인구추계」.

때, 남한 기업은 북한의 인적자원을 가장 잘, 그리고 가장 많이 활용할 수 있는 유리한 위치에 있다.

더 중요한 점은 북한의 교육수준이 다른 저소득 개발도상국에 비해 높은 편이라는 것이다. 북한은 저소득 개발도상국이지만 <표 6-2>에서 알 수 있듯이 초등 및 중고등학교 취학률은 선진국 수준이고 대학교 취학률은 중진국 수준이다. 물론 취학률 통계만으로 교육수준을 가늠할 수는 없다. 제도상으로는 취학률이 이처럼 높게 나오지만, 1990년대 초중반 이후로는 경제위기로 인해 실제로는 학교에 나오지 않는 학생들이 많고 교육의 질도 크게 떨어진 것으로 알려져 있기 때문이다. 하지만 실제 등교율 및 교육의 질이 취학률에 비해 훨씬 떨어지는 것은 북한만이 아니라 다른 저소득 개도국에서도 흔히 나타나는 일반적 현상이다. 이 점을 고려할 때 북한 인적자원의 질이 비교적 우수하다는 결론을 고수해도 무방할 것으로 보인다. 제조업의 단순 생산직 노동자조차도 교육수준이 높을수록 더 높은 생산성을 발휘하므로 남한 기

<표 6-2> 총 취학률 국제 비교(2008년)

(단위: %)

국가	유치원	초등학교	중고등학교	대학교
남한	114	104	96	104
일본	90	102	101	59
태국	89	93	75	46
말레이시아	65	-	69	37
필리핀	45	105	83	29
중국	45	111	78	22
인도네시아	46	116	70	20
북한	94	100	100	19
베트남	80	104	77	19
인도	54	116	60	15
방글라데시	-	-	45	9
캄보디아	14	126	44	8
파키스탄	-	89	34	5

주: 총취학률＝(재학 인원/학령인구)×100.
자료: 통계청(2011), UNESCO, Education Statistics(2012년 8월 22일 검색).

업에게 북한의 노동력은 매력적인 자원이라고 할 수 있다.

연구개발이나 정보통신산업에서 활용할 수 있는 고급인력의 수준이 어떠한지를 평가하기는 쉽지 않다. 대학 취학률이 높은 편이고 북한 당국이 과학기술을 매우 강조한다는 점에서 북한에도 고급 기술인력이 많을 것이라고 추측해볼 수는 있다. 하지만 북한의 고급인력은 핵, 미사일 등 군사기술 분야에 집중되어 있을 것으로 보이며, 일반 산업기술은 매우 낙후된 상태라는 점을 고려해야 한다. 즉, 북한의 고급인력은 일반 산업부문에서는 현대적 기술을 접해보지 못한 상태로 남한 기업이 활용할 수 있으려면 대대적인 재교육이 필요할 것이다.

〈표 6-3〉 총인구 중 영양부족 인구 비율 국제 비교

(단위: %)

국가	1990~1992년	1994~1996년	1999~2001년	2004~2006년	2011~2013년
베트남	48	32	20	14	8
인도네시아	22	16	20	17	9
중국	23	17	14	13	11
캄보디아	39	38	34	28	15
방글라데시	34	37	18	15	16
인도	26	25	21	22	17
케냐	35	32	32	31	26
북한	24	34	38	34	31
에티오피아	-	68	56	47	31

주: '영양부족(undernourishment)'은 '만성적 칼로리 섭취량 부족(chronic calorie deficiency)'을 의
미하며, 1일 1800kcal 미만을 소비하는 경우로 정의.
자료: IFPRI(2014: 41~42).

흔히 주목받는 정보통신 분야도 단지 공학적 지식만으로는 부족하며 현대
적 경제·경영 환경에 익숙해야만 창의적 기술개발이 가능하다. 선진국과 개
도국 간의 IT 아웃소싱 사업의 경우 발주업체와 하청업체 간, 또는 발주국 국
민과 수주국 국민 간의 긴밀한 의사소통이 필수적인데, 북한에서는 이런 활
발한 의사소통을 기대하기 어렵다. 북한 당국이 정보통신 인력을 양성하기
위해 많은 노력을 한 것으로 알려져 있지만, 남한 정보통신 관련 기업의 북한
인력 활용은 비교적 저급한 업무 분야로 한정될 가능성이 높아 보인다.

북한의 인적자원에는 크게 걱정스러운 부분이 있다. 오랜 경제난으로 인
해 건강 상태가 나쁘다는 점이다. 특히 1990년대 중후반 식량난 이후에 자라
난 청년 세대는 더욱 문제가 클 것이다. <표 6-3>에서 보듯이 국제식량정책
연구소(IFPRI)의 평가에 의하면, 지난 20여 년간 북한의 영양부족 인구 비율
은 30% 이상으로 매우 높은 수준이었다. 다행히 2000년대 초 이후 식량난이

다소 완화되어 영양부족 인구 비율은 하락했지만 지금도 30% 근방으로 상당히 높다. 또한 공공 보건의료 시스템이 제대로 작동하지 않아 각종 질병에 대한 대처 능력도 매우 부족하다.

물론 나쁜 건강 상태가 경제성장의 근본적 장애가 되는 것은 아니다. 영양부족을 비롯해 건강 상태가 나쁜 것은 북한만이 아니라 모든 저소득 개도국의 공통적 문제이다. 중국이나 베트남처럼 고도성장에 성공한 나라들도 당초에는 건강 문제가 심각했지만 소득수준 향상에 따라 점진적으로 건강 상태를 개선할 수 있었다. 하지만 당장 북한 인력을 활용하고자 하는 남한 기업 입장에서는 북한 인력의 나쁜 건강 상태는 그냥 무시할 수만은 없는 문제점이다. 따라서 가능한 한 조속히 북한 사람들의 건강 상태를 개선할 수 있도록 농업 및 보건의료 분야 개발협력을 실시해야 하고, 북측 인력을 고용하는 기업도 특별한 노력을 기울일 필요가 있다.

2) 지하자원

북한의 성장 잠재력과 관련해서는 지하자원이 큰 기대를 모으고 있다. 북한에는 지하자원이 매우 풍부하게 매장되어 있어, 이를 본격적으로 개발한다면 남북한 경제에 공히 큰 이득을 안겨줄 것이라는 기대이다. 그러나 전후 사정을 면밀하게 검토해보면, 이런 기대는 크게 과장된 것일 가능성이 높다는 결론을 얻을 수 있다.

북한 지하자원의 경제적 가치가 크다는 주장은 흔히 북한의 지하자원 매장량 추정치에 해당 자원의 현재 시장가격을 곱한 값을 근거로 내세운다. 그러나 이런 평가 방법은 다음 두 가지 점에서 잘못된 것이라고 할 수 있다. 하나는 지하자원의 경제적 가치는 매장량과 시장가격만이 아니라 채굴비용에

〈표 6-4〉 세계 지역별 지하자원의 1인당 경제적 가치(2005년)

(단위: 달러)

지역	석유	천연가스	석탄	광물	지하자원 합계
동아시아와 태평양	351	245	289	104	988
유럽과 중앙아시아	4,249	4,789	357	167	9,563
중남미와 카리브 해	2,477	416	16	687	3,597
중동과 북아프리카	4,400	2,395	2	44	6,842
남아시아	82	107	111	37	337
사하라 이남 아프리카	1,250	99	114	68	1,530
세계 전체	1,612	828	178	161	2,779

주: 경제적 가치란 시장가격(판매액)에서 채굴비용을 공제하여 얻은 연간 수익의 예상치를 현재 가치로 환산한 값을 의미.
자료: World Bank, Changing Wealth of Nations Online Dataset(2012년 8월 22일 검색).

의해서도 결정된다는 점이다. 지하자원이 아무리 많이 묻혀 있어도 판매 수입보다 채굴비용이 더 들어간다면, 그 자원은 개발할 가치가 없다. 다른 하나는 해당 지하자원에 대한 연간 시장 수요가 얼마나 큰지가 중요하다는 것이다. 어떤 자원이 아무리 많이 묻혀 있어도 매년 팔 수 있는 양이 얼마 되지 않는다면, 즉 가까운 기간 내에 거둘 수 있는 수입이 크지 않다는 것이고 결과적으로 그 자원의 가치는 크다고 보기 어렵다.

이상의 두 가지 점을 고려할 때 북한 지하자원의 경제적 가치는 얼마나 높이 평가할 수 있을까? 가장 중요한 점은 북한에 어떤 지하자원이 매장되어 있느냐는 것이다. 세계적으로 경제적 수익성이 가장 높은 자원은 석유(원유)와 천연가스이다. 석유와 천연가스는 판매 수입이 채굴비용을 크게 초과한다는 점에서, 그리고 수요 규모가 매우 크다는 점에서 경제적 가치가 매우 높다. <표 6-4>에서 보듯이 세계은행의 추정에 의하면, 석유와 천연가스에서 나오는 수익(=판매 수입-채굴비용)이 세계 지하자원의 경제적 수익 중 대부분을 차지한다. 그런데 잘 알려져 있듯이 북한에는 경제성 있는 유전과 가스전이 확인된 적이 없다. 석유와 천연가스가 없다는 점만으로도 북한은 자원 부국에 속하기 어렵다.

석유와 천연가스 다음으로 중요한 자원은 석탄과 철광석이다. 석탄 중에서 산업용으로 유용하며 국제적으로 주로 거래되는 것은 역청탄인데, 북한에는 역청탄이 거의 매장되어 있지 않다. 북한에 있는 석탄은 주로 무연탄과 갈탄이며, 무연탄과 갈탄에 대한 시장 수요는 역청탄보다 훨씬 작다. <표 6-5>에서 보듯이 남한이 필요로 하는 지하자원 중에서 석유(원유), 천연가스, 역청탄 등 3대 자원이 금액 기준으로 80% 이상의 비중을 차지하지만, 북한에는 이들 3대 자원이 모두 없다. 북한에서 나오는 무연탄은 역청탄에 비하면 수요가 1/10 정도밖에 되지 않으며, 갈탄에 대한 수요는 거의 없다시피 한 것이 현실이다.

중요 지하자원 중 하나인 철광석은 북한에 비교적 많이 매장되어 있는 것으로 알려져 있다. 그러나 북한의 철광석은 품위(총중량 대비 금속중량의 비율)가 낮은 자철광이 대부분이어서 판매 수입에서 채굴 및 정련비용을 제하고 남는 수익은 그리 크지 않을 가능성이 높다. 주요 철광석 수출국인 호주, 브라질, 인도 등에서 나는 철광석의 품위가 60% 정도인 데 비해 북한 철광석의 품위는 30%에도 채 미치지 못한다.

그 외에 북한이 보유하고 있는 자원으로는 구리, 알루미늄, 아연, 연, 몰리브덴, 망간, 금, 은, 니켈, 마그네사이트 등이 있다. 그러나 <표 6-5>에서 알 수 있듯이 이들 자원에 대한 시장 수요는 석유, 가스 등 주요 자원에 비해 훨씬 작다. 북한에 이들 자원이 많이 묻혀 있다 해도 수요가 제한적이라면 가까운 기간 내에 거둘 수 있는 경제적 수익도 얼마 되지 않을 것이다.

이제까지 알려진 북한의 지하자원 매장량 추정치가 정확하지 않다는 점에

<表 6-5> 남한의 주요 지하자원 수입 실태와 북한의 보유 현황(2012년)

HS 코드	품명	남한의 2012년 수입액 (백만 달러)	북한의 보유 여부	북한 매장량 추정치(톤)	북한의 2012년 대중국 수출액 (백만 달러)
2709	석유(원유)	108,298	×	-	-
2711	석유가스	33,834	×	-	2
270112	유연탄(역청탄)	14,221	×	-	-
2601	철광	9,532	○	50억	249
2603	동광	4,571	○	290만	17
7601	알루미늄괴	3,165	○	자료 없음	18
2707	콜타르	2,059	×	-	-
2607	연광	1,820	○	1000만	35
2608	아연광	1,394	○	2100만	7
7901	아연괴	172			40
270111	무연탄	1,361	○	45억	1,190
2616	귀금속광(금, 은)	547	○	금 2000 은 5000	30
2613	몰리브덴광	316	○	5만 4000	8
2602	망간광	293	○	30만	-
2713	석유코크스	157	×	-	-
2704	코크스	146	×	-	-
2604	니켈광	143	○	3만 6000	-

자료: 한국무역협회, 한국무역통계 및 중국무역통계, 한국광물자원공사(2009).

도 주의해야 한다. 어떤 자료를 근거로 어떻게 추정하느냐에 따라 추정치 자료는 제각각이다. <표 6-5>에 나와 있는 수치도 신뢰도가 그리 높지 않은 것으로 보이며, 상당히 과대평가되어 있을 가능성이 높다.[5]

---

5) 예를 들어 <표 6-5>에서 인용한 자료에 의하면, 북한의 무연탄 매장량 추정치가 45억 톤으로 되어 있지만, 이는 크게 과대평가된 수치일 수 있다. 북한이 발간한 『조선지리전서』

마지막으로 지하자원의 시장가격과 채굴비용이 가변적이라는 점에 주의해야 한다. 지하자원의 시장가격은 세계 경기 상황에 따라 크게 상승하기도 하고 하락하기도 한다. 시장가격이 크게 올랐을 때를 기준으로 평가하면 지하자원 가치가 대단히 커 보이지만, 이는 단지 일시적 현상에 지나지 않을 수 있다. 또한 북한의 전력, 교통 등 기반시설이 대단히 미비해 지하자원 개발을 추진할 때 직접 투자비용 외에 주변 기반시설에 대한 간접 투자비용이 많이 들어갈 가능성이 높고, 이 때문에 수익을 내기 어려울 수 있다.[6] 인건비도 채굴비용에서 큰 비중을 차지한다. 북한의 경제성장이 본격화될 경우 장기적으로 인건비가 상승해 지하자원 개발의 수익성이 떨어질 가능성이 높다. 남한에서도 초기 중요 산업이었던 광업이 경제성장에 따라 사양산업으로 전락했던 경험이 있다.

3) 지경학적 위치와 지정학적 중요성

각국의 지경학적 위치도 경제성장을 결정하는 중요 요인 중 하나이다. 북한은 세계적 경제대국인 중국과 남한, 일본으로 둘러싸여 있고 긴 해안선을 끼고 있어 대외무역을 진행하고 외국인 투자를 받아들이기에 매우 유리한 위

에서는 무연탄, 갈탄 등 모든 종류의 석탄을 합했을 때 총 매장량을 227억 톤으로 소개하고 있으나, 최근 한국광물자원공사에서는 국제 기준으로 추정할 경우의 매장량 추정치는 26억 톤에 지나지 않는다고 평가했다. 철광석 매장량도 <표 6-5>의 자료에서는 50억 톤으로 되어 있으나 국제 기준으로 재평가하면 17억 톤에 지나지 않는다고 한다(≪중앙일보≫, 2013.11.8 참조).

6) 실제로 한국광물자원공사(당시 대한광업진흥공사)가 2004년 이후 추진했던 북한 황해남도 정촌 흑연광산 사업의 경우, 전력시설 미비로 큰 어려움을 겪고 추가 비용을 투입해야 했다. 이 사업은 남북관계 악화로 중단되었지만, 설령 남북관계가 좋아서 계속 사업을 진행했다 하더라도 수익을 내지 못했을 가능성이 있다. 자세한 사정에 대해서는 최경수(2011)를 참조할 수 있다.

치에 있다. 그러나 핵 문제를 비롯한 정치군사적 문제로 인해 한·미·일 3국으로부터 경제 제재를 받고 있고 그 밖의 많은 나라들과도 정상적 관계를 맺지 못하고 있어 이런 유리한 위치를 제대로 활용하지 못하고 있다.

하지만 중국과의 경제협력은 비교적 활발하게 진행되고 있다. 중국 경제의 규모가 워낙 크고 성장 속도도 다른 나라들보다 훨씬 빠르기 때문에 북한이 중국과의 경협 기회만 잘 살려도 경제성장에 큰 도움을 받을 수 있다. 과거에는 북한 같은 저소득 개발도상국의 수출산업은 대체로 선진국 시장을 목표로 삼았지만, 이제는 중국도 유망 시장으로 떠오르고 있다. 북한은 중국과 인접해 있고 중국과 북한 간 임금 격차가 크게 확대되고 있으므로, 장기적으로 중국시장을 겨냥한 수출산업이 발전할 잠재력이 있다. 또 남한 내수시장 규모도 작지 않다. 북한이 미국, 일본 등 주요 선진국과의 관계를 정상화하지 못한 상황에서도 남한 기업은 북한을 중국시장 및 남한 내수시장용 제품 생산기지로 활용할 수 있을 것이다.

남북한과 유라시아를 연계하는 육상 교통망의 경제적 잠재력도 주목받고 있다. 북한을 통과해 남한과 중국, 남한과 러시아 및 중앙아시아, 나아가서 남한과 유럽을 연결하는 육상 교통망이 건설된다면, 유라시아 시장에서 활동하는 남한 기업들은 물류비용 및 시간 절약의 혜택을 얻을 수 있을 것이다.

그러나 유라시아 육상 교통망의 경제적 효과가 흔히 기대하는 것만큼 크지는 않을 가능성이 있다는 점에도 주의할 필요가 있다. 북한 통과 육상 교통망의 수송 능력은 제한적일 가능성이 높기 때문이다. 북한 통과 교통망을 건설할 수 있을 만큼 남북관계가 개선되고 북한 개발이 본격화된다면, 먼저 북한 내부 수송 수요와 남북한 연계 수송 수요가 크게 증가할 것이며, 이것만으로도 북한 내부 교통망이 포화 상태에 가까워져 대륙향(向) 물자 수송의 여지가 얼마 남지 않을 가능성이 있다. 또한 수송선 대형화에 따라 수송 능력 및 운임 면에서 육상운송 대비 해상운송 경쟁력이 크게 높아진 상태라는 점을 고려할 때, 설령 유라시아 육상 교통망이 건설된다 해도 남한과 유라시아 대륙 간 물류는 대부분 해상운송에 의존할 가능성이 높아 보인다.

북한의 지경학적 요인 중 또 하나의 관심 대상은 관광자원이다. 북한에는 금강산, 백두산 같은 세계적 명승지가 있다. 세계에서 가장 폐쇄적인 나라 중 하나인 북한에 대한 호기심으로 평양 등 주요 도시를 구경하려는 관광 수요도 있다. 하지만 북한의 관광산업은 전력, 교통 등 기반시설이 미비하고, 오락·휴양 문화가 부족하며, 통제받는 상태에서 관광을 해야 한다는 치명적 약점을 안고 있다. 북한의 관광산업이 이런 약점을 극복하는 것은 쉽지 않지만, 주요 관광지구를 특구로 지정하고 특구 내에서만큼은 자유로운 관광 환경을 갖춘다면, 지금보다는 관광산업이 한층 발전할 수도 있을 것이다.

마지막으로 북한의 지정학적 중요성은 북한의 경제적 잠재력을 높이는 요인이 될 수 있다. 남한 입장에서는 통일 준비 차원에서, 국제사회는 북한의 지정학적 중요성 때문에 북한의 경제개발을 지원하려는 동기를 가지고 있다. 북한이 지나친 강경 대결 노선을 버리고 남한 및 국제사회와의 협력을 수용하기만 한다면, 북한은 여러 가지 분야에서 개발 지원을 받을 수 있을 것이며, 그 경우 남한 기업의 대북사업 환경도 더욱 좋아질 수 있을 것이다.

4. 상업적 경제협력 추진 방향

1) 남북협력지구 개발[7]

남북경협은 남북 양측의 정치적 반대와 우려 때문에 성사는 물론 지속되기도 어렵다. 그럼 어떤 사업을 해야 이런 정치적 제약을 극복할 수 있을까? 아직까지 계속되고 있는 유일한 사업인 개성공단은 이에 대해 유력한 답을 제공해준다. 남과 북이 공동 개발하는 경제특구, 즉 '남북협력지구'가 유망한 사업 방식이라는 것이다. 남북협력지구도 성공을 확실히 보장하는 방식은 아니지만 다른 방식에 비해서는 성공 가능성이 더 높다고 볼 수 있다.

먼저 북측 입장에서는 남북경협이 북한에 미치는 정치적 영향을 최소화할 필요가 있는데, 이를 위해서는 일정 지구 안에서만 사업을 허용하는 것이 유리하다. 특구 방식으로 사업을 진행함으로써 남측 기업에서 일하는 북측 노동력을 일괄적으로 관리할 수 있으며, 그 외의 행정 관리도 훨씬 편해진다. 남측 기업에게서 받는 근로자 임금을 통제하여 그중 일부를 당국의 수입으로 챙기기도 쉽다.

남측 입장에서도 유리한 점이 많다. 개별 기업이 개별적으로 진출해서는 갖추기 어려운 기반시설, 즉 전력, 통신, 용수, 교통 등의 환경을 훨씬 쉽게 확보할 수 있다. 남북협력지구 개발과 운영에는 많은 기업이 함께 참가하게 되며 개성공단의 경우처럼 정부가 관리 및 지원 역할을 맡을 가능성이 높아 북한 당국을 상대할 때 협상력도 높일 수 있다.

남북협력지구 방식의 사업은 지속가능성도 높아진다. 남측, 북측 모두 이

---

7) 이석기 외(2013)와 김석진(2013a)은 남북협력지구 장기 개발 구상을 상세하게 논의하고 있으며, 이 글에서는 그 핵심 논지를 취지에 맞춰 요약 및 재구성한다.

<표 6-6> 남북협력지구 장기 개발구상: 경제활동별 유형 및 후보 지역

유형	입주 업종, 기업, 기관	후보 지역	기존 사례 또는 구상
일반공단	제조업 (주로 노동집약 제조업)	일정 수준 이상의 인구를 가지고 있으며, 남한과의 연계가 용이한 지역	개성공단
특수공단	특정 업종 또는 특정 기업	특정 업종/기업에 적합한 입지	안변, 남포 조선협력단지 (2차 남북 정상회담 합의사항)
하이테크 지구	IT 및 소프트웨어 기업, 대학, 연구소	평양 등 고급인력 보유지역	-
(문화) 관광특구	관광, 문화오락 및 기타 서비스	관광자원 보유 지역	금강산, 원산
자원개발 특구	지하자원 채굴 및 가공	지하자원이 풍부하게 매장되어 있고 기본 인프라를 갖춘 지역	단천 자원개발특구 (2차 남북 정상회담 합의사항)
물류센터	물류업	남북, 남·북·중, 남·북·러 접경지역	-
농업협력 지구	현대시설 농업 및 식품가공업	농업에 적합하며 남측과의 연계가 용이한 지역	금강산, 개성 농업협력 시범단지
종합 경제특구	전 업종	주요 대도시(평양, 남포, 신의주, 함흥, 원산, 청진 등)	중국 선전[深圳] 등

자료: 이석기 외(2013: 333) 일부 수정.

런 사업에는 강한 이해관계를 갖게 되기 때문이다. 남측 입장에서는 초기 기
반시설 투자와 입주기업 설비 투자에 대규모 자금을 투입하게 되므로, 사업
을 중도에 포기하기 어려워진다. 남한 정부가 2010년 5·24 조치를 통해 남북
경협을 대부분 중단시키면서도 개성공단만큼은 계속 가동하도록 한 것도 이
때문이다. 북측 입장에서도 남북협력지구 같은 대규모 사업에서 얻을 수 있
는 안정적인 외화 수입을 포기하기는 쉽지 않다. 북한 당국은 2013년에 일시
적으로 개성공단을 폐쇄하기도 했지만 결국에는 사업을 재개하는 쪽을 선택
했다.

앞 절에서 검토한 것처럼 북한이 가진 가장 중요한 자원은 양질의 풍부한 노동력이므로, 노동집약 업종의 제조업체들이 집중 입주하는 일반공단, 즉 개성공단 방식의 사업이 가장 유망하다. 하지만 장기적 관점에서는 <표 6-6>에서처럼 여러 가지 유형의 남북협력지구를 구상해볼 수 있다. 즉, 특정 제조업에 특화한 특수공단도 생각해볼 수 있으며, IT, 관광, 지하자원, 물류, 농업 등 기타 업종을 위한 협력지구도 가능할 것이다. 이런 여러 협력지구 중 일부는 2차 남북정상회담 10·4 선언에서 개발 추진을 합의한 바도 있다. 나아가서 장기적으로 볼 때 가장 바람직한 남북협력지구는 선전 등 중국의 주요 경제특구와 같은 대규모 종합 경제특구이다. 이런 대규모 종합특구에서는 남북경협을 통해 남북 양측이 거두는 경제 효과를 극대화할 수 있다.

2) 제조업 부문 협력

북한의 경제적 잠재력을 종합적으로 고려할 때, 남한 기업이 북한에서 벌일 수 있는 가장 유망한 사업은 노동집약 제조업 부문의 직접투자이며, 개성공단이 바로 이에 해당한다.

노동집약 제조업 투자가 유망하다고 해서 오로지 이 부문에서만 사업을 해야 한다는 뜻은 아니다. 여건이 조성될 경우, 다음 절에서 보듯이 IT와 같이 고급인력을 활용하는 사업을 비롯해, 다른 업종의 다양한 협력을 추진해볼 수 있다. 하지만 협력 초기 및 중기에 해당하는 상당 기간 노동집약 제조업이 가장 중요한 투자 대상이 될 가능성이 높아 보인다.

노동집약 제조업이라고 하면, 흔히 의류와 신발 등 경공업만을 연상하지만, 금속, 화학, 기계, 전자 등 다른 업종에서도 노동집약 공정에 해당하는 부분을 북한에 배치할 수 있다. 개성공단에서도 의류 제조업이 가장 큰 비중을 차지하고 있지만, 금속, 화학, 기계, 전자 등 다른 업종의 업체들도 제법 진출해 있다.

노동집약 제조업을 위한 남북협력지구의 입지는 다음 두 가지 특성을 갖추는 것이 바람직하다. 하나는 주요 자재·부품 공급처 및 판매시장이 되어줄 남한 그리고 장기적으로는 중국과의 연계가 쉬운 지역이어야 한다는 것이다. 다른 하나는 노동력이 풍부한 지역이어야 한다는 것이다. 두 가지 요건을 함께 충족하는 지역은 북한의 서부 지역, 그중 특히 평양·남포 권역이다. 개성공단이 입지한 개성은 남한과의 연계 면에서는 가장 좋지만 노동력이 부족하다는 약점이 있다. 이 약점은 근로자용 숙소를 건설함으로써 해결할 수 있다. 중국의 경제특구와 경제개발구 중에도 당초에는 노동력이 부족한 소도시였으나 점차 근로자용 숙소 및 일반주택을 확충하여 중대형 도시로 발전한 곳이 많다.

제조업 부문 경협사업의 당면 과제는 새로운 협력지구 개발이 아니라 개성공단 사업의 확대이다. 개성공단은 1단계 부지 기반시설 건설을 완료하고 분양까지 마쳤으나 2010년 5·24 조치에 따른 신규 투자 금지로 인해 1단계 부지의 1/3을 조금 넘는 정도만 활용하고 있는 실정이다. 남아 있는 부지까지 입주를 완료하면 공단의 사업 규모는 지금의 몇 배로 커질 것이다. 이를 위해서는 대규모 근로자용 숙소를 건설해야 한다는 과제가 있기는 하지만, 이에 따른 추가 비용보다는 사업 확대에 따라 남측 기업들이 볼 수 있는 이익이 훨씬 클 것이다. 개발사업을 기획한 현대아산의 당초 계획에는 1단계보다 몇 배 큰 2단계 및 3단계 사업까지 예정되어 있었지만, 2단계 이후 사업까지 추진할지 여부는 먼저 1단계 사업을 충분히 진행한 후에 결정해도 늦지 않다.

개성공단의 제반 법규와 관리제도 및 경영 환경을 국제관례에 맞춰 선진화하는 것, 남한 기업 외에 외국 기업들을 추가 입주시키는 것도 중요한 과제이다. 아울러 더욱 바람직한 방향은 북한 국내 기업들도 공단 내에 또는 공단 주변에 입주시켜 남한 기업과 거래 관계를 맺게 하는 것이다. 북한 국내 기업까지 참여할 경우 남한 기업들은 더 적은 투자비용으로 더 큰 이익을 실현할 수 있으며, 북측도 시장경제에 적합한 경영 및 기술을 전수받아 경제발전에 활용하는 기회를 얻게 될 것이다.

3) 기타 부문 협력

제조업 외의 상업적 경제협력으로는 관광, 물류, IT, 지하자원 등 4개 부문을 생각해볼 수 있다.

먼저 관광사업의 경우, 금강산 및 개성 관광으로 이미 장기간 협력 경험을 가지고 있으며, 이를 통해 초기보다 훨씬 발전된 사업 환경을 갖춘 바 있다. 관광사업은 불행히도 2008년 금강산 관광객 사망 사건 이후 중단되었으나, 남북관계 개선 시 재개해야 할 1순위 사업으로 주목받고 있다. 북한 당국도 비교적 손쉽게 외화 수입을 얻을 수 있는 사업이라는 점에서 관광사업 재개를 남측에 계속 요구하고 있다. 반면 남측에서는 바로 그 이유 때문에 관광협력에 대한 반대의 목소리가 높다. 북한 당국에게 손쉽게 현금 수입을 안겨주는 사업은 바람직하지 않다는 것이다. 관광객 사망 사건에서 보듯이 신변 안전 또한 가벼운 문제는 아니다. 그러나 남북경협은 남측 홀로 진행하는 사업이 아니므로 북측의 요구를 어느 정도 반영해야 하며, 전체 사업구도상 필요하다면 일정 부문에서 양보할 필요도 있다. 관광객 신변 안전을 위한 제도적 장치를 보완하고 관광특구 내에서만큼은 좀 더 자유로운 관광이 가능하도록 사업 환경을 개선한다는 전제하에 금강산 및 개성 관광을 재개하는 방안을 검토해야 한다. 나아가서 백두산, 칠보산, 묘향산, 원산 등 추가 관광코스를 개발하고 평양까지 포함하는 관광 상품을 만들어 중국인을 비롯한 외국인 관광객 유치까지 적극 추진한다면, 남북 양측에게 공히 이익이 되는 관광 협력이 가능할 것이다. 금강산 관광에는 사업자인 현대아산이 이미 많은 투자를 해놓았기 때문에 투자비용 회수를 위해 사업을 재개해야 할 필요성도 크다.

물류, IT, 지하자원 부문의 협력 사업은 관광보다 협력 여건이 더 나쁜 것으로 판단되며, 상당 기간 시범사업 수준에서 제한적으로만 추진하는 것이 현실적일 것으로 보인다. 먼저 물류사업은 교통 기반시설 건설 등 대규모 신규 투자를 전제해야만 가능하다는 문제가 있다. 북한의 기존 철도와 도로는 너무 낙후한 상태여서 기존 시설로는 제대로 된 물류사업을 하기 어렵기 때문이다. 이처럼 대규모 비용이 소요되는 사업은 자금조달도 어렵고 정치적 지지를 얻기도 어려워 성사되지 못할 가능성이 높아 보인다. 남·북·러 가스관 사업 같은 에너지 수송 사업도 일종의 물류사업으로 볼 수 있다. 이 사업은 구상이 제기된 지 여러 해가 지났지만 거의 진전을 보지 못하고 있는데, 그 이유도 마찬가지다. 민간기업으로서는 투자 위험을 부담하기 어렵고 정부 입장에서도 정치적 부담이 너무 크다는 것이다. 다만 소요비용이 비교적 작은 시범사업은 남북관계 및 주변국과의 관계 개선을 위해 추진해볼 만하다.

IT 협력 사업은 오래 전부터 관심을 많이 받았지만, 북한 IT 인력을 일부 저급한 공정에서 활용하는 소규모 사업들만 일부 진행되었고, 지금은 그마저도 중단된 상태이다. IT 협력은 북한이 핵 문제 등으로 국제사회의 제재를 받고 있어 관련 설비 및 기술을 북한에 보내기 어렵다는 근본적 문제를 안고 있다. 핵 협상이 타결되어 국제사회의 제재가 근본적으로 풀리는 단계까지 가야만 제대로 된 대규모 IT 협력이 가능해지겠지만, 현재로서는 그러한 상황 진전을 기대하기 어려운 것이 현실이다. 또한 IT 협력은 남한 기업과 북측 인력 간의 지속적이고 안정적인 의사소통 환경이 갖춰져야 제대로 진행될 수 있다. 남북경협의 정치적 영향을 우려하여 남북 인력 간 접촉을 제한하는 북한 당국의 정책이 온존하는 한, IT 협력 사업의 본격 진행은 어려울 것으로 전망된다.

마지막으로, 앞 절에서 검토한 것처럼 지하자원 개발도 전망이 밝지 않다. 북한에는 고수익 지하자원은 별로 없고 저수익 지하자원만 많다는 근본적 문제점이 있다. 더욱이 전력, 교통 등 기반시설 미비로 추가 투자비용이 들어가야 하는 어려움까지 있어, 지하자원 개발을 추진할 경우 수익을 낼 수 있을지 여부가 불투명하다. 지하자원 개발은 사업 타당성 검토 절차를 거쳐 채산성 있는 품목과 지역을 세심하게 선정해 소규모 시범사업 수준에서 제한적으로만 추진하는 것이 현명할 것이다.

5. 비상업적 개발협력 추진 방향[8]

넓은 의미의 남북경협은 영리적 목적의 상업적 경제협력 외에 비영리적 목적의 비상업적 개발협력까지 포함할 수 있다. 이에 대해서는 '인도적 대북 지원' 또는 '대북 인도적 지원'이라는 용어를 사용하는 경우가 많지만, 국제사회의 일반적 용어법을 따르면 '개발협력(개발원조, 개발 지원)'이라고 부를 수 있다. 국제사회에서 인도적 지원은 자연재해나 전쟁 등으로 인한 비상 상황에서 단기적으로 실시되는 긴급 구호(식량, 의약품 등의 지원)를 가리키는 말로 사용되며, 개도국의 경제·사회 개발을 돕기 위한 각종 지원 사업을 통칭하는 용어로는 개발원조, 개발 지원, 개발협력 등이 사용된다. 국제사회(선진국

---

8) 이 절의 주요 내용은 김석진(2012b, 2012c)에서 논의한 바 있는데, 여기에서는 이 글의 취지에 맞춰 핵심 논지를 요약·재구성하고 일부 보완했다.

정부와 국제기구, 국제 NGO 등)는 지난 반세기 이상 많은 개도국에서 개발협력을 실시해왔으며, 북한도 저소득 개도국이므로 원칙적으로 협력 대상이 될 수 있다.

남한 입장에서는 북한에 대해 개발협력을 실시해야 할 필요성이 더욱 크다. 대북 개발협력은 일반 북한주민, 특히 취약계층에 대한 인도적 지원, 남북관계 개선과 한반도 평화 분위기 정착, 남한 기업의 대북사업 환경 정비, 북한 경제개발과 남북한 소득격차 해소를 통한 통일 준비 등 다양한 목표를 달성하기 위한 유력한 정책 수단이 될 수 있다. 대북 개발협력은 정부가 주도적으로 이끌고 나가야 하지만, 민간단체, 국제기구, 주요 선진국 및 주변국 정부 등 다양한 주체들과 함께할 경우 더욱 큰 성과를 올릴 수 있을 것으로 기대된다.

1) 보건·교육 부문 개발협력

개발협력이라고 하면, 흔히 전력, 교통 인프라 등 직접적으로 경제개발에 기여하는 대규모 건설 사업을 떠올리지만, 국제사회의 일반적 규범은 인적자원의 보호와 육성을 위한 사회 부문 개발협력, 즉 보건·교육 부문 개발협력을 더욱 중시할 것을 권고한다. 보건·교육 부문 개발협력은 해당 국가의 소득수준이 낮을수록, 해당 국가의 정부가 제대로 기능하지 못할수록 더욱 중시된다. 이런 기준에 의하면, 북한에서도 보건·교육 부문 개발협력을 우선적으로 실시하는 것이 바람직해 보인다.

보건·교육 부문 협력은 남북경협의 정치적 제약을 피할 수 있다는 장점도 있다. 보건·교육 부문 협력은 다른 부문 사업보다 남한 국내에서 정치적 지지를 받기 더 쉬우며, 인도적 목적에 기여하기 때문에 핵 문제로 인한 국제사회의 대북 제재 대상에서도 제외된다. 북한 당국도 보건·교육 부문 지원 사업은 적극적으로 수용하는 입장을 보여왔다.

보건 부문의 중점 지원 목표는 두 가지로 설정할 수 있다. 하나는 결핵, 말라리아, 간염, 각종 소화기 계통 감염 질환, 기생충 질환 등 북한에서 흔히 나타나고 있는 전염성 질환의 예방과 퇴치이다. 다른 하나는 보건 부문의 대표적 취약계층이라고 할 수 있는 영유아와 산모의 건강을 보호하는 것이다. 이상의 목표를 달성하기 위해서는 북한의 주요 병원, 진료소, 요양원 등 공공 보건의료 시설에 대한 식품, 의약품, 의료 기자재 지원, 의약품 및 의료 기자재 생산공장 건립, 상하수도 등 위생환경 개선, 의사와 간호사 등 보건의료 인력 교육 훈련 등의 사업을 실시할 필요가 있다.

교육 부문에서는 공교육 시스템 정상화를 통한 일반적 교육수준 향상과 엘리트 집단 대상 현대적 교육 기회 제공을 주요 목표로 설정할 수 있다. 일반적 교육수준 향상을 위해서는 교과서, 공책 등 기본 교육자재 공급 지원과 학교 기본시설 정비, 학교 급식 제공을 위한 식품 지원 등이 필요하다. 엘리트 집단을 위해서는 외국어 교육, 시장경제·경영·무역 분야 지식 공유, 각종 현대적 과학기술 교육 등 다양한 프로그램을 북한 국내 및 해외에서 가동할 필요가 있다.

2) 민생경제 진흥을 위한 개발협력

보건·교육 다음으로 필요성이 큰 사업으로는 민생경제 진흥을 위한 개발협력을 생각해볼 수 있다. '민생경제'라는 개념은 오늘의 북한 경제가 국영경제(공식 경제)와 사경제(비공식 경제)로 이중화되어 있다는 점에 착안한 것이다.[9] 1990년대 초중반 전통적 계획경제 시스템과 국영산업 부문이 심각한 위기에 봉착한 후로, 많은 북한주민은 개인 장사와 개인 농사 등 사경제 활동을 통해 생계를 해결하게 되었다. 즉, 오늘날 북한의 민생경제는 공식 사회주의 제도와 이념에서 이탈한 사경제의 성격을 갖고 있다.

북한 민생경제를 위한 개발협력은 국제사회의 개도국 사경제·사기업 지원(private sector development or enterprise development) 정책10)을 본보기로 삼을 수 있다. 최근 국제사회는 개도국 개발협력에서 '빈곤층 친화적 성장(pro-poor growth)'을 중요 목표로 삼고 있으며, 이 목표를 달성할 수 있는 유력한 방안으로 사경제·사기업 지원 정책을 실시하고 있다. 이 정책은 대체로 소규모 사업자 또는 자영 노동자 등의 자활을 지원하기 위한 프로그램으로 구성되어 있다. 그 주요 내용은 비즈니스 환경 개선을 위한 정책 개혁 컨설팅, 사경제 부문 생산성 향상을 위한 기술, 경영 및 금융 지원 등이다.

북한 민생경제 진흥을 위한 개발협력은 북한 정권에 대한 지원이 아닌 보통 주민의 생활수준 향상을 위한 지원이라는 점, 그리고 사경제 활동의 촉진을 통해 북한체제의 변화를 유도할 수 있다는 점 등에서 바람직한 사업이라고 할 수 있다. 그러나 국제사회의 개도국 사경제 지원은 이미 사경제가 합법화되어 있는 상황을 전제로 실시되는 것인데 반해, 북한의 사정은 그렇지 못하다는 문제가 있다. 북한 당국이 공식 사회주의 제도와 이념을 고수하는 한, 남한 정부, 단체, 국제사회가 북한의 사경제·사기업을 직접 지원하는 사업을 허용하지 않을 가능성이 높아 보인다. 북한 당국으로서는 국영기업과 협동농장 등 당국이 통제 가능한 기본 경제조직에 대한 지원을 우선적으로 유치하

---

9) 북한의 사경제(비공식 경제) 실태와 성장 요인에 대해 상세한 내용은 김석진·양문수(2014)를 참조할 수 있다.

10) 이와 관련한 상세한 내용은 국제사회가 개도국 사경제 지원을 효율적으로 집행하기 위해 만든 조직인 '기업개발을 위한 공여자 위원회(Donor Committee for Enterprise Development)'의 홈페이지(http://enterprise-development.org)에 잘 소개되어 있다.

려 할 것이다.

따라서 국영기업과 협동농장을 지원 대상으로 하면서도 내용적으로는 국제사회의 사경제 지원 사업을 모방하여 간접적으로 민생경제를 진흥할 수 있는 방안을 모색할 필요가 있다. 오늘의 북한 경제는 국영경제와 사경제로 이중화되어 있지만, 두 부문이 완전히 분리되어 있는 것이 아니라 두 부문이 서로 겹치는 회색지대가 광범위하게 형성되어 있다. 형식적으로는 국영부문 안에 있지만 내용적으로는 사경제 성격을 갖는 경제활동이 많다. 따라서 국영부문 지원 사업이 간접적으로 사경제 지원의 의미를 가질 수도 있다. 예를 들어 협동농장을 지원 대상으로 하더라도 지원된 농자재, 농기계, 농업기술을 농민들이 개인 농사에 활용할 가능성이 있다. 또 협동농장 단위의 사업 중에서 수출 농업이나 상업적 농업을 진흥하는 사업은 그 자체로는 사경제 지원이 아니지만 북한의 개혁·개방을 촉진하는 의미를 가질 수 있다. 마찬가지로 국영기업의 수출산업화를 도움으로써 북한 경제의 대외 개방을 촉진하는 성과를 거둘 수 있으며, 국영기업에게 지원한 기술과 설비 및 경영 노하우가 국영기업 명의를 빌려 사업하는 개인 사업가들에게는 도움이 될 수도 있을 것이다.

북한 민생경제 진흥을 위한 개발협력은 소규모 농업협력 시범 사업, 경공업 원자재 제공 사업 같은 예외적 경우를 제외하면, 이제까지 거의 실시된 바 없으며, 사업 성사 및 지속가능성은 불투명하다. 그러나 민생경제 진흥은 북한의 변화 유도와 통일 준비의 관점에서 매우 바람직한 방향이므로, 국제사회 및 민간단체 등과 협력하고 북한 당국을 설득하여 꾸준히 시도해볼 만한 가치가 있다.

3) 경제 인프라 건설

경제 인프라(전력, 도로, 철도, 항만 등) 건설은 북한 개발협력 중에서 가장 주목을 많이 받았던 사업이라고 할 수 있다. 1994년 북한과 미국 사이의 '제네바 합의'를 통해 개시된 최초의 북한 개발협력 사업도 전력공급을 위한 경수로 발전소 건설이었다.

그러나 경수로 사업의 실패에서 드러났듯이 경제 인프라 건설은 여러 가지 중대한 문제점에 직면할 수 밖에 없다는 점에 주의해야 한다. 경제 인프라 건설은 대체로 대규모 비용과 오랜 시일이 소요되는 사업으로서 남북관계 및 북한의 대외관계가 장기간 안정적으로 유지되어야만 사업이 완료되어 개발 효과를 낼 수 있다. 경수로 사업처럼 중도에 정치적 상황 변화로 중단될 경우 아까운 비용만 날리고 아무런 개발 효과를 누리지 못할 가능성이 존재하는 것이다.

또한 경제 인프라는 이를 이용할 경제활동이 활발하게 일어나야만 의미를 가질 수 있다. 국제사회의 개도국 개발협력에서도 경제 인프라 건설이 큰 비중을 차지하지만, 정부가 무능하고 개혁·개방이 미흡한 나라에서는 국제사회의 지원으로 건설된 인프라가 제 구실을 하지 못하는 경우가 허다하다. 북한도 역시 정부가 무능하고 개혁·개방이 미흡한 상태이므로 경제 인프라 건설이 자원 낭비로 귀결되어버릴 가능성을 배제할 수 없다.

따라서 경제 인프라 건설은 그 자체를 독립적으로 추진하기보다는 상업적 경제협력 및 여타의 개발협력 사업과 밀접하게 연계하여 개발 효과를 충분히 확신할 수 있을 때 추진하는 것이 바람직하다.[11] 앞 절에서 보았듯이 상업적

---

11) 정치적 제약 없이 비교적 자유롭게 개발협력을 추진할 수 있게 될 경우, 주요 인프라 건설 과제에 대해서는 이상준 외(2013)에서 상세한 방안을 제시하고 있다.

남북경협은 남북협력지구 개발 방식으로 추진하는 방안이 유망하다. 따라서 경제 인프라 건설도 남북협력지구 개발의 일환으로서 추진하는 것이 현실적이다. 즉, 남북협력지구를 위한 전력공급 사업, 남한과 남북협력지구를 연결할 도로와 철도 및 통신망 건설, 남북협력지구 자체의 내부 기반시설 건설 등이 경제 인프라 건설의 주요 과제가 되어야 할 것이다.[12] 개성공단 사업의 경우에도 전력, 통신, 용수 등 공단 내부 기반시설과 남한과의 연계 도로 및 철도 등을 정부 지원으로 건설한 바 있다. 즉, 개성공단 같은 남북협력지구 사업은 민간기업이 참여하는 상업적 경제협력임과 동시에 관련 정부 지원으로 기반시설을 건설하는 개발협력이기도 하다. 향후 남북경협에서는 이처럼 정부와 기업이 함께 참여하며 상업적 경제협력과 비상업적 개발협력의 성격을 공유하는 민관협력 사업이 중요한 비중을 차지하게 될 것이다.

혼히 중국이나 러시아 같은 주변국과의 협력하에 남·북·중 또는 남·북·러 연계 교통망을 건설하는 방안도 거론되고 있다. 특히 교통 수요가 클 것으로 예상되는 경의선 도로와 철도를 확충하여 남·북·중 연계 물류망을 건설한다면 개발 효과가 클 것이다. 2007년 2차 남북정상회담에서 경의선 도로와 철도 개보수에 합의한 바도 있다. 경의선 도로와 철도는 북한 내부의 다른 도로와 철도에 비해 기존 시설의 상태가 좋은 편이어서 비교적 적은 비용으로 남북중 연계 교통이 가능할 수도 있다. 하지만 경의선은 북한 내부의 주요 지역을 통과하게 된다는 점에서 북한 당국이 남한 기업 및 국민의 사용을 허가할 수 있을지는 미지수이다. 북한 당국이 상당한 수입을 챙길 수 있다면, 화물 수송은 허가할 가능성이 있기는 하지만 여객 수송까지 허용하기는 어려워 보인다.

---

12) 이 점은 김석진(2000)에서 주장한 바 있다.

6. 맺음말

남북경협은 남북한 경제 양측 모두에게 큰 이익을 가져다줄 수 있는 잠재력을 가지고 있다. 남한 기업들은 북한의 풍부하고 우수한 노동력과 유리한 지리적 위치를 활용할 수 있다. 북한은 상당한 외화소득을 올릴 수 있고 선진적인 기술과 경영 기법을 배울 기회를 가질 수 있다.

그러나 핵 문제, 북한의 잘못된 제도와 정책, 남북경협에 대한 남북 양측의 정치적 우려 등 여러 가지 정치적 제약을 고려할 때 남북경협의 전면적 전개를 기대하기는 어렵다. 따라서 장밋빛 전망과 원대한 비전을 내세우기보다는 정치적 제약 아래에서도 실현할 수 있을 만한 현실적 경협 방안을 추진하는 것이 더 바람직해 보인다.

가장 유망한 경제협력 방안은 '남북협력지구', 즉 남과 북이 공동 개발, 공동 운영하는 경제특구에서 노동집약 제조업을 발전시키는 것이다. 이미 진행 중인 개성공단 사업이 모범적인 사례이다. 경제특구 방식의 사업은 경협이 북한에 미치는 사회정치적 영향을 특구 내로 한정할 수 있다는 점, 기반시설 건설·관리와 입주기업 행정 관리가 쉽다는 점, 남북 양측 간 협상을 효율적으로 진행할 수 있다는 점 등 여러 가지 장점을 가지고 있다. 임금 등 각종 비용이 상승하고 있는 중국이나 동남아를 대신해 한국 중소기업에게 새로운 활로를 열어줄 수 있다는 점에서 남한 내부에서도 충분히 지지를 받을 만하다. 당초 계획에 비해 훨씬 작은 규모로만 운영되고 있는 개성공단 사업을 정상화해 확대·발전시키는 것이 우선 과제가 되어야 하며, 그 후에 여건이 조성될 경우 장기적으로 제2의 개성공단 사업도 검토해볼 수 있을 것이다.

관광, 지하자원 개발, IT, 물류 등 여타 부문 협력 사업도 흔히 주목받지만, 이들 부문은 제조업에 비해서는 발전 잠재력이 훨씬 제한적일 것으로 판단된다. 관광은 뛰어난 자연환경에도 불구하고 기반시설 미비, 오락·휴양 문화 부족, 통제된 환경 때문에 관광객 유치에 어려움을 겪을 수 있고, 지하자원 개발은 북한 보유 자원의 낮은 수익성과 기반시설 미비 때문에 경제성을 확보하기가 쉽지 않을 것으로 보인다. IT는 남북 간 인적 접촉에 대한 제한이 걸림돌이 될 수 있으며, 물류는 대규모 소요 비용과 장기간의 인프라 건설 기간이 큰 부담이 된다. 이상의 문제점을 고려할 때, 여타 부문 협력 사업은 점진적·제한적으로 추진하는 것이 현실적일 것이다.

장기적으로 북한의 경제개발을 돕고 남한 기업의 대북사업 환경을 개선하며 통일기반을 조성하기 위해서는 정부와 민간단체 및 국제사회가 협력하여 비상업적 개발협력도 적극 추진할 필요가 있다. 무엇보다 북한의 인적자원을 보호하고 육성하기 위한 보건의료와 교육 부문 협력 사업을 중시해야 하며, 민생경제 진흥을 위해 농업 및 수출산업을 지원하는 것이 바람직하다. 전력, 교통 등 경제 인프라 건설은 남북협력지구 개발과 연계하여 추진하는 것이 효율적일 것이며, 그 이상의 대규모 사업은 남북관계의 정치적 제약이 근본적으로 해소된 이후에야 가능할 것으로 보인다.

참고문헌

김석진. 2000. 「대북 SOC투자 어떻게 해야 하나」. LG경제연구원. ≪LG주간경제≫, 574호(2000.6.7).

_____. 2009. 「북한체제와 남북경협: 가설적 검토」. 북한 경제포럼 세미나 발표문 (2009.11.3).

_____. 2012a. 「북한 산업의 발전 잠재력과 정책과제」. 『남북한 경제통합 연구: 북한 경제의 장기 발전전략』. 한국개발연구원.

_____. 2012b. 「북한 개발 지원전략의 주요 내용과 부문별 추진 방향」. 『북한 경제발전을 위한 국제협력체계 구축 및 개발 지원전략 수립 방안』. 통일연구원.

_____. 2012c. 「대북지원 및 남북경협의 부문별 우선순위와 지원정책 방향」. 한국개발연구원. ≪KDI 북한 경제리뷰≫, 8월호.

_____. 2013a. 「북한 경제특구의 발전 잠재력과 남북협력 과제」. 『북한의 산업발전 잠재력과 남북협력 과제』. 산업연구원.

_____. 2013b. 「북한이라는 이웃과 함께 사는 법」. 원승연 엮음. 『실사구시 한국경제』. 생각의힘.

_____. 2014. 「통일 비용·편익 논의의 재조명」. ≪KDI 북한 경제리뷰≫, 3월호.

김석진·양문수. 2014. 『북한 비공식 경제성장요인 연구』. 통일연구원.

이상준 외. 2013. 『통일시대를 향한 한반도 개발협력 핵심 프로젝트 선정 및 실천과제』. 국토연구원.

이석기 외. 2013. 『남북협력지구 심화·확장·발전 전략』. KOTRA·산업연구원(통일부 연구용역 보고서).

최경수. 2011. 『새로운 지하자원의 보고, 북한』. 평화문제연구소.

통계청. 2011. 「북한 인구와 인구센서스 분석」(2011.3).

통일부 통일교육원. 2014. 『2014 통일문제 이해』.

한국광물자원공사. 2009. 『북한 광물자원 개발현황』.

≪중앙일보≫. 2013.11.8. "북한 광물자원 매장량 과장됐다".

IFPRI(International Food Policy Research Institute). 2014. *Global Hunger Index 2014*. pp. 41~42.

제7장

한국 공적연금제도의 평가와 개편 방안*

박순일 | 한국사회정책연구원 대표이사
홍성하 | 한림대학교 경제학과 교수

1. 한국 공적연금의 개혁 필요성

현재 한국 사회는 공무원연금의 개혁 문제로 진통을 겪고 있다. 2015년 5월 초 여야 합의가 이루어져 갈등이 봉합된 것처럼 보이나 공적연금 관계자들의 이해관계가 깊어 2014년 기초연금 도입단계에서 불거진 사회적 논란보다 더욱 크고 장기적으로 지속될 것으로 보인다. 공무원연금뿐 아니라 한국의 공적연금은 이전부터 전반적인 개혁의 필요성이 제기되어왔다. 물론 현안 과제로 인식되는 것은 연금기금의 고갈에 따른 재정의 불안이다. 이미 기금이 고갈된 군인연금뿐 아니라 수조 원의 적자재정을 보이고 있는 공무원연금, 곧 적자재정에 들어갈 사립학교 교직원연금 모두 재정이 불안한 상태이고 개혁을 하지 않으면 앞으로 국가경제 지속에 큰 어려움을 줄 것으로 전망되고 있다. 또한 국민연금도 현재의 급여구조에서는 적자재정을 맞이하고 결

* 이 글은 ≪경제발전연구≫, 제21권 제1호(2015.3)와 서울사회연구소 Working Paper Series, No.335(2014.11)에 게재된 두 논문의 내용을 수정·보완한 것이다.

국 기금 고갈에 부딪혀 국가재정뿐 아니라 후세대에 큰 부담이 될 것이다. 이에 대한 대응책으로 국민연금제도와 직역연금제도가 주로 단기적 시각에서 급여의 소득대체율을 줄이고 보험료율을 올리는 계수 조정에 의존하여 재정의 불안을 축소해왔다. 선진국에서도 1980년대 이후 고령화와 경제성장률의 둔화로 연금재정이 악화되어 공적연금과 민간연금, 그리고 강제보험과 임의보험을 결합하는 체계가 OECD 및 세계은행 등의 국제기구에서 제안되었고, 한국의 연구 및 학계에서도 그러한 방향으로 많은 제안이 있어왔다.[1]

그러나 공적연금제도의 주요 목적은 퇴직 후의 노후생활 안정에 있으므로 제도의 평가 또한 노후생활 안정이라는 측면에서 접근해야 한다. 전 국민이 모두 공적연금의 가입대상자가 되었음에도 퇴직 후 노인들의 생활은 불안하다. 한국 노인의 다수는 빈곤할 뿐 아니라 퇴직 후 안정된 생활이 어렵다. 노인실태조사자료에서는 공적·사적 이전소득을 포함한 2011년 노인 부부의 연간 총수입은 1375만 3000원이고 고작 월 114만 6000원으로 나타나 노후생활이 상당히 궁핍하다. 2011년 정부 발표 최저생계비인 94만 2197원에 못 미치는 전체 노인가구 비율은 40~60%에 이를 것으로 조사되었다.[2] OECD 의 자료를 보아도 2000년대 중반 한국 65세 이상 노인가구의 소득수준은 전 계층의 평균 가구소득 수준의 66.7%로 OECD 평균 82.4%에 크게 못 미친다. 이에 따라 노인의 빈곤 해소와 생활 안정을 위해서 기초연금 등이 주장되었고(정경배 외, 1988; 김용하, 2002) 2014년 7월부터 하위 70%의 저소득 노인들에게 10만~20만 원의 기초연금액을 급여하고 있다.

---

1) 예컨대, 한국보건사회연구 보고서로는 윤석명(1999), 정경배(2001), 석재은 외(2002) 등이 있다. 이 외에도 한국개발연구원 등에서도 비슷한 경향의 연구보고서들이 있다.
2) 정경희 외(2012: 255)에 의하면 제3분위 소득계층의 평균 월간 부부소득은 111만 8500원 이고 제2분위계층의 부부소득은 76만 9400원이다.

한국 노인의 소득수준으로 생활이 어려운 주요 이유 중 하나는 현세대 노인 대부분이 연금을 통해서도 노후를 대비하지 못하고 있다는 데 있다. 2011년 12월 65세 이상 노인 중 국민연금 수급자 비율은 27.7%이고 공무원 등 직역연금 수급자 비율은 단지 3.9%이며 이를 모두 합해도 31.6%이다. 정부가 2008년부터 시행하고 있는 기초노령연금 수급자가 전 노인의 66.59%를 차지하고 있으나(우해봉, 2012: 60 참조), 이들에 대한 급여액은 2013년 9만 7000원에 지나지 않는다. 2014년 7월부터 하위 70%의 저소득 노인들에게 10만~20만 원의 기초연금액을 급여하고 있어 큰 도움이 되고 있지만, 다른 소득원이 없는 노인들의 빈곤을 해결하기에는 턱없이 부족하다. 저소득층에게는 급여 수준이 낮은데도 소득 파악이 안 되어 그들과 비슷한 기초연금액을 받는 비저소득층 노인들은 용돈을 풍부하게 쓸 수 있는 상황이다. 이렇게 불합리한 제도와 전달체계로 인해 현 제도 아래서는 향후에도 노인 빈곤문제는 해결될 것으로 보이지 않는다.

공적연금에서는 퇴직 전 급여의 70% 이상을 연금급여로 받는 장기근속 공무원, 사립학교 교직원, 군인은 퇴직 전 생활을 상당한 수준에서 유지하는 것이 가능하다. 그러나 장기근속자일지라도 국민연금 가입자들은 소득대체율이 40%이고 보험료도 사용자와 합해서 선진국보다 낮은 수준인 9%이어서 연금급여 수준이 100만 원을 크게 넘지 못해 대다수 가입자의 노후생활을 안정시키기에는 부족하다. 국민연금 가입자들은 직역연금제도와 달리 장기근속이 상대적으로 적어 대부분은 연금만으로 노후생활을 안정시키기 어렵다. <표 7-1>을 보면 2011년 국민연금 수급자 중 100만 원 이상의 연금을 받는 사람의 비율은 0.73%에 지나지 않는다. 80.3%의 국민연금 수급자는 40만 원 미만의 연금액을 수급하고 있고, 10만~30만 원 사이 연금액 수급 비율이 64.7%로 2/3에 가까운 수급자가 30만 원 이하의 연금액을 받고 있는

<표 7-1> 연금수급액 수준별 수급자 분포 비율(2011년)

연금수급액 (만 원)	0~10	10~20	20~30	30~40	40~50	50~60	60~70	70~80	80~90	90~100	100~
수급자 분포 비율(%)	4.3	40.9	23.8	11.3	6.5	4.5	3.2	2.3	1.5	0.95	0.73

자료: 국민연금연구원(2011)에서 재계산.

형편이다.

2. 주요 선진국의 공적연금의 개혁 추이와 평가

1) 선진국 공적연금 개혁 추이

한국의 공적연금제도의 변화 과정에서는 과거 선진국들이 경험한 문제들이 반복적으로 나타나는 것을 발견할 수 있다. 이 때문에 선진국 공적연금제도의 변화 과정을 살펴볼 필요가 있다. 지난 150년 가까이 유지되어온 공적연금제도의 변화는 여러 각도에서 분류할 수 있겠지만, 여기에서는 공적연금제도의 목표에 대한 정책 비중의 변화를 통해 제도의 변화를 살펴보기로 한다. 1880년대 후반 이래 주요 선진국 공적연금제도의 주요 목표는 노인빈곤 감소 및 노후생활보장의 적정화였다. 그 결과 퇴직 후 노인빈곤이나 생활 불안정이 크게 개선되어왔다. 그러나 최근에는 특히 1980년대 및 1990년대의 고령화와 경제성장의 위축으로 사회보장, 그중에서도 연금제도에 의한 국가 재정의 위기가 예측되고 제도의 지속성에도 어려움이 있을 것이 예상되어 재정 안정화를 우선 목표로 하는 각종 조치가 이루어져 왔다. 이에 따라 원래 공적연금의 목표인 노인빈곤 해소 및 생활 안정 대책은 이루지 못하거나 오히려 악화되었다(권혁창·김평강, 2013 참조).

먼저, 경제발전 단계가 아직 낮은 소득수준인 시점에서의 공적연금제도 도입은 주로 노인 혹은 퇴직 후의 빈곤문제를 해결하기 위해 이루어졌다. 독일에서 질병보험과 산재보험 이후 1889년 도입된 공적 노령 및 상해보험제도는 근로자의 생활 안정을 위한 보편적인 성격도 있었지만, 주로 이들의 퇴직 후 빈곤 해결을 위한 최초의 공적연금보험이었다. 독일 다음으로 덴마크(1891년), 뉴질랜드(1898년)가 공적연금제도를 도입했으며, 특히 영국(1908년)에서는 빈곤층을 주요 사회문제로 인식하면서 제도를 실시했다. 스웨덴은 1913년이 되어서야 노동자에 국한하지 않고 67세 이상의 모든 노인을 대상으로, 부조 및 보험원리의 두 가지 원칙 아래 작동하는 공적연금제도가 도입되었다(문석남, 1999: 98 참조). 스칸디나비아 및 네덜란드 등에서는 상당 기간 빈곤 해결을 주요 목표로 했다(슈말, 1988: 197 참조). 제2차 세계대전 직후 유럽 선진국의 복지모델이 된 윌리엄 베버리지(William Henry Beveridge)의 방안은 모든 국민을 빈곤에서 해방시키려는 것으로서 그동안의 유럽 선진국 복지제도를 재정립하는 계기가 된다. 그가 이용한 주요 생활분야에서의 '결핍(want)' 제거라는 단어는 결국 주요 생활분야에서 모든 국민의 최저 생활 보장이라는 방안으로 구체화되어간다. 모든 가입자에게 최저 소득 보장이라는 취지에서 도입된 기초연금 및 이와 유사한 연금제도가 각국에서 실시되었다. 그러나 공적연금의 빈곤층 보호 성격이 강조된 영국과 이탈리아 등에서 소득 하위 10%계층에 귀속되는 공적연금의 비율이 각각 13.2%(1973년)와 11.5%(1969년)인 데 비해 독일과 프랑스에서는 각각 6.7%(1973년) 및 4.7%(1970년)에 지나지 않았다.[3]

---

3) 스웨덴 또한 1948년 베버리지의 제안에 기초하여 보편적 정액연금제도를 도입했고, 1959년도에 가서 소득비례제도가 도입되었다(박순일, 1995: 88~89 참조).

두 번째 단계의 공적연금제도의 구조적인 큰 변화는 제2차 세계대전 이후 급속한 선진국의 경제회복과 발전으로 인해 노후 빈곤보호를 중심으로 하는 제도만으로는 퇴직 후 생활 안정의 욕구를 충족시키지 못하는 데서 비롯되었다. 급속한 경제성장세 속에서 빈부격차는 악화되었다. 1960년 전후 빈부격차 확대와 증대된 복지욕구 증대로 퇴직 후 생활 안정이 정치·사회적으로 주요한 공적연금제도의 목표로 자리 잡게 되었다. 독일 연금제도는 1957년 '연금 대개혁' 정책으로 종전의 균등부분과 소득비례부분으로 이루어진 급여산식을 소득비례형으로 전환하고, 급여수준도 임금수준의 변화에 매년 연동하여 자동으로 조정되는 동태적 연금제도를 채택했다. 또한 과거의 적립 방식에서 부과 방식으로 전환되는 계기가 되었다(이정우, 2012: 263, 326 참조). 영국은 1959년 국민보험법을 개정하고 소득비례연금안을 제정해 이후 부분적 소득비례 연금제도를 실시했고, 1975년도에는 사회보장연금법을 도입하여 완전한 소득비례 연금제도로 강화되어 1978년에 실시되었다(최영준, 2012: 212). 스웨덴은 기초연금의 불충분성을 보충하기 위해 1959년에는 재직기간과 소득수준을 반영하는 독립된 연금제도 '수입연계 강제부가연금제도(earnings related compulsory supplementary pension)'를 도입하는 개혁을 추진했다(문석남, 1999: 98~99; 임재영, 2012: 214 참조). 이러한 급여 방법의 전환으로 퇴직자들의 생활수준이 향상되고 연금급여 및 소득보장 지출이 급속하게 증대했다(Flora, 1986; 박순일 외, 1992: 86, 89 참조).

마지막으로 최근 공적연금제도의 큰 변화는 1980년대 및 1990년대 이후 급속한 고령화의 진행과 세계 경제의 장기적 침체로 인해 발생하고 있다. 대부분의 선진국에서 고령화가 급속히 진행되어 1970년대 중반 독일, 스웨덴, 영국 등은 인구의 14%가 65세가 넘는 고령사회에 들어섰다. 또한 이전의 4~5%대의 높은 경제성장률로 인한 국민 생활수준 향상으로 고령층의 퇴직

후 생활 안정에 대한 수요도 높아졌다(박순일, 2005a: 52 참조). 이에 비해 퇴직 후 생활은 최저보장의 기초연금에만 의존하는 상황이며, 연금의 GDP에 대한 비율은 거의 늘어나지 않았다. 예를 들어, 스웨덴의 경우 1950년대 초 GDP 대비 공적연금 지출의 비율은 1.7%가량이었는데 1962년에는 0.6% 늘어나 2.3%에 지나지 않았으며, 1962년부터 1970년까지도 단지 0.7% 증가해 3.0%에 그치고 있다. 그러나 소득비례 연금제도가 실시된 이후인 1971년부터 1980년 사이에는 과거 20년간의 증가율의 2배가 넘는 2.9% 증가했으며 1980년에는 6.0%까지 증가했다(Flora, 1986: 68~69 참조). 스웨덴과 프랑스에서는 특히 현저하게 증가했으며, 독일은 1950년 6%에서 1980년 12%로 증가했다(Flora, 1986: 22, 212 참조). 고령화 및 사회보험제도의 성숙으로 인한 연금 및 의료보험 재정의 급속한 증가에 비해 이를 지급할 국가재정은 크게 취약해졌으므로 재정 소요가 가장 큰 공적연금제도의 개편이 절실히 요구되었다.

이에 대응해 1980년대 및 1990년대에 선진 각국들이 재정 안정화를 위해 여러 정책 방안을 선택·실시했다. 재정 안정화는 연금급여 지출을 줄이거나 보험료수입 증대 혹은 국채발행을 통해 달성할 수밖에 없다. 그러나 대부분의 서구선진국에서 보험료율은 이미 매우 높은 수준이어서[4] 추가 인상에 따른 경제적 역효과와 가입자들의 저항이 예상되어 재정 안정화를 위해 보험료율을 인상하기는 어렵고 보험료를 일정 수준에서 통제하는 정책이 채택되었다. 선진국들의 연금재정 안정화정책의 주요 수단인 급여 지출을 줄이는 방법에는 크게 두 가지가 있다. 하나는 급여를 직접 감소하는 것이고, 다른 하나는 급여 지출액을 수입에 맞추어 조정해 수급 연령 자체를 연장시켜 간접

---

[4] 미국도 이전의 12.12%에서 1990년 12.4%로 올랐고 일본도 1984년 12.4%에 이른다(정경배 외, 1987 참조).

적으로 감소시키는 것이다. OECD 국가 중 네덜란드 및 오스트리아를 제외한 선진국들은 모두 장기적으로 소득대체율을 감소시키고 있다. 또한 독일은 2007년 65세에서 2029년까지 67세로 지급 시기를 연장했다. 영국은 2010년 65세에서 2046년 68세로 상향 조정되도록 계획되었다(권혁창·김평강, 2013: 107). 스웨덴은 1998년 확정기여 방식(Defined Contribution : DC)으로 전환한 대표적인 국가이다. 이탈리아 및 폴란드도 같은 방식의 국가로 분류되며(권혁창·김평강, 2013: 60), 일본도 최근 비슷한 방식을 채택했다. 독일은 2004년 재정 안정을 위한 자동안정장치 개념을 도입하고, 2010년에는 공무원연금의 적립 방식을 대폭 강화하여 제도의 적립적 성격을 강화하는 방향으로 선회했다(윤석명, 2012). 연금제도 개혁은 제도의 틀을 바꾸는 것으로서 새로운 연금제도의 도입, 기존 제도의 통폐합, 기존 제도 운영의 획기적 전환 등을 들 수 있다. 연금수준의 감소에 따라 노후생활이 빈곤화되는 저소득 취약계층을 위해 자산조사 방식의 최저보증연금제도 형태의 제도가 영국 및 스웨덴 등 복지 선진국에서 운용되고 있다. 그리고 소득대체율의 감소에 따른 중상위층의 노후소득의 불안정을 줄이기 위해 민간 혹은 사적연금보호제도의 가입을 공적으로 지원하는 다층보장제도들이 선택·발달되고 있다.

2) 주요 선진국의 공적연금 개혁에 대한 평가

주요 선진국의 연금제도 평가를 위해서는 공적연금제도의 주요 목표인 국민의 노후 빈곤 해소 및 소득 안정에 기여하는 정도를 평가해야 한다. 그리고 제도의 안정과 지속을 위해 재정 안정성을 확보하고 노후생활 안정의 효율적 달성을 위해 공공과 민간의 역할을 평가해야 한다. 즉, 취약계층에 대한 국가 보호 수단으로서 공적연금 역할의 적합성이나 한계 같은 2차적인 목표 혹은 조건을 평가해 한국 공적연금의 개편 방향을 정하는 데 참고할 수 있다. 공적연금의 개혁에 따른 공적연금 목표 달성 정도를 평가해보면 다음과 같다.

첫째, 소득비례 연금제도의 도입 시기까지는 비교적 노후의 빈곤을 없애기 위한 보편적 최저 생활 보장제도의 강화 및 확대로 빈곤문제를 많이 완화한 것으로 볼 수 있다. 그리고 이후에도 소득보장의 보편적 확대로 빈곤 및 기초생활의 보장이 크게 개선되었다고 볼 수 있을 것이다. 그러나 1980년대 및 1990년대 이후 선진국들의 연금개혁에 대한 주요 목표가 재정 안정화가 되어버려 기본생활 보장이 위축된 것은 물론 빈곤의 문제 개선에도 기여를 하지 못했다. 공적연금제도의 개혁에서 빈곤 방지에 좀 더 역점을 둔 영국, 미국, 네덜란드 등에서는 노인빈곤율이 감소했다. 이 외에도 OECD 통계를 이용한 노인빈곤율의 변화를 1990년대 초반부터 2010년 전후를 비교해보면 주요 서유럽 국가 중 노르웨이, 덴마크, 룩셈부르크 3국, 프랑스, 이탈리아 등의 국가들에서 노인빈곤율은 감소했다. 그러나 재정 안정화를 위해 연금개혁을 단행했지만 급여의 보편적 성격이 좀 더 강한 독일 및 스웨덴은 노인빈곤율이 증가했고, 이 외에도 스위스, 스페인, 호주, 캐나다 등에서도 노인빈곤율이 증가했다.[5] 따라서 1990년대 재정 안정화를 위해 연금재정의 절약을 채택했던 정책만이 노인빈곤율을 증가시켰다고 단정하기는 어렵지만,[6] 연금제도의 재정 안정화정책은 노인빈곤율 증대에 기여하는 효과를 가졌을 것

---

[5] 영국에서는 노인빈곤율이 1991년 24.1%에서 2010년 14.8%로 9.3%나 크게 감소했고, 캐나다는 1991년 5.8%에서 2010년 3.7%로, 미국은 1991년 21.8%에서 2010년 20.3%로 감소했다. 반면에 독일은 1994년 8.8%에서 2010년 10.6%, 스웨덴은 1992년 6.4%에서 9.3%로 증가했다(권혁창·김평강, 2013: 74 참조).

[6] 빈곤율 감소 실패의 다른 원인은 보편적 급여 중심의 국가들에서 빈곤층에게 중위소득의 50%를 넘는 수준만큼 충분하게 급여하지 못하고 또한 저소득계층이 기초연금을 받기 위해 소득을 적게 위장하거나 혹은 노동을 줄이는 데 있다.

으로 보인다.

둘째, 각국의 연금제도는 제도의 궁극적 목표인 노후생활의 안정에 얼마나 기여하고 있는지를 공적연금제도의 소득대체율과 공적 및 사적연금의 합계 연금소득의 소득대체율을 통해 파악할 수 있다. 재정 안정화를 위한 공적연금제도 개혁의 주요 내용으로 소득비례 연금제도를 축소하는 한편, 일반연금수급자의 노후생활 안정을 위해 사적연금제도를 확대하여 공적연금의 불충분한 보장을 보충하고, 노인고용 증대정책으로 노인들의 자립능력을 향상시키는 정책을 추진했으나, 대부분의 국가에서 연금의 소득대체율을 증대시키는 데는 성공적이지 못한 상황이다. 따라서 비록 서구 선진국의 공적연금의 개혁 방향이 맞는다 해도 공적연금의 개혁이 결국 소득대체율을 증가시키지 못해 1980년대 이후의 개혁과정은 노후생활 안정에 기여하지 못했다. 특히 사적연금이 발달하지 못한 채 재정 안정을 위해 공적연금을 개혁해온 스웨덴, 핀란드, 노르웨이 등의 북부 유럽국가와 독일 및 프랑스의 소득대체율은 낮다.[7] 그러나 서구 선진국 일부가 선택한 소득비례부분의 축소와 이를 사적연금으로 대체하려는 정책은 퇴직 후 소득 안정화에 비교적 성공적인 것으로 보인다. 주요 선진 국가들 중 영국(68.6%), 미국(78.2%), 캐나다(69.7%) 등에서는 의무이든 임의이든 사적연금제도가 활성화되어 전체 연금제도를 통한 평균소득자의 노후생활 안정에 성공하고 있다. 네덜란드 및 덴마크도 의무가입으로 되어 있는 사적연금이 발달되어 평균소득자의 합계소득대체율은 각각 88.1% 및 79.7%에 이른다.[8]

---

7) 스웨덴 53.8%, 노르웨이 65.0%, 핀란드 57.8%, 프랑스 49.1%, 독일 59.0%.

8) 공적연금제도 중심의 국가인 스웨덴, 프랑스, 독일 등에서는 사적연금의 소득대체율이 적어 각각 22.7%, 0.0%, 16.9%이어서 공적·사적 연금의 합계소득대체율이 각주 7에서와 같이 낮다(OECD, 2011: 125 참조).

셋째, 공적연금 개혁은 재정 안정화에 기여한 것으로 평가된다. 1970년대의 공적연금 지출의 급속한 증가세는 1980년대 이후 둔화된 것으로 보인다. GDP 대비 사회보장비의 비율 변화를 보면 스웨덴 및 독일에서는 상승세가 현저히 꺾이고, 미국을 뺀 다른 국가들에서는 상승세가 둔화되었다. 사회보장지출에서 공적연금의 비율이 매우 큰 것을 고려하면 연금 지출의 증가세도 둔화된 것으로 해석할 수 있다. OECD국가 평균 GDP 대비 공적연금 지출 비율은 1990년 4.96%에서 2009년 1.04% 올라 6.00%에 그쳤다. 같은 기간 스웨덴은 6.9%에서 7.4%, 독일은 8.5%에 머물러 있고, 영국은 4.0%에서 4.9%, 그리고 미국은 5.1%에서 6.0%까지 오른 데 그쳤다. 다만 프랑스는 8.6%에서 11.5%, 일본은 3.9%에서 8.7%, 이탈리아는 7.8%에서 12.3%로 크게 올랐다(권혁창·김평강, 2013: 69 참조). 이러한 노력의 결과로 GDP 대비 공적연금 지출의 비율은 2010년에 비해 2050년에 약간 증가하거나 감소할 것으로 예측되고 있다(권혁창·김평강, 2013: 78 참조).

3. 한국 공적연금의 실태와 평가

1) 공적연금의 현황과 일반적 평가

한국의 공적연금제도는 1960년 공무원연금, 1963년 군인연금, 1973년 사립학교 교직원연금, 1986년 국민연금제도가 도입되었고, 실직, 사업 중단, 생활곤란 등으로 보험료 납부가 어려운 납부 예외자를 제외하면 전 국민이 국민연금에 가입되어 있다. 특히 공적연금의 가장 큰 제도인 국민연금은 1973년 국민복지연금법이 제정되어 일찍이 법적 시도를 했으나 경제적 어려

<표 7-2> 공적연금 가입자·수급자 분포 및 급여수준

구분	국민연금	공무원연금	사학연금	군인연금	기타 연금
가입자 비율(%)	91.7	7.0	0.8	0.5	0.0
수급자 비율(%)	74.7	13.6	2.1	1.7	5.7
연간 연금급여 수준	293만 원	2389만 원			906만 원

주: 군인연금 급여수준은 보훈연금을 의미함. 가입자 비율의 기타 연금은 별정직 우체국연금이
　고, 수급자 비율의 기타연금은 보훈연금이다.
자료: 남상호 외(2011: 260, 267~269) 참조.

움 등으로 실현되지 못하다가 1986년에 국민연금법이 새로이 제정된 후, 1988년에 실시되었다. 이후 가입대상을 계속 확대하여 1999년의 도시지역 주민의 가입으로 전 국민 연금시대가 되었다. 그리고 2008년부터는 완전연금급여의 조건인 20년이 되어 제도가 정상 궤도에 들어갔다.

공적연금 가입자를 보면 국민연금, 공무원연금과 사립학교 교직원연금의 가입자가 2010년 2054만 9000명인데, 이 중 국민연금이 93.6%이고 공무원 및 사립학교 교직원연금은 각각 5.1% 및 1.3%이다. <표 7-2>에 의하면 2011년 공적연금 가입자의 91.7%가 국민연금에 가입되어 있고, 공무원연금 7.0%, 사학연금 0.8%, 군인연금 0.5%, 별정직 직원연금 0.0% 가입으로 나타난다(남상호 외, 2011: 260 참조). 또한 같은 조사에 의하면 공적연금의 수급자의 비율은 2011년 국민연금 74.7%, 공무원연금 13.6%, 사학연금 2.1%, 군인연금 1.7%와 보훈연금 5.7%, 두 가지 중복연금 2.1%, 별정직 우체국연금 0.0%이다.[9]

동일한 조사에 의해 공적연금의 연간 급여수준을 보면, 국민연금, 특수직

_____

9)　<표 7-2>의 조사패널은 모집단보다 저소득층가구의 비율(40.84%)이 높아 가입자 및 수
　　급자의 분포에서 모집단보다 국민연금의 비율이 높을 수 있음을 유의해야 한다.

역연금, 보훈연금이 각각 293만 원, 2389만 원, 906만 원이어서 연금 유형별 차이가 크다. 월 급여액으로 보면 국민연금은 25만 원이 안 되고 공무원연금 및 사립학교 교직원연금은 199만 원이어서 국민연금은 노후생활을 보장하기에 턱없이 부족하다. 보험료 부담은 국민연금은 피용자 및 고용주가 각각 4.5%씩, 공무원 및 군인연금에서는 가입자와 정부 그리고 사학연금에서는 가입자와 고용주인 교육기관에서 각각 8.5%씩 부담한다.

공적연금의 문제는 빈곤 해소나 퇴직 후 생활 안정과 같은 목표 달성도와 제도의 형평성, 재정 안정성 및 효율성 측면에서 검토가 가능할 것이다. 한국 연금문제의 특징은 선진국과 달리 빈곤 해소나 노후생활 안정이라는 1차적인 목표가 달성되지 않은 상태에서 도입되어 재정 안정성이 가장 큰 문제가 되었고, 제도 간의 차이로 인한 가입자 간의 형평성 문제가 큰 논쟁거리가 되고 있다는 점이다.

공적연금에서 퇴직 후 빈곤 제거와 소득 안정 목표의 성공적 달성 여부와 사회통합 효과 달성 여부 등은 제도의 효율성을 평가하는 데 중요하다. 먼저, 공적연금제도의 사회적 목표 달성은 1960년대부터 직역연금제도가 확대되어 직역연금 가입자들의 생활 안정이 상대적으로 매우 잘 보장되어 성공적이라고 볼 수 있다. 그러나 직역연금 가입자들 사이에 연금소득의 재분배 장치가 없어 근로소득이 낮은 사람들은 퇴직 후 빈곤 상태에 있게 되는 미흡함이 발견된다. 반면 국민연금 가입자들의 완전연금급여가 2008년부터 실시되고 있으나 일반적으로 연금수급 수준이 매우 낮아 노후생활 안정은 물론 빈곤을 벗어나는 데 크게 기여하지 못하고 있으며, 상위 연금수급자들도 소득대체율이 낮아 생활 안정을 달성하기에는 매우 부족하다. 국민연금 수급자의 빈곤 탈피와 생활 안정 증대 효과를 강화하기 위해서는 제도 개선이 필요하다. 물론 퇴직 후 생활 안정이나 빈곤 해결을 공적연금을 통해서만 달성할 수 있는 것은 아니다. 이런 면에서 공적연금제도를 사회적 목표를 위해 다른 사회정 책과 효과적으로 연계해 통합적으로 접근해야 하지만, 현재로서는 한국의 공 적연금제도는 그런 체계에서 자리를 잡지 못하고 독립적으로 시행되고 있다.

다음으로 한국의 공적연금제도의 문제는 형평성의 결여이다. 먼저, 빈곤 문제는 직역연금 가입자보다는 국민연금 가입자에서 문제가 크다. 한국보건 사회연구원의 2011년 조사자료에서는 조사 대상자 중 직역연금 가입자의 3.1%만이 저소득층인 데 비해 국민연금 가입자의 33.7%가 저소득층으로 분 류되었다(남상호 외, 2011: 266~267 참조). 국민연금 수급자의 69%가 30만 원 이하의 연금을 받고 있고 80.3%가 40만 원을 받고 있어 다른 소득원이 없으 면 빈곤층을 벗어나기 어렵다(<표 7-1> 참조). 두 번째 형평성 문제는 제도 간의 급여수준의 차이가 큰 데서 나온다.[10] 이는 특수직연금제도의 보험료 17%와 국민연금의 보험료 9%라는 차이만으로 설명되지 않는 양 제도 간의 수익비 차이에서 나타난다. 국민연금연구원 자료에 의하면 국민연금 가입자 는 납입보험액의 1.7배를 매달 연금으로 돌려받는 데 비해 공무원연금은 2.5 배를 받고 있다. 또한 현재의 소득과 연금수령액을 비교하는 소득대체율을 보아도 국민연금은 48%인 데 비해 공무원연금은 63%이다. 더욱이 특수직 역 가입자들의 근무기간이 국민연금 가입자들보다 더 길어서 연금급여의 차 이는 더 커지게 된다(≪중앙일보≫, 2013.4.9 참조).

그러나 지금 한국은 생활 불안과 형평성에서의 큰 문제에도 불구하고 재 정 안정성이 가장 중요한 제도평가 기준이 되고 있다. 한국 공적연금의 특이

---

10) 공적연금의 연간 급여수준을 보면, 국민연금, 특수직역연금, 보훈연금이 각각 293만 원, 2389만 원, 906만 원이어서 연금 유형별 차이가 크다. 월 급여액으로 보면 국민연금은 25 만 원이 안 되고 공무원연금 및 사립학교 교직원연금은 199만 원이어서 국민연금은 노후 생활을 보장하기에 턱없이 부족하다(남상호 외, 2011: 260, 267~269 참조).

한 문제는 퇴직 후 생활 안정의 달성에서 목표 수준에 크게 못 미치면서도 재정의 고갈에 부딪히고 있는 것이다. 기금 고갈의 발생은 연금수급자가 기금에 기여한 것보다 더 많이 가져가는 급여구조에서 발생한다. 공무원, 군인 및 사학연금의 수익비는 2.3배 혹은 2.5배에 이를 것으로 추정된다. 국민연금도 추정자에 따라 1.3~1.8배의 수익비를 보이고 있다(≪아시아투데이≫, 2014. 4.14). 미국의 경우 고소득층의 연금액이 자기가 낸 것보다 적은 것과는 대비된다(박순일 외, 2008: 16, 18 참조). 이는 제도 도입 당시 이해관계자의 저항을 피하고 쉽게 제도를 정착하기 위한 행정적 판단과 가입 대상자들의 지지를 얻기 위한 정치적 계략도 포함된 결과이다. 군인연금은 이미 1973년 적자가 발생하기 시작했고 1977년에 기금이 고갈되었다. 공무원연금은 1998년 첫 번째 재정적자가 발생했고 이후 수차례의 보험료 인상 및 급여 규칙의 조정이 있었지만 반복적으로 적자재정이 발생해 최근에는 정부의 막대한 조세수입으로 보충하고 있는 형편이다. 사학연금도 2012년경 적자재정이 예상되었고, 2020년대 중반 이후 고갈될 것으로 추정했으나 개혁으로 연장되고 있다(박순일, 2005b: 167 참조). 공무원연금도 2010년의 개혁까지 개혁을 몇 번 시도했지만 정부의 적자 보존액은 2010년 1조 7000억 원, 2019년에는 6조 원을 넘을 것으로 추정된다. 이미 고갈된 군인연금과 공무원연금을 합하면 두 연금의 적자 규모는 2010년 2조 4000억 원에서 2013년 3조 3000억 원, 2014년에는 3조 8000억 원으로 눈덩이처럼 불어날 전망이다.[11] 한국의 공적연금의 재정 안정성은 위기에 처해 있고 이미 국가재정에 심각한 부담을 주고 있다(윤석명 외, 2010: 1 참조). 국민연금도 소득대체율을 줄이기 위해 두

---

11) 2014년 4월 13일 기획재정부 발표에 의하면, 2011년 2조 6000억 원, 2012년 2조 8000억 원을 고려하면 2010년부터 2014년까지 적자 규모는 14조 원에 이르는 것으로 추정되고 있다.

번의 개혁을 단행했지만 2010년 316조 원에 달하는 기금이 2040~2060년
대에는 고갈될 것으로 전망되고 있다.

2) 기초연금(국민행복연금 계획)의 평가[12]

　국민행복연금 계획의 내용은 여러 차례의 진통 끝에 만들어졌다. 2007년
및 2012년 대통령선거 과정에서 공약으로 나온 기초연금제도안이 2008년
들어선 정부에서 논란 끝에 포기되었지만, 2013년 새 정부에서는 우여곡절
끝에 2014년 7월 시행되기에 이르렀다. 2013년 2월에 발표된 인수위안에서
는 기존의 노령연금제도를 국민연금과 통합해 새로운 제도를 만들고, 국민연
금 가입자들의 상대적 손해를 보상하기 위해 가입자와 비가입자 간의 급여
내용을 달리하고, 저소득층의 생활보호를 위해 저소득층과 상위소득계층 사
이에도 급여수준을 차등화한다는 내용을 중심으로 변화되었다. 그러나 인수
위안은 정치권, 시민단체, 및 언론의 격렬한 비판을 받고 전문가들과 이해당
사자들로 구성된 위원회에서 다시 검토되었고, 제시된 안을 바탕으로 정부안
이 마련되었다. 정부안 확정 과정에서 현직 장관과 공약 선정자 사이에 갈등
이 있었고, 최종 확정안도 2013년 말까지 국회에서 통과되지 못하고 2014년
5월 초가 되어서야 통과되었다. 그동안의 기초연금제도 계획의 변화는 제도
의 변화가 그것과 이해관계에 있는 사회 구성원의 행동에 어떤 영향을 주는
지를 잘 보여주고 있다. 사람은 자신의 이익을 증대시키기 위해 생활조건에
반응해 행동양식을 조정·적응하게 된다. 따라서 투표를 의식해 계획을 만들

---

12) 국민행복연금의 평가는 박순일(2013) 및 한국사회정책연구원 홈페이지 자료를 이용하고,
　　2014년 4월 새 정부안을 추가하여 재구성했다. 현재 국민행복연금의 명칭은 다시 기초연
　　금으로 개칭되어 이용되고 있다.

어 공약으로 내세우고, 구체적 입안 과정에서 그 제약을 반영하지 못한다면 비효율적인 제도가 될 수 있다.

기초연금안의 변화 내용을 보면 다음과 같다. 인수위에 제시된 내용을 요약하면, 국민연금제도는 현행대로 유지하되 기초연금을 국민연금 수급자를 포함한 65세 이상의 모든 노인에게 차등화하여 새로이 지급하는 것이다. 최대 금액은 국민연금 수급자와 비수급자 모두 동일한 20만 원이 되고 최저 금액도 동일하게 4만 원으로 정하고 있다. 20만 원은 국민연금급여 계산식(A부문)에 해당되는 것으로서 전체 가입자 평균소득액의 10%로 했다. 그러나 국민연금 가입자와 미가입자의 지급방식은 다르다. 국민연금 미가입자는 하위 70%에게 소득수준의 차이와 관계없이 20만 원을 지급하고 상위 30%에게는 4만 원을 준다. 반면 국민연금 가입자들의 기초연금액은 하위 70%계층은 10만 원부터 그리고 상위 30%계층은 4만 원부터 0~3% 내에서 조정되도록 설계되어 있다. 따라서 국민연금 가입자들은 하위 70% 소득계층은 14만 원에서 20만 원까지 가입기간이 길수록 그래서 대체로 소득이 증가할수록 기초연금액이 증가하고, 상위 30%계층은 4만 원에서 10만 원까지 증가하도록 되어 있다.

그러나 시민과 전문가들, 정치권 그리고 정부 내의 갈등을 거친 후 2013년 10월 2일 확정 발표된 정부안은 국민연금 가입자와 미가입자의 사이의 형평성 문제를 보완하기 위해, 국민연금 가입자의 기초연금급여가 국민연금 가입기간이 길수록 증가하던 것에서 감소하는 안으로 바꾸었다. 즉, 정부는 다음 식으로 발표 내용(보건복지부, 2013)을 요약했다.

기초연금액=(20만 원－2/3×A급여)＋10만 원

국민연금 급여산식에서의 A는 전체 가입자의 평균 보수액으로 일정하지만, 앞서 식의 A급여는 주로 각 개별 수급자의 가입기간에 따라 적용되어 수급자마다 달라진다. 길게 가입할수록 그 개인의 A급여액은 커지게 되어 있어 가입기간이 길수록 기초연금액은 감액된다.[13] 이 식의 의미는 개별 A급여액이 0일 때 최대 30만 원이다가 개별 A급여 값이 45만 원이면 0원이 되는 구조이다. 물론 정부는 최소 급여 10만 원 최대 급여 20만 원으로 한정하고 있지만 그 구간 내에서 가입기간이 증가할수록 그리고 가입기간과 소득이 비례한다면, 소득이 커질수록 기초연금금액이 적어지도록 설계되어 있다. 물론 이 가정에는 가입기간이 길어 국민연금제도에 기여가 길수록 적게 받는 형평성 문제가 있지만, 동시에 소득이 커서 기초연금을 적게 받는다는 문제도 존재한다. 즉, 서로 다른 그리고 중요한 의미를 내포하고 있다.

현 정부안에서 제시된 국민연금 미가입자에 대한 구체적인 기초연금액은 하위 70% 소득계층에게 지급하고 이 중 하위 90%는 소득수준과 관계없이 20만 원 그다음 5%는 15만 원, 그리고 나머지 5%는 10만 원까지 차등지급하도록 계획되었다.

정부에 의해 국민행복연금으로 표현된 기초연금제도의 특성을 더 잘 이해하기 위해 이를 그래프로 나타내면 <그림 7-1>과 같다. 먼저 인수위안에서 국민연금 비수급자들의 급여선을 표시한 검은 직선을 보면 소득 하위 70%를 전후해 현저한 급여수준의 차등을 두고 있다. 소득이 없는 비수급자들은 *ea* 선을 따라 20만 원을 받고 소득 하위 70%인 1인 노인가구의 소득수준 83

---

13) 정부안에 의하면 국민연금 가입자의 기초연금액은 가입기간 이외에 가입시점 및 소득수준에 의해 결정되는 것으로 알려져 있다. 하지만 가입기간이 길수록 안정적인 업무에 종사하고 소득수준도 높을 것으로 가정할 수 있고, 가입시점의 경우도 소득대체율이 바뀌는 제도의 변화가 세 번이었으므로, 편의상 이를 무시하면 기초연금액은 소득수준에 비례하는 것으로 가정할 수 있다.

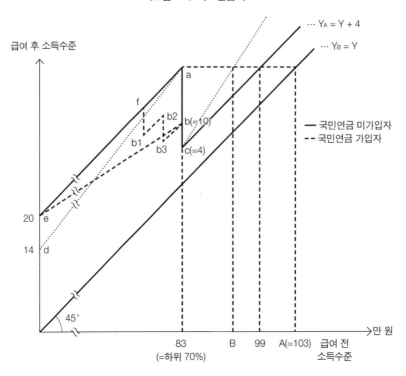

〈그림 7-1〉 기초연금제도

급여 후 소득수준

$\cdots \; Y_A = Y + 4$

$\cdots \; Y_B = Y$

—— 국민연금 미가입자
- - 국민연금 가입자

20 e
14 d

45°

83
(=하위 70%)   B   99   A(=103) 급여 전
소득수준

>만 원

만 원에 이르면 비수급자들은 $Y_A = Y + 4$의 선을 따라 급여수준이 4만 원으로 급격히 줄어들고 이후에는 소득수준과 관계없이 4만 원을 받게 계획되어 있다.

이에 반해 <그림 7-1>에 작은 점선으로 표시된 국민연금 수급자들은 장기 가입자들의 손실을 보상하기 위해 가입기간이 길수록 연금급여 수준을 늘려나간다. 소득이 없는 연금수급자들은 *da* 선을 따라 14만 원을 받지만 가입기간이 길어 소득수준도 높은 저소득층들은 연금수준이 계속 올라가 83만 원에 이르면 20만 원까지 오른다. 이를 넘어서면 이들의 급여수준도 4만 원(c 점)

으로 급속히 줄어들지만 이들은 가입기간이 길수록 작은 점선을 따라 소득이 올라 최대 10만 원까지 받을 수 있다는 것이다. 소득수준 하위 70% 전후에서의 현격한 차등급여와 국민연금 가입 여부에 따른 차등급여 그리고 장기 가입자들에 대한 급여수준의 인상은 국민행복연금의 인수위안의 주요 특성인 동시에 주요 문제점을 발생시킨다.

결국 전문가들의 비판과 국민연금 가입자들의 탈퇴라는 제도의 지속성 문제에 부딪히면서 이를 조정하기 위해 정부는 2013년 3월 각계 이해관계자들의 대표로 구성된 국민연금행복위원회를 결성해 8월까지 한시적으로 운영했다. 이를 기초로 새 정부안이 2013년 10월 2일 발표되고 장기간 국회 논의 끝에 7월부터 실시되고 있으며 하위 70%까지만 기초연금을 지급하도록 되어 있다. 따라서 국민연금 미가입자는 <그림 7-1>에서 $efb_1b_2b_3b$ 선으로 표시된 급여선을 따라간다. 즉, 하위 70%의 90%에 해당하는 하위 63%까지는 20만 원을 모두 지급 받고, 그 이후 95%인 하위 66.5%까지는 15만 원을 그다음 100%까지는 10만 원을 지급받는 기초연금 급여선이다. 이에 비해 국민연금 가입자는 가입기간이 길어 소득수준이 높아지면 기초연금급여가 20만 원에서 10만 원까지 낮아지는 절단직선 eb 급여선을 따라 기초연금을 받게 된다.

두 안의 특성에서 두드러진 차이는 첫째, 인수위안은 거의 모든 소득계층이 기초연금 급여대상이었지만 현재 실시 중인 안은 하위 70%만 급여대상으로 한정되어 있다. 둘째, 인수위안에서는 가입기간이 길수록 즉, 소득이 높아질수록 국민연금 가입자들이 더 많은 급여를 받게 되어 있지만, 새 정부안에서는 더 적게 받도록 설계되어 있다는 것이다. 셋째, 국민연금 미가입 저소득층 중 상위 10%는 소득이 높을수록 적게 차등지급하도록 설계되어 있어, 미가입 저소득층의 기초연금의 총급여액은 줄어들었다. 이렇듯 국민행복연금제도에서는 재정 안정과 형평성이 가장 문제가 되고 있다.

(1) 재정 안정성 문제

한국의 복지지출은 OECD의 어떤 국가들보다도 단기간에 빠르게 증가하고 있다. OECD 국가의 GDP 대비 사회복지지출 비율이 1990년 18.1%에서 2007년 19.8%로 증가했지만 한국에서는 같은 기간 3.1%에서 8.2%로 급증했다(박순일, 2012: 23 참조). 같은 기간에 명목 GDP의 평균 성장률은 10.2%이었는데 사회지출의 평균 증가율은 16.4%이고, 공공지출은 16.5%, 민간지출은 15.4%를 보여 정부의 사회지출이 매우 빠른 속도로 증가해왔음을 알수 있다(고경환 외, 2009: 190). 한국의 빠른 사회지출 증가는 일본에 비해서도 높다. 일본은 1970년 GDP 대비 정부의 사회지출 비율이 5.2%에서 1981년 11.0%로 증가했고(박순일, 1992: 60 참조), OECD 자료에서는 1980년 10.7%에서 2007년 19.2%로 증가한 것으로 나타난다.

또한 1960년대 매우 빠른 사회지출 증가 속도를 보인 스웨덴은 1960년 15.2%에서 1970년 25.9%, 1980년 37.9%로 증가하여 복지국가라는 이름을 얻게 되었다(박순일, 1992: 76 참조). 그러나 이후 스웨덴의 사회지출 비율은 오히려 하향세를 보이고 있다. 다른 자료를 보면 1980년 27.1%에서 1990년 30.2%로 오르지만 2007년에는 27.7%로 감소한다. 이는 고령화의 추세와 관련이 있는데 가장 빠른 시기에 고령사회로 들어간 스웨덴이나 빠른 고령화율을 보인 일본에서 공통으로 나타나는 현상이다. 한국은 이들 국가보다 더 빠른 고령화율을 보이고 있어 과거에도 단기간에 급속하게 사회지출이 증가했지만, 앞으로도 이들 국가보다도 빠른 지출증가율을 보일 것으로 전망된다. 이것이 장기적 재정 안정을 고려한 안정적 복지 확대 모델이 필요한 이유이다.

2013년 10월에 제시되어 2014년 7월에 실시된 정부안은 2012년 대선 공약과 2013년 인수위안에서 제시된 기초연금안보다는 정부재정이 적게 들어가는 것은 분명하다. 과다한 재정 부담으로 인해 논쟁을 불러일으켰던 인수위 기초연금안의 재정 부담의 증가를 추산해보면, 소득 하위 70%의 평균소득으로 추정되는 83만 원 이하 가구 노인에게 월 약 20만 원을 급여할 때 약 4조 8000억 원의 추가 예산이 필요하다. 상위 30%에게 적어도 4만 원을 지급한다면 적어도 3200억 원이 필요할 것이다. 대략 추산해도 2014년 한 해에 최소 약 5조 1200억 원이 필요하고 이는 노령화가 진행되면서 더욱 증가할 것이다. 예컨대, 2017년에는 약 7조 원, 2014~2017년 동안에는 약 21조 억 원이 추가로 소요된다.[14]

그러나 2013년 정부안은 국민연금 미가입자에 대한 기초연금지원액은 <그림 7-1>에서와 같이 상위 30%계층에게는 전혀 재정이 안 들어가고, 하위 70%의 급여액에서도 5만 원 내지 10만 원을 적게 지불하므로 재정이 덜 들어간다.[15] 국민연금 가입자에 대해서도 상위 30%에게는 재정지급이 없다. 다만 인수위안의 Y 측 절편 d가 14이고 정부안의 절편인 b가 10이어서 인수위안 급여선 da와 정부안의 급여선 eb 사이의 교차점이 Y 측에 가까이

14) 사회적으로 노인들의 빈곤한 생활을 지원할 필요성이 있기는 하지만, 앞으로 4년간 21조 억 원의 재원을 기초연금으로 투자하는 것이 정부예산의 기회비용에서 볼 때 합리적인지는 따져보아야 한다. 65세 이상 인구의 하위 70%에게 기초노령연금 수준을 증대시키기 위해 국민연금급여 계산식의 A값을 2012년부터 현행 5%에서 2028년까지 10%(입법 당시 현 기준 20만 원)까지 점진적으로 올려도 기초연금 지출 규모는 2010년 4조 원에서 2030년 30조 원으로 증가하고 2070년에는 108조 원으로 증가하여 GDP 대비의 비율이 2010년 0.4%에서 2070년 3.1%로 증가할 것으로 추정한 연구도 있다(윤석명·양혜진, 2013: 44 참조).

15) 하위 70%이하에서의 예산 절약액은 하위 70% 중 90%에 해당하는 하위 63%와 하위 70%의 95%에 해당하는 소득인 하위 65.5% 사이의 수급자 수에 5만 원을 곱한 금액과, 소득수준 하위 65.5%와 70% 사이의 수급자 수에 10만 원을 곱한 금액이 될 것이다.

에서 이루어질 것이므로(소득수준이 6만 8000원이고 급여 후 소득수준은 20만 8000원이 교차점임[16]) 2013년 정부안에서 하위 70% 소득계층 중 국민연금 가입자에 대한 재정지출도 좀 더 작아질 것이다. 그러나 인수위안에 비해 현재 실시 중인 정부안의 예산이 덜 들어가지만 기초연금제도의 도입으로 공적 연금재정지출이 총체적으로 더 많이 들어가는 것은 피할 수 없다.

(2) 형평성 문제

정부안 인수위안 모두 형평성에 문제가 발생하지만 가장 큰 문제는 국민연금 가입자와 미가입자 사이에 급여수준을 차등화한 데서 발생한다. 두 안모두 하위 70% 아래의 국민연금 가입자는 소득수준이 동일한 미가입자에 비해 더 적은 기초연금급여를 받는다. 다만 인수위안은 하위 70% 전후의 계층을 차등화해 급여하려던 계획이었으나 새 정부안은 하위 70%까지에게만 기초연금을 지급할 것으로 계획되어 재정 절감의 효과를 얻었다. 그러나 하위 70%계층 전후 사이 급여 차등화에 따른 불평등이 더 커지면 국민연금 기피 현상이 증대될 수 있다. 인수위 및 신정부안 모두에서 급여수준이 하위 70%를 전후하여 급감함에 따라 가입 상태가 같은 사람들 사이에서도 형평성의 문제가 발생한다.

첫째, 인수위안에서는 소득수준이 83만 원보다 많고 99만 원보다 적은 국민연금 미가입자들의 경우, 20만 원에서 4만 원으로 급여수준이 감소함에 따라 총소득이 83만 원 이하의 많은 미가입자들보다 적어지는 불평등이 발생한다. 국민연금 가입자들도 소득수준 83만 원과 B 수준 사이의 가입자들은 하위 70%보다 연금수급 후 소득수준이 적어지는 사람이 많이 생긴다(<그림

---

16) 정부안의 하위 70%의 수급선 B=Y+14과 인수위안의 수급선 B=(10/83)X+20에서 교차점이 구해진다.

7-1> 참조).

둘째, 새 정부안은 재정 절감 효과는 있지만, 기초연금급여 수급 후의 총소득이 하위 70% 이하의 소득계층보다 적어지는 70% 이상 계층의 소득수준이 103만 원으로 확대되어(<그림 7-1> 참조) 불평등은 더욱 커진다. 예컨대, 부부가 동시에 기초연금을 받는 경우 20% 감액 후 월 32만 원을 받게 되는데, 이 금액은 월 100만 원 수입이 있는 사람이 20년간 국민연금보험료를 내야 받을 수 있는 금액이다(윤석명·양혜진, 2013: 47 참조). 100만 원 전후의 월소득 수입자가 국민연금에 가입하거나 지속할 가능성은 매우 적어지고, 기존 가입자들도 탈퇴 후 반환일시금을 받은 후 기초연금을 받는 것이 유리하게 될 것이다.[17] 더 큰 문제는 임의 가입자보다 개인 사업이나 자영업을 하는 지역가입자 같은 의무 대상자들의 이탈이다.[18]

셋째, 하위 소득층 내에서의 소득수준 역전 문제이다. 인수위안의 경우 국민연금 미가입자일지라도 하위 70% 이하에 해당하는 저소득층은 소득수준에 관계없이 20만 원의 동일 급여가 지급되어 70% 이상의 소득자보다 총소득이 높아져 하위계층 사이에서도 소득수준이 역전되는 문제가 발생한다. 실시 중인 정부안에서는 국민연금 가입자들의 급여수준은 가입기간과 소득수준이 비례한다고 가정할 때 소득수준이 높을수록 더 적게 기초연금을 주고

---

17) "국민연금 임의 가입자는 1988년 국민연금 시행 이후 오르내리다가 2004년부터 조금씩 늘어 2009~2012년 18만 명가량 증가했다. 그런데 2014년 들어 상황이 달라졌다. 대통령 직인수위원회가 국민연금과 결합한 기초연금을 내년 7월부터 시행하겠다고 나오면서 2013년 12월 20만 7890명까지 증가했으나 2014년 2월 말 현재 20만 1531명으로 떨어졌다"(≪중앙일보≫, 2014.4.9).

18) "줄곧 감소하던 지역가입자가 전업주부 가입 열풍에 힘입어 2010년 6월(352만 8000명)부터 증가세로 반전했고 2013년 12월에는 390만 3000명까지 늘었다. 그러다 2014년 1~2월에 380만 6000명으로 떨어졌다. 이런 추세는 계속되어 국민연금공단의 발표에 의하면 가입자에서 탈퇴자를 뺀 순 감소는 2014년 1월 864명, 2월 7223명, 3월 3955명, 4월 3400명씩 계속되었다"(≪중앙일보≫, 2014.4.9).

있어 하위 70% 이하의 계층에서 소득 역전 현상은 적어지게 된다.

기초연금제도 도입은 빈곤문제 축소 효과는 있겠지만 빈곤율 감소 효과를 기대하기는 힘들 것으로 보인다. 보편적 기초연금제도를 실시해온 유럽대륙 선진국에서 본 바와 같이 빈곤층에 대해서는 불충분하게 급여하고 상위 저소득층들은 급여를 받기 위해 소득을 위장하기 때문에 빈곤율 감소 효과가 예산 증만큼 나타나기는 어렵다.

(3) 효율성 문제

인수위안이나 현재 실시 중인 기초연금제도는 재정 불안을 초래하고 형평성의 상실로 제도를 위협할 뿐만 아니라 자원 이용의 효율성에서도 심각한 약점을 보인다. 기초연금이 사회보험 방식이 아닌 부조적 성격을 갖는 재분배정책임에도 불구하고 상당 규모의 연금급여가 상위계층 혹은 상위 저소득층에게 유리하게 배분됨으로써 전체 연금급여액의 효용이 감소하는 효율성 감소 문제가 발생한다. 재분배가 목적이라면 분배의 효과가 큰 저소득층부터 급여해 한계효용이 수급자 모두에게 일치하는 수준에서 급여액이 결정되어야 하지만, 현재 급여계획은 효율성에 대한 기본적 고려 없이 정치적 배려에 의해서만 결정되어 다음과 같은 문제가 발생되고 있다.

첫째, 인수위안에서는 국민연금 미가입자의 하위 70%계층에게 소득수준과 관계없는 정액급여를 하고 국민연금 가입자에게는 소득수준이 높을수록 더 많은 기초연금액을 주게 되어 한계효용이 적은 소득수준이 높은 사람에게 더 많은 급여하는 비효율성이 발생한다.

둘째, 정부안에서는 하위 63%에게는 20만 원의 정액급여를 하는데 이는 한계효용 감소의 논리에 어긋나는 보편적 급여로 효율성을 감소시킨다.

셋째, 정부안에서는 국민연금 미가입자의 하위 63%와 70% 사이, 63% 및

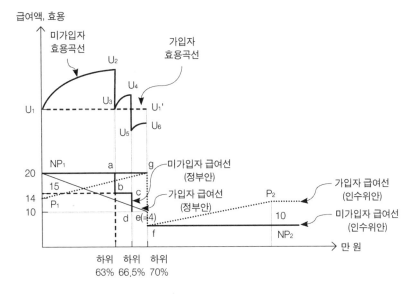

〈그림 7-2〉 연금급여곡선 및 효용곡선

66.5%(하위 70%의 95%) 사이, 그리고 하위 70% 전후로 급여수준이 급격히 감소해 대상자 사이의 형평성 문제가 발생한다. 또한 대상자들이 높은 급여 수준을 받기 위해 노동을 감소시키거나 소득수준을 위장하는 등의 비효율성이 발생한다. 인수위안에서는 하위 70% 전후 사이에서 급여수준의 큰 폭 감소로 같은 문제가 발생할 것이다.

넷째, 정부안에서는 하위 70% 이상의 국민연금 가입자에게는 급여가 전혀 제공되지 않아 노동력 감소와 더불어 국민연금 임의 가입을 탈퇴하거나 위장 취업 문제가 발생할 수 있다. 또한 하위 70% 이하인 국민연금 가입자들은 장기간 가입할수록, 즉 소득수준이 높아질수록 기초연금수입이 감소되어[19] 연금 가입기간을 줄일 인센티브가 발생한다.

이해를 분명하게 하기 위해, 두 방안에서 얻어질 효용의 정도를 <그림

7-2>에 나타냈다

새 정부안의 기초연금 급여선 중 국민연금 미가입자는 굵은 꺾임 직선 NP_1abcde이고 그에 상응하는 효용곡선은 $U_1U_2U_3U_4U_5U_6$ 점[20]을 잇는 곡선이다. 이에 비해 국민연금 가입자의 기초연금 급여선은 NP_1e의 가는 직선이다. 상응하는 효용곡선은 급여수준의 감소로 총소득 증가폭은 감소하고 증대된 한계효용도 감소하여 총효용은 소득 증가폭과 그것의 한계효용의 감소 정도에 따라 효용곡선의 기울기가 결정될 것이다. 그러나 양자의 값이 상쇄되어 총효용이 변하지 않는 굵은 점선의 수평선 U_1U_1'의 균등효용선을 가정했다. 양자를 비교하면 미가입자의 총효용이 가입자의 총효용보다 클 것으로 보인다.

후자의 효용직선과 X축의 수평선 차이와 같은 구간 사이의 국민연금 가입자 규모를 곱한 값이 전체 총효용이고, 미가입자의 효용곡선과 X축 수평선 사이의 차이에 각 수준에서의 미가입자 인구분포를 곱한 값이 전체 미가입자가 기초연금으로 얻을 총효용이다.

미가입자는 가입자에 비해 더 많은 연금급여를 받음으로서 하위 66.5% 이하에서는 $U_1U_2U_3U_4$의 선과 U_1U_1' 선 사이의 차이와 각 소득수준에서의 미가입자와 가입자의 규모 차이를 곱한 값만큼 더 큰 총효용을 얻는다. 그러나 하위 66.5%에서 70% 사이에서는 가입자의 기초연금수급액이 미가입

---

19) <그림 7-2>에 의하면 국민연금 가입자의 연금 급여는 전 소득 수준보다 소득이 1만 원 증가할 때 약 1200(10/83)원씩 감소한다. 그러므로 연금수급 후 총소득도 1만 원당 약 8800원씩 증가한다.

20) U의 각 점은 각 소득수준까지의 한계효용을 누적한 각 소득수준에서의 개인의 효용 값이다. 소득이 높을수록 한계효용 체감 크기가 소득 증가보다 적다고 가정하고 또 각 소득수준에 한 명의 사람만 있다고 가정하면 개인효용곡선은 증가한다. 그러나 한계효용곡선은 체감하는 곡선이 된다.

자보다 커서 미가입자는 U_5U_6선과 $U_1U_1{}'$ 선 사이의 차이에 각 소득수준에서의 미가입자와 가입자의 규모의 차이를 곱한 값만큼 더 적은 총효용을 얻게 된다. 이는 일률적인 정액급여에 따른 재정 부담을 줄이기 위해 인위적으로 미가입자의 연금액을 크게 줄인 결과이다.

둘째, 정부안이든 인수위안이든 가입자든 미가입자든 하위 70%인 83만 원에서 급여수준이 크게 달라지는데, 하위 70%를 전후한 소득계층에서 총효용은 하위 70% 이하의 계층이 상위보다 커질 수 있다. 이는 형평성 문제이지만 형평성을 해치는 제도의 비효율성으로 해석할 수 있다.

만일 인위적으로 급감한 급여 방법이 총효용을 줄인다면 가입자에게 적용한 소득 반비례 급여 방법을 선택하는 것이 효율적이다. 그리고 미가입자의 급여에서 감소된 재정만큼 한계효용이 큰 최하위계층의 급여수준을 인상해 주면 기초연금제도의 효율성을 더욱 증가시킬 수 있을 것이다.[21] 따라서 <그림 7-2>에서 두 종류 기초연금수급자의 연금급여액을 점진적으로 감소시키는 가상의 대안 선에서 얻을 수 있는 총효용은 일정 수준 이하에서 동일 수준에서 급여를 하고 그 이상에서는 급감시키는 계획에서의 총효용보다 커질 것이다. 따라서 수급자와 미수급자 사이에 연금급여액을 차등화하는 것보다 모든 사람에게 최저생계비 이하를 보충 급여하는 제도에서 총효용이 더 커질 수 있다.

그럼으로 효율성을 높이기 위해서는 일정 수준에서의 급격하고 인위적인 하향조정과 수급자와 미수급자 사이에 급여수준을 차별해 결정하기보다는

---

21) 이에 비해 인수위안에 의하면, 국민연금 미가입자 연금급여선은 NP_1gfNP_2 이고 국민연금 가입자에 대한 급여선은 P_1gfP_2 가 된다. 그러나 기초연금급여의 한계효용이 소득이 증가할수록 적어진다면, 가입자들의 연금급여는 한계효용이 적어지는데도 더 급여를 받는 역진적 비효율성을 발생시킨다. 미가입자의 급여도 소득수준에 관계없이 정액급여를 함으로써 효율성을 감소시키고 분배도 역진적이다.

일정 원칙 아래, 예컨대 빈곤층 혹은 저소득층의 최저 효용을 설정하여 그에 상응하는 최저 생활수준을 보충해야 할 것이다. 예컨대, 총예산을 그대로 쓸 수 있다면 빈곤층에게 20만 원 이상의 급여를 하는 점과 e 아래의 어떤 점을 잇는 급여곡선과 그에 상응하는 $U_1 U_1'$ 선 위의 어떤 균등효용보장곡선에서 총효용이 증가될 것이다.

4. 한국 공적연금제도의 개혁 방안

한국 공적연금의 개혁은 현재 진행 중이기는 하나 개혁은 생각과 말뿐이고 늘 근본적이고 장기적인 설계에서의 개혁이 아니었다. 이해당사자들의 갈등과 이들의 눈치를 보면서 타협하는 정치인 및 전문가들에 의한 땜질식, 혹은 임기응변적 조정으로 끝나왔고, 현재도 그렇게 진행되고 있다. 공적연금의 개혁에는 제도설계의 기본 원칙이 정해져야 하고 이런 구도 아래서 이해관계의 충돌을 최소화하는 단계적 방안이 강구되어야 한다.

한국 공적연금의 개편 방안은 재정 안정화 및 차세대의 부담 전가를 막으면서 노후생활의 빈곤 탈피 및 안정을 이룰 수 있는 적정 연금 방안을 찾아야 한다. 그러나 한국의 공적연금제도는 전혀 다른 성격을 가진 두 유형의 제도로 이루어져 이를 구분해 접근해야 한다. 가장 가입자가 많아 국민 대부분이 관련된 국민연금제도는 소득보장이 기본적 수준을 보장하지 못하면서도 재정적자와 기금 고갈이 예상되어 선진국보다 큰 이중 문제에 부딪히고 있다. 반면, 특수직역인 공무원연금, 사립학교 교직원연금 및 군인연금은 퇴직 후 연금급여 수준이 높지만 이미 기금 고갈과 재정적자의 문제를 가지고 있다. 그 결과 재정적자를 정부의 조세, 즉 자신의 연금급여도 충분하게 받지 못할 다른 조세 납부자의 기여로 보충해야 하는 상황이며, 이로 인한 정당성의 문제에 처해 있다. 또한 소득재분배의 규칙이 없어 평균적 급여수준이 국민연금에 비해 높은데도 퇴직 후에도 일부는 빈곤층으로 남게 된다.

공적연금의 합리적 개혁 방향은 이 두 제도의 특성에 따라 접근되어야 한다. 그리고 공적연금제도만으로 퇴직 후 노후생활의 빈곤이나 안정을 해결하기 힘들다는 것은 선진국의 경험을 통해서 알 수 있다. 따라서 공적연금이 주요 목표를 노후의 생활 안정에 두고 있기 때문에, 공적연금제도 내의 구조개혁과 더불어 노후생활에 영향을 주는 모든 정책을 고려해 체계적으로 접근해야 한다.

1) 국민연금제도의 적정 구조로 개혁 필요

생활 안정 목표는 재정의 과다한 투입으로 인한 현재의 경제사회적 손실을 최소화하는 것뿐 아니라 미래의 손실도 최소화하면서 달성해야 한다. 따라서 개혁의 방향은 현재 및 미래의 손실을 최소로 하는 조건 아래 노후생활의 안정을 충족시켜한다는 논리 위에서 만들어져야 한다.

공적연금제도의 첫째 단계 목표는 모든 연금 가입자의 퇴직 후 빈곤 해소이다. 지금처럼 적지 않은 가입자에게 빈곤을 해소할 수 있는 소득도 보장하지 못하면서 상위소득자의 높은 연금을 보장하려는 연금제도는 공적연금의 기본적 취지에 맞지 않다. 둘째 단계의 목표는 노후에서의 기초생활보장이다. 기초생활의 보장이 급여방식을 조정한 연금제도만으로 달성되기 어려우면 공적 사회서비스와 공적연금을 연계하는 방식이 포함되어야 한다. 셋째 단계는 퇴직 전의 생활수준을 노후에도 유지한다는 목표인데, 여기에는 공적연금제도의 소득비례연금부분 강화, 민간연금제도의 활성화 및 기타 사회서비스의 확대와 관련된 정책 방안들이 포함된다.

그러나 이 중 어떤 목표를 달성하든 공적연금의 재정 안정에 대한 뒷받침이 필요하며 가입자들 사이에 형평성이 있어야 한다. 연금재정이 안정되지 않으면 정부부채가 증가하거나 미래 세대에 전가해야 하는 문제에 부딪히고, 이는 국가경제의 손실과 세대 간의 형평성 상실 문제를 발생시킨다. 또한 연금제도의 사회적 목표로 사회통합이 포함되는데 가입자 간 그리고 세대 간의 형평성 상실은 결국 사회갈등을 증폭시키고 다른 목표의 달성도 어렵게 할 것이다.

(1) 재정 안정과 세대 간의 비형평성 제거 방안

국민연금의 적정 연금체계는 정해진 조건 위에서 연금제도의 목표를 최대화하거나 제도의 목표 달성을 위해 최소의 손실조건을 충족시키는 것이다. 재정 안정을 위한 최소의 조건은 세대 내에서 연금급여의 총액이 총기여액과 일치하도록 급여 및 기여금 수준을 제한하는 것이다.

이런 세대 내의 수지 균형을 위한 급여방식은 식 (1)과 같은 균등식이어야 한다.

$$\text{세대 내 급여 총액(S)} = \text{세대 내 기여 총액(C)} \tag{1}$$

연금의 목표가 빈곤선 이상의 기초생활보장을 위한 연금급여 수준이면, 현재의 급여방식 $1.2(A+B)(1+0.05n)$에서 전 사회 평균보수월액(A)의 50%를 기초연금액으로 하고, 소득비례의 급여액은 수급자의 가입기간 평균 보수액(B)의 a 비율만큼 m 기간 연금을 받는다면 연금수급액은 식 (2)와 같이 전환된다.

$$1.2(0.5A+aB)m \qquad (2)$$

식 (1)을 충족시키기 위해 가입기간인 n 동안 평균소득(Y)의 보험료율(c)만큼 기여한다면 세대 내 수지 균형을 위한 조건은 식 (3)과 같이 된다.

$$1.2(0.5A+aB)m = cYn \qquad (3)$$

가입기간 개인 평균 보수액이 연금보험료 과세소득이어서, B=Y이고, 가입기간이 연금수급 기간의 2배, 즉 n=2m이라고 가정하면 식 (4)가 된다.

$$1.2(0.5A+aY)m = 2cYm \qquad (4)$$

다시 정리하면 식 (5)가 된다.

$$0.5A+aY = (5/3)cY \text{ 혹은 } a = (5/3)c - 0.5(A/Y) \qquad (5)$$

식 (5)가 기초연금급여 이상이 되기 위해서는, 다시 말해 소득비례 연금급여가 0 이상이 되려면, 보험료율이 가입기간의 개인 평균소득에 대한 사회 평균소득 비율의 0.3보다 커야 한다.

즉, $a > 0$ 이려면 $c > 0.3(A/Y)$이어야 한다.

이상의 조건에서는 개인소득 수준(Y)이 사회 평균 수준(A)인 사람은 자신의 소득의 30%보다 큰 보험금을 내야만 연금기금의 재정수지 균형을 이루면서 사회 평균소득 50%의 기초연금 이외에 추가적 소득비례연금을 받을 수 있다. 즉, 사회 평균적으로 전 사회 평균소득의 30%를 연금보험금으로 내면 연금 가입기간의 반 정도 되는 기간 사회 평균소득의 50% 정도를 기초연금으로 받을 수 있다. 사회 평균소득의 25%만 기초연금 수준으로 받으려면 사회 평균소득의 15%를 보험금으로 내면 된다. 그리고 기초연금 이외에 소득비례연금을 받으려면 그 이상의 보험금을 내야 한다. 그러나 이는 평균적인 보험료 부담이어서 식 (5)를 충족시키려면 기초연금은 동일하고, 소득비례부분에서도 모든 계층에게 일정 비율(a)를 적용하려면 보험료율 c는 차등화되어야 한다. 예컨대, 개인의 소득 Y가 사회 평균소득의 1.5배(Y=1.5A)라고 가정하면 그 소득계층은 개인소득의 1/5 이상을 연금보험료로 내야 하고,[22] 소득수준이 평균소득의 반인 사람은 자신의 소득의 60% 이상을 연금보험료로 내야 한다.[23] 그러나 소득수준 증가에 따라 보험료율을 감소시키는 방안은 현실적이지 못하며[24] 급여 및 기여 구조 면에서도 중저소득층의 퇴직 전 생활도 어렵게 만들고, 퇴직 후 노후생활의 빈곤을 초래해 기본생활의 보장도 어렵게 할 것이다.

이런 조건에서 우리가 얻을 수 있는 결론은 사회 평균적으로 볼 때, 세대 내 재정수지 균형을 유지하면서 0 이상의 소득비례연금을 받으려면, 즉 a를 0 이상으로 올리기 위해서는, 보험료 c를 올릴 수밖에 없다는 것이다. 식 (5)의 가정에서 가입기간이 급여기간의 2배이므로 재정수지의 균형을 유지하면서 현재의 보험료율 9%에서 받을 수 있는 연금수준은 평균적으로 평균소득수준의 15%를 넘지 않아야 한다.[25] 현재의 연금급여 수준이 20만~30만 원

---

22) 식 (5)에서 $0.5+1.5a=(1.5)(5/3)c=2.5c$에서 $a=0$이면 $c=1/5$이다.

23) 이상의 방법으로 $0.5+0.5a=0.5(5/3)c=(5/6)c$에서 $a=0$이면 $c=0.6$이다.

24) 이는 세대 내에서 모든 사람이 각자가 낸 것만큼 받아 가야 하는 방정식의 가정에 기인한다.

대에 몰려 있는데 근로자 평균임금 272만 원의 9~10% 수준이어서 15% 수준인 40만 8000원에 미치지 못한다. 현재 급여수준이 계속된다면 후세대에게 부담 전가가 발생하지 않지만, 완전급여 대상자가 증가해 정점에 이르면 기여보다는 급여수준이 높아지게 되어 후세대에 부담이 전가될 것을 쉽게 추정할 수 있다. 만일 근로기간의 반 징도를 연금생활사로 산다고 가정하면 평균소득의 25%만 연금급여로 가져가도 보험료는 15%까지 증가해야 할 것이다. 결국 보험료를 어느 정도 올려야 할 것인지, 조세수입으로 기초연금을 지급하고 소득비례부분의 연금급여는 보험료를 올려 충당하든지, 혹은 후세대에게 부담을 부분 전가시킬 것인지의 여러 가지 선택 문제가 발생한다.

(2) 노후 빈곤의 제거와 기본생활의 안정화 방안

세대 내 연금재정의 수지 균형을 유지하면서 빈곤을 없애고, 기본생활을 보장하기 위해서는, 또 보험료율의 차등 적용에 따른 문제를 피하기 위해서는 적정 보험료율 인상과 급여 규칙 변화가 필요하다.

현세대 내에서, 재정수지 균형을 유지하면서 가입자 퇴직 후 기초생활수준도 보장하기 힘든 보험료율에서 갑작스러운 보험료 인상은 불가능하다. 그리고 20% 수준의 보험료율을 유지하고 있는 서구 선진국에서도 공적연금을 통해 모든 노인의 기초생활이 보장지 않고 있다. 따라서 노후생활 안정을 위한 여러 각도의 접근이 필요한데, 우선 국민연금제도 내에서 노후생활의 안정 수준을 높이기 위한 방안이 필요하다.

첫째, 보험료율을 크게 올리지 않으면서 공적연금의 목표를 달성하는 방안은 최저 효용 충족의 한 방안인 베버리지형에서 최소 생활을 충족시키는

---

25) $S = A + aY = (5/3)cY$에서 만약 $a = 0$이면 $S = (5/3)(9/100)Y = (15/100)Y$.

급여 중심 방법으로의 변경이다. 노인빈곤 완화를 위해서는 현재 가입기간에 따라 차등화되는 최저 소득 보장의 A 부분을 독립시켜 결정되도록 해야 한다. 최저 소득과 소득비례부분을 공동으로 제한하는 매개변수인 1.2는 아무런 의미를 갖지 못한다. 두 부문의 급여에 대한 배율이 왜 동일해야 하는지를 설명하지 못한다. 또한 소득비례와 더불어 기초연금수준도 가입기간에 의존하게 되어 있다. 기초연금은 퇴직 후 최저한의 생활보호를 보장하는 것이므로 가입기간이 짧다고 최소요건을 충족한 이후에도 급여수준을 차등화하는 것은 불합리하다. 일본만은 기초연금을 분명하게 가입기간과 연계시키고 있지만, 영국, 독일과 스웨덴에서는 기본적 연금급여를 가입기간과 연계시키지 않고 있다. 네덜란드와 미국은 조정해 반영하고 있을 뿐이다.[26] 차등화는 소

---

26) 영국의 기초연금은 2003년 도입된 자산조사를 통해 급여되는 최소 보증 크레딧(credit)과 저축을 장려하기 위한 저축 크레딧으로 구성된 1차 공적 보장과 2007년에 소득비례제도를 도입한 기초국가연금은 소득비례 기여와 정액급여로 이루어진다(국민연금연구원, 2011b: 76~77 참조). 독일의 연금산식은 바닥층의 노인 및 장애인기초보장제도와 소득비례의 국민연금제도로 구성되어 있다. 공적연금인 국민연금의 기본연금액은 개인별 소득점수×연금 종별 적용률×연금실질가치 유지액의 급여산식으로 결정되고, 개인별 소득점수는 가입기간과 그동안의 소득수준을 반영하는 변수이다(이정우 외, 2012: 269~277 참조). 스웨덴은 거주 요건만 충족되면 지급되며, 연금소득이 최저보증연금액보다 낮을 경우 그 차액을 급여하는 최저보증연금, 총기여액과 가상 이자의 합을 퇴직 시 잔여수명으로 나눈 소득비례연금 그리고 완전적립식 개인연금으로 구성되어 있다(임재영 2012: 219~227 참조). 그러나 네덜란드는 정액급여인 기초노령연금을 실시하고 있는데, 급여수준은 최저임금 보장을 목표로 연금 가입기간(단, 보험에 기여하지 않은 기간은 연 2%의 감액률 적용)과 가족 규모에 의해 결정된다(국민연금연구원, 2011a: 20~21 참조). 미국의 연금산식은 소득계층을 3단계로 나누어 소득이 높을수록 급여율이 작아지도록 설계되었지만, 1단계 저소득층에 대한 연금액은 주로 가입기간의 월평균 소득지수에 의해 결정된다. 즉, 기본연금액=[월평균 소득지수(AIME)<749달러]×0.9+(749달러<AIME<4517달러)×0.32+(4517달러<AIME)×0.15은 강력한 재분배 장치를 갖고 있다. AIME는 가입기간이 35년이 안 되면 해당 기간의 소득을 420개월로 나눠 조정한 후 계산한다. 그 결과 기본연금액은 종전소득의 40%를 받게 되었지만, 2010년 자료에 의하면 저소득층의 소득대체율은 56%, 평균소득층은 34%, 35년 동안의 최대소득자는 28%의 대체율이었다(전창

득비례부분에서 달성될 수 있다. 따라서 모든 제도의 대상에게 최저 효용을 보장하기 위해, 한국에서도 최소 가입기간의 요건만 충족되면 공적연금제도를 통해 감당할 수 있는 최저 금액이 급여되어야 한다.

둘째, 공적연금급여의 수준이 기초연금부문에서 불충분하거나 현행 급여산식 1.2(A+B)(1+0.05n)에서 기본생활보장 목표를 충족시키기 어렵다. 기본생활목표를 충족시키기 위해서는 기초급여부문에서 재분배의 빈곤 완화 역할이 중요하지만 이에 한계가 있다면, 소득비례부문에서도 재분배 장치를 추가할 수 있는 산식이 필요하다. 현행 급여산식에서는 A 부문의 증대로 빈곤 완화 효과를 충분히 거둘 수 있으나 중산층의 기본생활을 보장하려면 B의 조정이 필요하다. 현재의 식에서 소득비례연금 수준(B의 배율)은 가입자의 소득과 가입기간에 비례해 고소득층은 많은 연금급여를 받을 수 있지만 중산층은 기본생활 유지에 필요한 소득을 받기 어려울 수 있다. 만일 이 산식에서 중산층이 기본소득 수준을 받으려면 자신들의 소득을 올리거나 가입기간을 더 늘리거나 혹은 보험료를 인상해야 한다. 그러나 보험료를 독일 등 일부 선진국에서와 같이 20% 수준까지 올려도 현재의 급여산식으로는 중산층의 기본생활을 보장하기 어려울 수도 있고, 많은 경제자원이 연금기금으로 강제 동원되어 기회비용이 크다고 판단되면, 보험료를 적게 인상하고 소득비례연금의 소득비례를 완화해 기본생활 보장의 목표를 달성할 수도 있을 것이다.

한국은 기초연금부문을 소득비례부분과 같은 구조에서 다루고 있어 기초연금의 소득분배 효과와 소득비례부분이 혼합되어 두 가지 효과를 달성하기

환 외, 2012: 241~242 참조). 일본은 우리와 비슷한 구조의 급여산식이다. 즉, 노령기초연금=78만 8900엔(2011년)×(보험료 납부월 수+보험료 면제월 수×기간별 적용률)×480개월 및 후생연금액=[평균 표준보수 월액×(5.769~10)/1000]×1.031×0.985이어서 기초연금액도 보험료 납부월 수와 연계되어 있다(국민연금연구원, 2011a: 106~108 참조).

도 이해하기도 어렵게 되어 있다. 이에 비해 소득비례 연금급여의 소득수준별 차등화 구조는 미국 등에서 이용하는 급여산식을 이용해 좀 더 단순하고 이해하기 쉽게 만들 수 있다. 식 (6)에서는 기초연금의 빈곤 제거 효과 수준 결정과 더불어 소득비례부분에서 불충분한 재분배 효과를 추가하여 빈곤 및 기본생활 안정의 목표를 달성할 수 있다. 이런 방안을 충족시키는 급여산식은 다음과 같다. 소득계층에 따라 소득대체율을 다르게 하면 소득이 높을수록 β^i는 감소한다. 소득계층은 행정적 편의에 따라 몇 단계로 제한할 수도 있을 것이다.

$$S = \alpha A + \beta^i B(1-n) \tag{6}$$

식 (6)에서 고소득자의 수익비는 1 이하로 하되 소득이 높을수록 수익비는 점점 작아져 재분배효과를 높여야 한다.[27] 사회 평균소득의 60%를 연금급여로 보장하기를 원한다면, 이 중 일정 부분은 기초연금, 나머지 부분은 소득비례부분으로 나누어 접근할 수 있다. 기초연금의 비율(α)을 30%로 하면 나머지 30%의 급여는 소득비례에서 충당되지만 가입기간 소득수준이 높을수록 비례비율(β^i)은 감소하므로 연금급여의 소득대체율도 소득이 클수록 작아질 것이다. 예컨대, 연금재정수입의 수지 균형을 위해 보험료를 현재의 9%에서 12%까지 올려도 평균적으로는 3%가 오르지만 증대된 수입은 새로운 급여 규칙 (6)에 따라 재배분된다. 즉, 소득수준이 높을수록 급여수준이 작아져 저소득층은 3%의 이상, 고소득층은 3% 이하의 급여 증가가 이루어지는 것이다.

---

27) 물론 수익비에서 연금수익은 은행 평균 이자와 같은 정상 이윤은 보장되어야 가입자들이 받아들일 것이다.

그리고 고소득층의 기본생활을 높은 수준에서 보장하려 하면 연금보험 부과 소득의 상한선을 가능한 최대로 올려 공적연금제도 내에서 기본적 생활이 보장되도록 해야 한다. 현 제도에서는 세대 내의 평균 연금급여액/기여금, 즉 수익비가 1이 넘어서 부과소득 상한선의 인상은 재정적자를 더욱 증대시켜 상한선을 올리지 못하고 있다. 그러나 세대 내의 수익비를 평균 1로 하향 조정하면 상한선을 올려도 재정적자의 증대가 없기 때문에 고소득층의 노후연금소득을 더욱 증대시킬 수 있다.

2) 기초연금제도의 개혁 방안

2014년 7월부터 실시되고 있는 기초연금제도의 문제점을 해결하기 위해 공적연금제도의 목적에 맞게 제도를 단순화할 수 있다. 현 정부의 기초연금의 도입 동기가 노인빈곤율이 매우 높다는 인식에서 출발했으므로 무엇보다도 이 목표에 맞게 제도의 조정이 필요하다.

첫째, 기초연금제도 또한 노인이 빈곤을 벗어나고, 노인의 최저 효용 보장이라는 최저 생활을 충족시키는 방향에 맞추어져야 한다. 최저 생활은 모든 노인에게 공통적으로 적용되는 연금급여 수준이다. 그러나 공통으로 적용되는 최저수준은 정부의 재정 감당 능력에 따라 달라질 수밖에 없다. 극빈층 생활 보호는 누구에게나 그 수준이 같아야 한다. 그 이상의 기초생활보장을 위한 기초연금 수준은, 각자 소득에 차이가 있고, 국민연금 기여기간의 차이에 따른 형평성의 문제가 있으므로 소득수준과 가입기간을 종합적으로 고려한 최소 2단계 이상의 차등화된 급여수준을 정해 실시할 수 있다. 미국 등의 대부분의 선진국에서는 여러 방법으로 차등화된 기초연금산식을 이용하고 있다.

현 정부의 기초연금제도 방안을 보면 하위 70%의 소득계층에게 10만 원에서부터 20만 원까지 차등지급하기로 한다. 먼저, 연금 미가입자에 대해서는 소득수준 63%, 66.5%, 그리고 70%를 전후해 각각 20만 원, 15만 원, 10만 원 및 0원으로 차등지원하고 있다. 하지만 최하 저소득층에게는, 예컨대 최대 30만 원부터 급여하기 시작해 점차 감소해 최저 효용의 소득수준에 있는 고소득층에게는 0원을 지급하는 보충 급여의 방법이 더 효율적이다. 그래서 급여수준이 소득수준 증대와 더불어 지속적으로 감소해, 어떤 수준(예를 들면 하위 70%)에서 인위적으로 급여가 급격히 감소해 발생되는 형평성의 문제를 없애면서 제도의 효율성을 높일 수 있다. 물론 개인의 최저 효용 혹은 사회적 최저 효용의 수준에 대한 논란이 예상되어 주관적 기준은 사회적 합의가 필요하고 기술적 전략적 개념 및 수준의 도입이 필요하다.

다음으로 국민연금은 10만 원을 최저로 하고 그 이상은 주로 가입기간이 길수록 기초연금을 덜 받게 설계된 것이어서 가입자들의 공평성과 제도의 탈퇴 문제가 발생한다. 이전의 기초연금 급여산식에서는 가입기간이 길수록 기초연금수준이 증가해 소득수준이 더 높은 사람이 더 많이 받는다는 형평성 문제로 논쟁을 일으켰고, 지금은 이와는 반대로 계획되어 국민연금에 오래 가입한 사람이 불리하게 되는 공평성 문제가 발생한다. 기초연금이 국민연금 가입자이든 미가입자이든 노후의 최저 생활을 보장하는 것이라면 소득을 기준으로 차등지급하면 형평성의 논란은 없어진다. 현재의 노령연금제도를 강화하든지, 아니면 위에서 논의된 2단계 이상의 차등지급 방식을 채택하면 될 것이라 본다.

둘째, 기초연금의 기본 정신은 노인의 최저 생활을 보장하는 것이다. 식 (6)에서 α가 작아 빈곤을 해결하지 못하면 공적부조와 통합해 기본소득을 보장하도록 한다. 기초연금의 급여가 조세재정으로 충당되고 기초생활보장 대상자의 대부분이 노인이므로 제도의 통합 혹은 연계는 반드시 필요하다. 기초연금과 공적부조는 기본적으로 목표와 대상이 다르지만, 대상이 중복되고 제도의 성격이 같은 범위에서는 통합되어야만 총체적인 목표의 달성이 가능하다.

셋째, 기초연금제도의 사회·경제 측면의 부정적 효과를 줄이고 젊은 노인들의 경제활동 능력을 살리기 위해 근로 능력이 있는 노인에 대해서는 근로조건부 기초연금을 급여하여 근로소득 및 기초연금급여를 합한 총소득이 근로를 하지 않는 근로 능력자의 소득보다 충분히 높도록 한다. 대선기간 20만 원의 기초연금 공약으로 노인들의 기대심리가 커져 근로 동기가 많이 감소될 우려가 있다. 그러나 연금 가입자의 보험료 납부 비용이라는 상대적 불이익을 완화하고 연금제도 미가입자 급여에 따른 근로 동기의 감소를 막기 위해 근로 등의 일정 비용 조건을 붙인다.

3) 직역연금 개선 방향

직역연금제도는 모든 퇴직자의 빈곤문제 해소와 기본생활 보장 측면에서 성공하지 못하고, 대규모 적자재정에 따른 문제가 있다. 이를 개선하기 위해서는 첫째, 직역연금의 급여산식에도 재분배 기능을 넣어 중하위직 공무원, 군인 및 교직원들의 퇴직 후 생활 안정을 증대시킬 필요가 있다. 급여산식은 위에서 제안된 국민연금처럼 설계하면 되고 신규 가입자부터 적용할 수 있을 것이다.

둘째, 공무원연금 등 직역연금의 가장 큰 문제는 재정의 적자 및 고갈에 따라 직역연금 가입자가 아닌 국민의 부담이 증가하는 것이다. 2014년 공무원 및 군인연금의 재정적자가 3조 8000억 원에 이를 것으로 추정되고, 2014년 기초생활급여 예산이 3조 4847억 원인 것을 고려하면 퇴직 공무원들의 노후 생활 안정을 위한 국민부담은 지나치게 크다.[28] 공무원연금의 소득대체율이 국민연금에 비해 매우 높아 연금급여 수준도 국민연금 수급자에 비해 매우 높은 것을 고려하면 자신의 노후생활 안정도 보호받지 못하는 일반 국민에게 과도한 부담을 지우는 것이다. 따라서 자신이 낸 것보다 2~3배나 더 받아가는 현재 직역연금의 수익비는 1로 하향 조정되어 낸 것만큼만 받아가도록 해야 한다. 이 원칙은 후세대에 부담을 주는 국민연금에서도 마찬가지이지만 수익비가 더 큰 직역연금에서는 더욱 강조되어야 한다. 그리고 만일 현재의 연금급여 수준을 유지하길 원한다면 지금보다 더 많은 보험료를 내야 함은 물론 수익비가 1로 조정되어야 하므로 보험료는 더욱 크게 증가해야 한다.

셋째, 직역연금과 국민연금 가입자 사이의 급여 및 수익비 차이에 따른 형평성 문제가 해결되어야 한다. 두 상이한 대상의 연금제도가 통합될 필요는 없다. 각 제도가 수지상등의 원칙, 즉 수익비를 세대 내에서 1로 하는 규칙을 각각 지키도록 제도가 방법이 설계되면 문제가 없다. 다만 공적 역할을 하는 특수직역연금제도들은 통합되어 직능 차이에 따른 불이익을 없애야 한다. 또한 비슷한 공적 업무를 하는 직종을 기존의 직역연금에 통합하여 운영하는 것이 공적연금에 대한 국가부담의 정신에 맞으며, 국민연금과의 독립적이고 상이한 운영을 정당화할 수 있다.

---

28) 2014년 기초생활보장예산은 8조 8168억 원으로 여기에는 기초생활급여예산 이외에 의료급여 경상보조(4조 4365억 원), 취약계층 의료지원(2999억 원), 자활지원(5418억 원), 긴급복지(499억 원) 등이 포함되어 있다.

4) 공적연금 개혁의 종합

공적연금의 개혁은 자체 내의 문제 해결을 위한 적정 방안을 찾아야 하지만, 노후 빈곤 및 생활 안정을 위해서는 공적소득보장과 관련된 모든 제도를 종합적으로 엮어 설계되어야 한다.

첫째, 공적연금제도의 목표가 노후생활 안정에 있지만 노후의 빈곤문제 해결에 더 중점을 둔다면 공적연금의 급여산식에서 재분배의 장치는 더욱 분리되고 확실한 형태를 취해야 한다. 지금과 같이 가입기간에 따라 재분배 금액이 달라지는 방식에서는 노후의 빈곤을 해결하기 어렵다. 기초연금도 노후의 빈곤 해결을 목표로 한다면 부족한 소득을 보충해주는 제도로 정확하게 표현되어야 한다. 이런 의미에서 공적연금과 기초연금은 통합적으로 소득보장을 할 수 있도록 설계되어야 한다.

둘째, 재정 불안을 제거하기 위한 공적연금 개편 또한 세대 내, 세대 간, 그리고 제도 간의 형평성 차원에서 접근되어야 한다. 재정의 불안만을 보면 급여 축소를 위한 여러 방법과 보험 부담금을 올리기 위한 여러 방법을 생각할 수 있으나, 형평성을 동시에 고려한다면 더욱 장기적이고 복잡한 설계를 할 수밖에 없다. 특히 형평성의 문제는 직역연금과 국민연금에서 차이가 있다. 국민연금제도에서는 현세대의 급여수준을 충족시키기 위해 다음 세대의 국민연금 가입자가 부담을 늘려야 하는 세대 간의 형평성이 문제가 있는 데 반해, 직역연금제도에서는 현 세대의 연금수급자의 급여를 위해 향후에도 충분한 연금을 받지 못할 현재의 근로자가 자신을 위해서가 아닌 직역연금 가입자를 위해 보험료나 세금을 더 많은 부담을 해야 하는 제도 간의 형평성 문제가 있다. 이를 해결하는 방안은 각 제도가 자체 내에서 수지균등을 이루도록 급여산식을 만드는 것이다. 그러나 소득이 낮은 사람이 낸 것만큼만 가져가게 되면 노후소득이 안정되지 못하므로 세대 내에는 재분배 장치가 들어가야 한다.

셋째, 2014년부터 실시되고 있는 기초연금제도에도 국민연금 가입자와 미가입자 사이, 하위 70% 전후의 소득계층 사이의 형평성 문제가 있다. 기초생활수급자와 그 외의 사람들 사이에도 차이가 있어 비판받고 있다. 차별화되고 보편적 성격의 기초연금제도에서는 목표의 충족 실패와 왜곡된 급여 규칙으로 재정 불안에 따른 제도의 지속성 문제, 도덕적 해이 유발, 자원의 남용, 수급자 간의 형평성 등의 갈등에 부딪힐 것이다. 형평성의 문제와 재정의 부족의 문제를 해결하기 위해서는 최저 효용 개념을 충족시키는 소득기준을 중심으로 보충 급여방식으로 전환하는 방법을 제안할 수 있다. 정치적이고 인기 영합적 정책은 단기적이고 이기적이다.

넷째, 현재 논의 중인 공적연금의 개혁구조로는 노후생활의 빈곤과 안정을 달성하기 어렵다. 그리고 지난 20여 년의 선진국 경험에서 보듯이 노후의 공적연금만으로는 소득 안정을 달성할 수 없는 계층이 적지 않으므로 노인 근로의 장려 같은 다른 소득보장제도와 종합적으로 다루어져야 한다. 또한 민간보험의 강제 혹은 임의 가입을 통해 부족한 노후소득 안정을 강화할 수 있다. 특히 중상위 노인층에 대해서는 사적연금을 도입하되 적정 수준까지는 의무 가입을, 그 이상의 수준은 임의 가입을 실시한다면 근로기간에 비례하는 노후생활 안정에 필요한 소득을 얻을 수 있을 것이다. 현재 실시되고 있는 퇴직연금제도를 활성화해야 한다.

다섯째, 노후생활의 안정을 위해서는 공적연금제도를 복지서비스에 연계해야 한다. 노후생활 안정에는 소득뿐 아니라 의료서비스도 중요하므로 소득과 의료소비의 종합적 구도 아래 노후생활 안정을 다루어야 한다. 노인에게 필수적인 생활 수요인 의료서비스는 공공의료의 확충을 통해 안정시켜야 한다. 한국의 공공의료 수준이 매우 낮고 본인 부담률도 매우 높으므로 적정 수준의 부담으로 충분한 의료서비스를 이용할 수 있도록 의료체계의 개편도 시급하다. 고령화가 빠르게 진행되고, 노인 의료비 비중이 급속히 증대하고 있는 현실에서 노인이 건강하고 안정적으로 생활할 수 있는 공공의료서비스를 강화하기 위해 독립적인 노인 의료보장제도를 고려해야 한다.

참고문헌

고경환 외. 2009. 『2007년도 한국의 사회복지지출 추계와 OECD 국가의 노후소득보장체계』. 한국보건사회연구원.

국민연금연구원. 2011a. 「국민연금통계」.

＿＿＿＿. 2011b. 「외국의 공사적 연금제도」.

권혁창·김평강. 2013. 「OECD 주요 국가들의 연금개혁의 효과성 연구」. ≪국민연금연구원 연구보고서≫, 제4호.

김용하. 2002. 『국민연금개혁의 쟁점과 대안 모색』. 한국보건사회연구원.

남상호 외. 2011. 『2011 한국복지패널기초조사보고서』. 한국 보건사회연구원 및 서울대학교 사회복지연구소.

문석남. 1999. 「1998년 이전의 스웨덴 연금제도와 그 문제성에 관한 연구」. 한국보건사회연구원. ≪보건사회연구≫, 겨울호.

박순일, 1992. 『한국 사회복지제도체계화에 관한 연구』. 한국보건사회연구원.

＿＿＿＿. 1995. 『한국의 빈곤현실과 사회보장』. 일신사.

＿＿＿＿. 2005a. 「경제성장과 분배의 갈등과 상생 그리고 고령화의 영향」. 한국사회정책학회. ≪한국사회정책≫, 제12권 제1호.

＿＿＿＿. 2005b. 「한국 사회안전망의 위치와 적정 수준 및 구조의 모색」. 한국사회정책학회. ≪한국사회정책≫, 제12권 제1호.

＿＿＿＿. 2012. 『복지경쟁 그 끝은 어디인가?』. eBook21.

＿＿＿＿. 2013. 「국민행복연금제도 계획의 평가와 적정제도의 모색」. 한국사회정책연구원 인터넷 워크숍 자료(2013.7).

박순일 외. 1992. 『사회복지제도 체계화에 관한 연구』. 한국보건사회연구원.

＿＿＿＿. 2008. 『위기의 한국 사회보험 리모델링』. 한국사회정책연구원.

박순일·홍성하. 2014. 「한국 공적연금제도의 평가와 개편 방안」. SIES. Working Paper Series, No.335(2014.11).

＿＿＿＿. 2015. 「한국 공적연금제도의 평가와 정책적 함의」. 한국경제발전학회. ≪경제발전연구≫, 제21권 제1호.

보건복지부. 2013. 「기초연금 도입을 위한 '기초연금법' 제정안 입법예고」. 보건복지부 발표 자료(2013.10.2).

석재은 외. 2002. 『국민연금 재정 안정화 방안 연구』. 한국보건사회연구원.

슈말, 빈프리트(Winfried Schmal). 1988.「서독의 공적 노령연금제도: 과거, 현재, 그리고 미래」. 사회보장정책의 과제: 제1차 한·독세미나 발표논문 및 토의내용 (1988.10.26~27).

우해봉. 2012.『OECD 국가의 노후 최저 소득 보장제도 운영 현황과 시사점』. 국민연금연구원.

윤석명. 1999.『공적연금과 사적연금의 균형적 발전방안』. 한국보건사회연구.

____. 2015. 한국보건사회연구원 내부 자료(2015.2).

윤석명 외. 2010.『공적연금 재정평가 및 정책현안분석』. 한국보건사회연구원.

윤석명·양혜진. 2013.「국민연금과 기초노령연금 재구조화 방안」.『노후소득보장의 강화를 위한 공적연금 역할 중립 방안』. 2013년도 국민연금·한국보건사회연구원·한국연금학회 공동정책세미나(2013.4.17).

이정우. 2012.「연금제도」.『주요국의 사회보장제도: 독일』. 한국보건사회연구원.

이정우 외. 2012.『주요국의 사회보장제도: 독일』. 한국보건사회연구원.

임재영. 2012.「연금제도」.『주요국의 사회보장제도: 스웨덴』. 한국보건사회연구원.

전창환 외. 2012.『주요국의 사회보장제도: 미국』. 한국보건사회연구원.

정경희 외. 2012.『2011년 노인실태조사』. 보건복지부 및 한국보건사회연구원.

정경배. 2001.『공적연금의 개선방안 연구』.

정경배 외. 1987.『각국의 공적연금제도 비교연구(1)』. 한국인구보건연구원.

____. 1998.『국민연금 확대 방안 연구: 기초연금제도와 소득비례의 일원적 설계』. 한국인구보건연구원.

최영준. 2012.「연금제도」.『주요국의 사회보장제도: 영국』. 한국보건사회연구원.

OECD Korea Policy Center. 2011.『한눈에 보는 연금 2011: OECD 회원국과 G20국가의 노후 소득보장제도』.

≪아시아투데이 뉴스≫. 2014.4.14. "장기군인 모두 연금보장하면서 공적연금 '대수술?".
≪중앙일보≫. 2014.4.9. "공무원은 2.5배, 국민은 1.7배 돌려받아", 6면.

Flora, P.(ed.). 1986. *Growth to Limit*, Vol.2. W de G & Co.

Towsend, P. 1979. *Poverty in the United Kingdom*. University of California Press.

지은이(수록순)

홍장표
서울대학교 경제학 박사
현재 부경대학교 경제학부 교수
주요 논저: 「대기업 성장의 국민경제 파급효과」(공저, 2015), 「계층적 공급네트워크에서 기업
간 준지대의 이전과 수익격차」(2015), 「기능적 소득분배와 경제성장」(2014), 「노동소득
분배율이 총수요에 미치는 영향」(2014), 『더불어 행복한 민주공화국』(공저, 2012), 「지역
산업집적의 지식파급효과」(2011)

주상영
미국 위스콘신 대학교 경제학 박사
현재 건국대학교 경제학과 교수
주요 논저: 『우울한 경제학의 귀환』(공저, 2015), 『거시경제학』(2014), "Estimating New
Keynesian Phillips Curve for Korea"(공저, 2014), 「노동소득분배율의 변동이 내수에 미치
는 영향」(2013), 「진보적 성장담론의 현황과 평가」(2013), 『허바드의 화폐와 금융시스템』
(공저, 2012), 「금융발전의 결정요인」(2006)

조영탁
서울대학교 경제학 박사
현재 한밭대학교 경제학과 교수
주요논저: 「미래 전원믹스 전략수립을 위한 전원별 히든코스트 적용방안에 관한 연구」(공저,
2014), 『한국경제의 지속가능한 발전 전략』(2013), 『실사구시 한국경제』(공저, 2013), 「한
국의 전력수급계획과 원전문제」(2012), 『글로벌 경제위기와 새로운 경제패러다임의 모
색』(공저, 2010), 『경제위기와 현 정부의 경제정책 평가』(공저, 2009)

이 근
미국 캘리포니아 대학교(버클리) 박사
현재 서울대학교 경제학부 교수
주요 저서: 『경제추격론의 재창조』(2014), 『산업의 추격 추월, 추락』(공저, 2014), 『국가의 추
격, 추월, 추락』(공저, 2012), 『한국인을 위한 경제학』(2010), 『기업 간 추격의 경제학』
(2008), 『동아시아와 기술추격의 경제학』(2007), 『2020 중국리스크』(2006), 『중국의 기
업 산업 경제』(2005)

지만수
서울대학교 경제학 박사
현재 한국금융연구원 국제금융연구실 연구위원
주요 논저: 「중국 은행시장의 지역별 특성과 진출환경」(2014), 「위안화 직거래 체제 구축방안」
(2014), 『실사구시 한국경제』(공저, 2013), 『한중관계 어디까지 왔나』(공저, 2012),
"Korea's Dynamic Economic Partnership with a Rising China: Time for Change"(2012), 「戰
略合作?伴關係和韓中自由貿易協定」(2011)

김석진
서울대학교 경제학 박사
현재 통일연구원 연구위원
주요 논저: 『북한 비공식 경제 성장요인 연구』(공저, 2014), 『통일 이후 북한 산업개발전략 연구』
(공저, 2011), 『중국·베트남 개혁모델의 북한 적용 가능성 재검토』(2008), "Assessing the
Economic Performance of North Korea, 1954~1989: Estimates and Growth Accounting
Analysis"(공저, 2007), 『북한경제의 성장과 위기: 실적과 전망』(2002)

박순일
미국 위스콘신 대학교(매디슨) 경제학박사
전 한국보건사회연구원장
현재 한국사회정책연구원 대표이사
주요 논저: 「한국 공적연금제도의 평가와 정책적 함의」(공저, 2015), 「한국 공적연금제도의 평
가와 개편 방안」(공저, 2014), 『복지경쟁 그 끝은 어디인가: 경제와 사회의 균형순환발전
모형』(2012), 『한국사회의 빈곤을 끝내는 길』(2010), 『위기의 사회보험 리모델링』(2009),
『21세기 한국사회의 통합과 정책이념의 방향』(공저, 2009)

홍성하
미국 컬럼비아대학교 경제학 박사
현재 한림대학교 경제학과 교수
주요 논문: 「일본의 소득분위별 후생개선여부에 관한 분석(1982~2013)」(공저, 2015), 「한국
공적연금제도의 평가와 정책적 함의」(공저, 2015), 「한국 공적연금제도의 평가와 개편 방
안」(공저, 2014), 「소득계층별 후생개선 여부에 대한 분석」(공저, 2011)

한울아카데미 1853
서울사회경제연구소 연구총서 XXXII

한국 경제의 새로운 지향과 개혁 과제

ⓒ 서울사회경제연구소, 2015

엮은이 | 서울사회경제연구소
지은이 | 홍장표 · 주상영 · 조영탁 · 이 근 · 지만수 · 김석진 · 박순일 · 홍성하
펴낸이 | 김종수
펴낸곳 | 한울엠플러스(주)

편집책임 | 배유진
편집 | 양혜영

초판 1쇄 인쇄 | 2015년 11월 23일
초판 1쇄 발행 | 2015년 11월 30일

주소 | 10881 경기도 파주시 광인사길 153 한울시소빌딩 3층
전화 | 031-955-0655
팩스 | 031-955-0656
홈페이지 | www.hanulmplus.kr
등록번호 | 제406-2015-000143호

Printed in Korea.
ISBN 978-89-460-5853-8 93320

* 가격은 겉표지에 표시되어 있습니다.